여성 과학자의 글로벌 리더십

여성 과학자의 글로벌 리더십

조기숙 지음

이화여자대학교출판부

2009년 노벨경제학상 수상자이자 은사이신,
엘리너 오스트롬 교수께 이 책을 바친다.

This book is dedicated to
2009 Nobel Laureate in Economic Sciences
and my teacher,
Professor Elinor Ostrom.

|차례|

|차례|

프롤로그

2010년 10월 4일, 노벨상시상위원회는 생리의학상을 시작으로 노벨상 수상자를 발표했다. 해마다 10월이면 전 세계는 촉각을 곤두세우고 노벨상 수상자 발표를 기다린다. 올해에는 누가 노벨상 메달과 멋진 디자인의 상장, 그리고 상금 증서를 수상하게 될까? 그중 몇 명의 여성이 푸른색 카펫을 밟고 시상대에 올라 노벨상 수상자 특별 강연을 하게 될까?

2009년의 노벨상 수상 결과는 여성의 눈에는 경이로운 것이었다. 총 6개 분야 중, 4개 분야에서 여성이 수상하는 쾌거를 이뤘다. 전체 수상 인원(공동 수상 포함) 13명 중 5명이 여성이었다. 과학 분야에서 한 해에 수상한 여성의 수가 가장 많았을 뿐만 아니라, 경제학 분야에서 최초의 여성 수상자가 탄생하기도 했다. 결과적으로 화학상 1명, 생리의학상 2명, 문학상 1명, 경제학상 1명 등 모두 5명의 여성이 한꺼번에 노벨상을 수상하는 기적을 낳았다.

이는 노벨상의 역사를 되돌아볼 때 참으로 믿기 어려운 일이다. 노벨상이 처음 주어지기 시작한 1901년부터 2009년까지 100년이 넘는 기간 동안 여성이 수상한 노벨상은 모두 41개였다. 마리 퀴리가 물리와 화학 분야에서 두 개의 메달을 수상한 것을 감안한다면 모두 40명의 여성이 받은 셈이다. 그중 5명이 2009년 한 해에 탄생했다.

특히 과학 분야에서는 여성이 전체 수상자의 2%밖에 되지 않는다는 점을 고려한다면 2009년의 결과는 엄청난 변화라고 할 수 있다. 2009년 여성에게 메달 홍수가 났음에도 불구하고 문학과 평화상을 제외한다면 여성 노벨과학상 수상자는 경제학을 포함하면 16명, 자연과학은 15명에 그친다. 문학과 평화상은 대중에 의해 평가받는 부분이 있기 때문에 오히려 여성 수상의 가능성이 더 높을지 모른다. 학문 분야는 전문가에 의해 인정받아야 하고, 전문가의 대다수가 남성이라는 점을 감안하면 과학 분야의 수상이 더 어려워 보인다. 혹자는 이렇게 반문할지 모른다. 과학은 그래도 객관적이고 공정하지 않느냐고. 나도 이 책을 집필하기 전까지는 그렇게 생각했다.

과학 분야에서 성차별은 역사적 뿌리가 아주 깊다. 1950년대에 태어나 1970년대에 대학을 다닌 우리 세대는 오래 전 본 〈엔틀Yentl〉이라는 영화에서 공부를 하고 싶었던 여주인공(바브라 스트라이샌드Barbra Streisand 분)이 남장을 하고 대학에 들어갔던 장면을 기억할 것이다. 영화가 배경으로 한 유럽의 대학은 오랫동안 여성에게 닫혀 있었다. 미국도 이 점에서는 크게 다르지 않다. 무급으로 연구에 종사하던 여성 과학자들이 처음으로 금전적 보상을 받게 된 것은 제2차 세계대전으로 남성 인력이 부족하게 되면서부터였다. 그 여진이 오늘날에도 이어지고 있다. 프린스턴대학교가 여성에게 대학원 과정의 문호를 연 것은 아주 최근의 일이다. 물리학과는 1971년, 수학과는 1976년에야 여성 대학원생을 받아들이기 시작했다고 한다.

로렌스 서머스Lawrence H. Summers 하버드대학교 전 총장은 "여성은 '선천적으로' 수학이나 과학에 재능이 없다. 이공계에서 여성이 성공하기 힘든 것을 '차별' 탓으로 돌리지 말라"는 발언으로 물의를 빚고 난 후에 또 다른 문제가 겹쳐 사임한 바 있다. 당시 서머스 총장은 셜리 콜드웰 틸먼Shirley M. Caldwell Tilghman 프린스턴대학교 총장(분자유전학)과 수전 호크필드Susan Hockfield 매사추세츠 공과대학 총장(신경과학) 그리고 존 헤너시John Henessy 스탠퍼드대학교 총장(컴퓨터공학)으로부터 공개적인 비판을 들었는데 이들은 공교롭게도 모두 과학자였다. 그중 앞의 두 명은 여성이다. 과학 분야에서 여성은 참으로 비약적인 발전을 이루었다. 그럼에도 불구하고 여성의 두뇌와 과학적 능력에 대한 논란은 아직까지도 심심치 않게 이어지고 있다. 아직도 눈에 보이는, 보이지 않는 성차별이 존재하기 때문이다.

지금 세계는 첨단 과학과 기술을 선점하기 위해 총성 없는 전쟁을 하고 있다고 해도 과언이 아니다. 여성 인재를 제대로 키우지 않고는 이 경쟁에서 살아남기 어려울 것이다. 국가나 민족과 같은 거대 담론을 들먹이지 않더라도 인간으로서 한 개인의 삶의 완성은 자신의 소질과 적성을 최대한 발휘할 때 이루어진다고 본다. 과학에 소질이 있는 여성이 장애와 편견 없이 과학자로 성공할 수 있도록, 또 조직과 사회를 위해 봉사하고 헌신할 수 있도록 기회를 주는 것이 기성세대의 의무일 것이다.

나는 여성 노벨상 수상자들의 자서전을 접하면서 참으로 행복했다. 그들의 고통과 좌절은 한국 여성 과학자의 그것과는 비교가 되지 않았다. 세대가 다르기 때문이다. 적지 않은 과학자가 히틀러와 무솔리니의 나치즘과 파시즘을 피해 미국으로 망명했다. 그것이 그들에겐 전화위복이 되기도 했지만 그 와중에도 연구를 계속했던 불굴의 의지와 집념은 가슴 벅찬 감동을 안겨준다. 다시 태어나면 과학을 하고 싶다는 생각이 들 정도로 이들의 과학적 발견은 통쾌하고 짜릿하다. 부모님은 자녀들에게 이들의 자서전을 꼭 읽히라고 권하고 싶다.

이 책은 그런 감동을 담고 있지는 않다. 이 책의 기본 전제는 과학자도 리더십이 있어야 성공한다는 데에서 시작한다. 그동안 과학자는 세상과 고립되어 닫힌 연구실에서 고독하게 연구에 몰두하는 사람으로 인식되어왔다. 더욱이 여성은 육아와 가사, 연구와 강의 등 팔방미인이 되는 것만으로도 너무 벅찼기에 리더십과는 무관하다고 생각해왔다.

그러나 어린 시절 호기심과 모험심을 가지고 독립적으로 학습하는 습관도 리더십의 범주에 들어간다. 개인 리더십이 없는 사람은 과학자가 되는 것조차 불가능하다. 또 학자로서 연구자로서 성공하기 위해서는 학계와 동료로부터 인정을 받고, 연구비를 수혜하고, 제자를 키워야 한다. 이 모든 과정에서 과학자는 다양한 리더십 역량을 검증받게 된다. 우리는 천재 기질이 있는 과학자일수록 괴팍하고 대인 관계 기술이 부족하다고 알고 있다. 하지만 리더십이 부족하면 학자로서 활동하는 것조차 위협을 받는다. 남성보다는 여성에게 더 결정적으로 필요한 것이 리더십이다.

이에 이 책은 과학 분야 여성 노벨상 수상자에 대한 탐구를 통해 그들의 성공에 기여한 혹은 장애가 되었던 리더십 요인을 탐구하고자 한다. 노벨상이 과학적 우수성의 유일한 잣대는 아니지만 그래도 자타가 공인하는 최고의 상이니 큰 논란은 없으리라 본다.

한국의 차세대 여성을 위한 글로벌 리더십 모형이 노벨상 수상자에만 기초해서 만들어진다면 적실성이 떨어지게 될 것이다. 보다 타당한 모델의 구성을 위해 우리나라 여성 과학자에 대해서도 살펴보았다. 또한 한국의 남녀 과학자의 차이점과 공통점을 비교해보았다. 세계의 여성 과학자와 유사성과 차이점도 검토했다.

이상의 연구에 기초해 차세대 한국 여성이 세계적인 과학자로 성장하기 위해 필요한 리더십은 무엇인지, 그것을 성취할 전략과 과제는 무엇인지 살펴보았다. 차세대 여성 과학자의 글로벌 리더십 함양을 위해 우리 사회는 무엇을 준비하고 무엇을 변화시켜야 하는지 토론해보자는 것이 이 책의 취지이다.

이미 선배 여성 과학자들의 노력으로 그들의 자서전이 여러 권 출간되지 않았다면 이 연구는 불가능했을 것이다. 힘든 고비와 어려움을 극복하고 우뚝 선 그들의 의지, 선구자적 연구, 그리고 후배를 위해 없는 시간 쪼개 기꺼이 글을 남겨주신 여성 과학자들에게 큰 박수와 진심 어린 감사의 마음을 드린다.

거리가 한참 멀어 보이는 두 개의 단어, '여성 과학자'와 '글로벌 리더십'을 조합해서 연구를 하게 된 것은 순전히 우연이었다. 리더십 연구를 하던 중, 이화여자대학교 수학과 이혜숙 교수님의 요청으로 여성 과학자에 대한 연구를 도와드리게 되었다. 평소 존경하고 따르던 교수님이라 뭔가 도움을 드릴 수 있다는 것이 기쁘기는 했지만 이렇게 본격적인 연구를 하게 될 줄은 몰랐다. 이 연구를 수행하면서 미국에서도 여성 과학자 리더십에 대한 본격적인 연구서가 존재하지 않는다는 것을 발견하고 이 교수님의 선지자적 혜안에 놀라움을 금치 못했다. 이렇게 흥미로운 연구 주제를 나에게 제시해주신 이혜숙 교수님께 감사드린다.

2009년 노벨상 수상자 발표는 모든 여성에게 기쁨을 주었지만 나에게는 더욱 감격스러운 순간이었다. 은사인 정치학자 엘리너 오스트롬Elinor Ostrom 교수가 노벨 경제학상을 수상한 것이다. 오스트롬 교수는 나의 멘토이자 롤모델이다. 나는 그분 수업을 들은 적이 없다. 우연히 그분 수업과 우리 수업이 종강 파티를 같이 하느라 3시간 합반을 한 것이 고작이었다. 그때 내가 우리 반 교수와 악착같이 토론하는 모습을 유심히 지켜보시더니 당신의 조교로 선발했다. 소문에 따르면 "기숙이 모 교수를 완전히 실신시키더라"며 호탕하게 웃으셨다고 한다. 나로서는 그분의 조교로 간택되었다는 것이 가문의 영광이었지만 1년 만에 조교를 그만두고 말았다.

기대치가 높기로 유명해 그분 제자 중에는 중간에 학위를 그만둔 사람도 적지 않았다. 그런 분이 나에게만은 항상 관대했다. 실수가 적지 않았음에도 불구하고 내가 일을 해가면 늘 칭찬을 아끼지 않았다. 외부에서 저명한 학자들이 오면 영어도 못하는 나에게 학교 안내를 시켰다. "키워주려고 특별히 너에게 시킨다"는 귀띔까지 했다. 나는 그분을 언젠가 실망시킬 것이라는 두려움과 스트레스를 더 이상 견딜 수 없었다. 지금 생각해보면 한국의 억압적인 분위기에서 자란 나에게는 대가의 칭찬을 감당할 만한 최소한의 자신감도 없었던 것 같다.

그럼에도 불구하고 그분은 끝까지 나를 버리지 않았다. 교수가 된 후에도 연구비를 보내주며 그분이 하고 있는 실험을 해보라고 독려했다. 실험을 배우기 위해 인디애나를 다시 방문했을 때에는 살림살이까지 챙기며 딸처럼 세심하게 보살펴주었다. 내 제자라는 이유만으로 한 학생을 파격적인 장학금으로 데려다 인디애나에서 공부를 시켜주기도 했다. 지금 와서 생각해보면 그분은 여성 제자를 키우고 싶어했던 것 같다. 그분 주위엔 늘 기라성 같은 남성 제자들이 많았으니까.

은사님이 내게 베푼 것에 비해 난 제대로 보답한 것이 없다. 가만히 돌이켜보면 나에게는 정말로 리더십이 부족했던 것 같다. 불의에 맞서려는 불덩이 같은 정의감만 가슴속에 가득했지, 자신감도 목표 의식도 전략도 없었던 것 같다. 아니, 그런 걸 가지는 것조차 불경스럽게 생각했다. 스스로 뭐가 된다는 생각을 해본 적이 없다. 그저 나 하나 희생해서 역사의 바벨탑을 쌓는 일에 동참하고 싶었다. 남 앞에 나서는 일이 힘들어 구석에 끼어 있는 작은 돌멩이 하나로 남고 싶었다. 늘 남이 하는 일을 돕거나 궂은일을 도맡아 하다 보니 나이 50이 되도록 나라는 존재는 남아 있지 않다는 것을 깨달았다. 앞으로도 나의 존재를 만들기 위해 살아갈 것 같지는 않다. 이제 와서 사람이 크게 바뀌겠는가.

다만 이 연구가 차세대 여성이 당당하게 큰 꿈을 갖고 세계 무대를 향해 걸어 나가는 데 작은 도움이 된다면 더 이상 바랄 것이 없겠다. 나는 비록 그렇게 살지 못했지만 차세대 여성은 자신을 충분히 사랑하고 존재감을 만끽하면서도 사회를 위해 헌신하기를 바란다. 부족한 제자에게 덧없는 투자를 해주신 은사께 감사의 마음을 전하고자 그분 사례가 들어 있는 졸작을 오스트롬 교수께 바친다. 바쁜 일정 중에 옛 제자와의 만남을 반기며 인터뷰에 응해준 은사께 진심으로 감사의 마음을 드린다.

졸저를 선정하여 연구비를 지원해주고 집필 과정에 조언을 아끼지 않은 이화여자대학교출판부 최민숙 출판부장님과 이 책을 편집해준 민지영 선생님께 감사를 드린다. 이 연구를 위해 한국의 남녀 과학자에 대한 자료 수집과 관련 서적을 읽고 코딩을 도와준 국제대학원 석사 과정 곽윤영과 노벨상 수상자에 대한 연구를 도와주고 마무리 정리까지 해준 김성혜에게 감사의 말을 전한다. 두 사람의 노고가 없었다면 이 책은 탄생하기 어려웠을 것이다.

2011년 7월

조기숙

서문: 과학자와 리더십

과학자도 리더십이 필요할까?

'과학자와 리더십'의 만남은 '여성과 과학'이라는 단어의 조합보다도 훨씬 생뚱맞아 보인다. 많은 이들이 과학자는 원래 세상과 담을 쌓고 연구실에 갇혀 있어야 뛰어난 연구 업적을 내놓는다는 선입견을 가지고 있기 때문이다. 실제로 과거에는 찰스 다윈Charles R. Darwin처럼 혼자 연구해도 세상을 바꿀 만큼 뛰어난 업적을 이룩했다. 그러나 과학기술이 최첨단을 달리는 21세기를 맞이하여 복잡한 과학 문제가 한두 사람의 힘으로 해결되기는 어렵게 되었다. 팀워크나 공동 연구의 중요성이 대두되면서 과학 분야에서도 리더십이 보다 중요한 개념으로 인식되기 시작했다.

최근 인터넷 과학신문 사이언스타임즈*The Science Times*는 흥미로운 기사를 게재했다. 2010년 8월 5일 『네이처*Nature*』 지에 실린 논문에 9명의 주 저자 외에 5만7천 명의 단백질 접힘 문제를 푸는 컴퓨터 게임 참가자들의 명단이 등재된 것이다. 단백질 접힘의 비밀이 밝혀지면 과학계는 알츠하이머, 파킨슨병, 포낭성 섬유종 등 다양한 질병의 치료에 획기적인 발전이 이루어지리라 기대하고 있다고 한다.[1] 이는 좀 특별한 경우이기는 하지만 과학 분야에서 다수의 노벨상 수상자가 탄생하게 된 것은 어제 오늘의 일이 아니다. 팀워크를 통한 공동 연구가 그만큼 중요해진 것이다. 최근에는 수학자들조차 공동 연구를 통해 오랫동안 풀지 못한 난제들을 해결하고 있다. 과학이 보다 복잡하고 어려워지면서 공동 연구, 팀 연구는 하나의 대세가 되었다.

훨씬 오래 전부터 리더십은 과학자로서 성공하는 데 필요한 중요한 자질이었다. 노벨상 수상자들의 전기를 읽다 보면 그들이 체계적인 리더십 훈련을 받았더라면 더 쉽게 목표를 달성했을 텐데 하는 아쉬움이 들기도 한다. 노벨상 수상자와 아깝게 수상 기회를 놓친 과학자를 비교해보면 리더십이 더욱 중요해 보인다. 로빈슨 크루소처럼 무인도에서 생존할 목적이 아니라면, 과학자의 발견은 사회적 관계 속에서 동료 과학자로부터 인정받아야 비로소 의미를 갖게 된다.

토머스 쿤Thomas Kuhn은 그의 역저 『과학혁명의 구조*The Structure of Scientific Revolutions*』에서 과학의 진보가 점진적으로 이루어진다는 기존의 신념을 부정했다. 그는 패러다임의 이동을 통해 과학이 혁명적으로 발전해왔다고 주장한다. 즉, 정상과학normal science의 시기에는 기존의 패러다임에 어긋나는 과학적 발견은 무시되거나 예외로 취급된다. 그러나 기존의 패러다임이 포괄할 수 없는 예외적 현상이 다수 발견되기 시작하면 정상과학은 도전에 직면하게 된다. 새로운 이론이 기존 이론의 체계를 포함하면서도 기존 이론이 설명하지 못한 현상까지 설명하게 되면 새로운 패러다임으로 등장하게 된다. 새로운 패러다임이 기존의 패러다임을 대체하는 과정은 점진적이라기보다는 혁명적으로 이루어진다는 것이다.[2]

과학이 이렇게 혁명처럼 진화하는 이유는 기존의 이론이 기득권을 누린다는 것을 암시한다. 즉, 기존 이론의 결점이 발견되어도 기존의 패러다임을 지지하는 과학자 공동체가 새로운 이론을 무시하고, 새 이론의 등장을 억압한다는 것이다. 새로운 패러다임을 지지하는 과학자 집단이 충분한 권위를 획득한 후에야 기존의 패러다임을 대체할 수 있다는 것이다. 과학을 객관성과 체계성의 집합이라고 믿는 상당수 과학자들은 쿤의 이러한 주장에 화를 낼지도 모른다. 과학적 발견이 과학자의 주관에 의해 인정을 받는 것처럼 보이기 때문이다. 하지만 많은 과학철학자들은 쿤의 이론이 상대성이론이나 양자역학의 등장을 잘 설명하고 있다고 믿는다. 이는 과학적 지식도 과학자 공동체에서 인정받는 과정이 반드시 필요하다는 것을 의미한다. 다시 말해 쿤의 이론은 과학자의 리더십이 꼭 필요한 자질임을 암시한다.

지금과 같이 공동 연구가 성행하기 오래 전부터 과학 연구는 골방에서 이루어지지 않았다. 실험실에서 많은 기술자와 조수의 도움을 받아 수행되었다. 특히 동료와의 공동 작업과 동료의 인정은 과학적 발견의 검증에 필수적이었다. 포항공대의 과학사 교수인 임경순과 동료가 2008년 교육과학기술부에 제출한 보고서 〈노벨과학상 분석 및 접근전략 연구〉는 어떤 스승으로부터 배웠고 어떤 동료와 작업을 했는지 하는 연구 네트워크가 노벨상 수상에 결정적으로 중요한 요인임을 밝히고 있다.

과학자는 리더십이 부족하다는 말을 많이 한다. 실제로 우리나라에서 과학자가 정부나 행정 분야의 정책 결정에 영향을 미치는 경우가 매우 제한적이다. 여성의 경우는 더 그렇다. 하지만 비전문가가 과학기술 정책을 결정하게 되면 성공적인 정책의 수립과 집행이 어렵게 될 것이다. 따라서 과학자의 리더십 함양은 과학자가 되는 과정에서뿐만 아니라, 과학자로서 연구를 수행하는 데에도, 더 나아가 국가의 미래를 위한 과학기술 정책을 입안하고 실행하는 행정가로서도 꼭 필요하다고 생각된다.

왜 여성이 과학 리더가 되어야 하나?

경험적 리더십 연구의 선구자로 일컬어지는 랄프 스톡딜Ralph M. Stogdill의 『리더십편람*Handbook of Leadership*』에 따르면 '리더십'이라는 용어는 약 200년 전부터 사용되기 시작했다고 한다. 리더십은 구성원 혹은 추종자들의 행동에 의도적 변화를 가져오도록 영향력을 행사하는 것을 의미한다. 리더십이 소수의 특별한 사람에게만 필요한 것은 아니다. 리더십은 인간이 인간답게 독립적으로 살아가는 데 있어 꼭 필요한 자질이다. 리더십이 있는 사람은 청소년기에는 독립적이고 자기주도적인 학습을 하며, 학위 과정에서는 자기 절제를 통해 학업에 전념하여 목표를 달성하고, 팀워크와 문제 해결 능력을 통해 전문가로서 성공할 수 있다. 과학자가 된 후에는 새로운 연구 문제를 발견하고 조직을 이끌며 미래 사회에 헌신하기 위해 반드시 리더십이 필요하다.

전통적으로 리더십은 남성의 전유물이었다. 따라서 성공적인 리더의 특성은 남성적인 것과 동일시되었다. 자연스럽게 여성은 리더의 자질이 없다고 간주되었다. 리더십 학자 버나드 배스Bernard M. Bass는 여성 리더십에 대한 이야기는 리더십의 고전이라고 할 수 있는 스톡딜의 『리더십편람』에도 나오지 않는다고 지적한다. 여성 리더십이라는 용어가 등장하기 시작한 것은 1980년대 들어서이다. 이는 1970년대 여권 운동의 결과 얻어진 것이라고 해석된다.

동서양을 막론하고 여성은 과학을 하기에 부적합하다는 인식이 팽배해 있었다. 여성의 두뇌가 과학을 하기에 적합하지 않다는 논란은 최근까지도 이어지고 있다. 따라서 여성 과학자의 리더십이란 과거에는 거의 관계가 없는 단어들의 조합이었다. 실제로 여성 과학자의 리더십을 본격적으로 다룬 책은 영문으로도 존재하지 않는다. 옌치 클라라이스Yentsch

M. Clarice와 칼 신더만Carl J. Sindermann 공저의 『여성 과학자*The Woman Scientist*』라는 책이 일부에서 리더십을 부분적으로 다루는 것이 현재까지는 전부이다.[3]

여성 과학자가 리더로 성장하기 위해서는 수많은 단계에 걸쳐 장애에 부닥친다. 여성은 어린 시절부터 남성과는 매우 다른 사회화 과정을 경험한다. 그 결과 여성은 과학에 대한 관심을 가질 기회가 적다. 과학을 전공하더라도 교육 과정에서의 차별로 인해 잠재력을 충분히 발휘하지 못하고 포기할 가능성이 높다. 여성이 성공적으로 학위를 마친다 하더라도 일자리를 구하는 과정에서 또 한 차례 난관을 경험하게 된다. 이 과정에서 출산과 육아는 여성을 또 한 번 좌절시킨다. 이러한 과정을 거쳐 여성 과학자가 탄생하기 때문에 여성이 과학자가 된 후에도 조직이나 관련 분야에서 리더의 역할을 수행할 기회는 매우 제한적이다. 훈련이나 준비도 부족한 것이 사실이다. 여성 과학자는 여성으로서 겪는 장애와 차별 외에도 여성 친화적이지 않은 과학과 공학이라는 학문 종사자로서 리더의 기회를 박탈당하는 이중고를 겪는 셈이다.

조너선 콜Jonathan Cole이라는 컬럼비아대학교 사회학 교수는 여성 과학자는 실제로 3중고triple penalties를 당하고 있다고 주장한다. 과학이 여성에게는 부적절한 진로로 정의되는 것, 여성은 남성에 비해 지적으로 열등하고 창의적이지 않다는 신념, 실제 과학에서 여성에게 가해지는 차별이 그것이다. 이 때문에 여성은 두 개의 세계에서 살아야 한다고 주장한다. 한편으로는 여성에 대한 거부감이 큰 남성 위주의 과학자 공동체에서 활동하면서, 다른 한편으로는 결혼과 가족이라는 여성에 대한 전통적인 규범에 기초하여 부분적으로 평가받는다는 것이다.[4]

실제로 노벨상을 수상했거나 그 근처까지 갔던 여성 과학자들은 상상할 수 없을 만큼 큰 어려움을 겪었다. 1920년대까지 유럽의 여성에게는 여학교가 최종 교육 기관이었다. 이들이 대학에 들어가기 위해서는 여학교에서 가르치지 않는 수학, 과학, 라틴어, 그리스어의 과외 수업을 별도로 받아야 했다. 유럽의 여성들은 부모가 후원을 하지 않는 한 대학 입학조차 불가능했다. 이 때문에 초기 유럽의 여성 과학자들은 남성보다 10년이나 늦게 연구를 시작했다.

미국이 여성의 권리에 대해 매우 개방적이었으리라 기대한 사람은 여성 과학자들이 겪어야 했던 차별과 열악한 상황을 알게 되면 아마 충격을 금치 못할 것이다. 미국은 과학을 전공하는 여학생에게는 개방적이었지만 여성 과학자를 연구원으로 채용하는 데에는 보수적이었다. 초기의 상당수 여성 과학자들은 지하 연구실이나 옥탑방에서 실험을 해야 했다. 1950년대 남성들이 제2차 세계대전에 동원되자 그 자리를 메워야 했던 여성들이 비로소 월급을 받기 시작했다. 그 전에는 무급 연구원으로 대학에 남아야 했다. 그들은 작은 여자대학에서 강의를 할 수는 있었지만 연구자로 참여할 수는 없었다. 여성이 과학을 할 수 있는 또 다른 방법은 과학자 남편의 조수가 되는 것이었다. 이 때문에 여성 과학자는 남편과 노벨상을 공동 수상한 경우가 많다.

다행히 새천년을 맞이하여 사회 분위기가 급속도로 변하고 있다. 프롤로그에서도 밝혔듯이 2009년 여성은 최초로 2개의 노벨과학상과 경제학상을 수상했다. 여성이 과학상을 2개 이상 수상한 것은 이번이 처음이다. 21세기는 정보화, 세계화의 시대로 유연하고 통합적인 여성적 리더십을 요구하고 있다. 정보화 시대는 과거 남성적 힘의 경쟁을 두뇌의 경쟁으로 전환시켰다. 또한 한 국가의 과학기술 발전 정도가 국력의 척도가 되었다. 이혜숙은 각국의 인재 경쟁이 한국에서는 그동안 사장되어온 여성 인재에 눈을 돌리는 계기가 되었다고 진단한다.[5]

특히 여성 과학 인재의 중요성이 대두된 배경에는 세 가지 구조적인 이유가 있다. 이화여대 물리학 교수인 이공주복은 (1) 인구 구조의 변화 (2) 산업 구조의 변화 (3) 세계화와 세계 경제에서 차지하는 한국의 위치 때문이라고 주장한다.[6] 첫째, 한국은 빠른 속도로 초고령화의 사회로 진입하고 있다. 정부가 1990년대부터 시작된 인구 감소 현상을 미리 예측하고 정책적으로 대비하지 못함으로써 갑작스럽게 위기를 맞게 되었다. 급격한 인구의 고령화는 생산 인구를 감소시켜 경제의 활력을 떨어뜨리게 될 것이다. 결국 여성 인재의 활용 없이는 우리 경제는 심각한 위기에 처할 수 있다. 둘째, 급격한 정보통신기술, 생명과학기술, 나노기술, 그리고 이들의 융합 기술은 과학계뿐만 아니라 산업, 그리고 더 나아가 우리의 일상생활에도 혁명적인 변화를 가져오고 있다. 이러한 고도의 기술 변화는 후발국에게는 새로운 위기이자 도전이 된다. 이러한 과학기술의 혁명기에는 국가가 고급 인재를 얼마나 성공적으로 양성하여 다른 나라보다 한 발 앞서 경쟁력을 확보하느냐 하는 것이 매우 중요하다.

한국은 석유도 나지 않고 천연 자원도 부족하다. 한강의 기적도 오로지 국민의 높은 교육열과 근면성에 의해 이룩했다. 결국 한국이 지금의 위상을 뛰어넘어 선진국에 진입하기 위해서는 고부가 과학기술을 이용한 첨단산업에 매달릴 수밖에 없을 것이다. 한국은 IT 강국이다. 이공주복은 여기에 나노, 바이오 등의 첨단과학기술을 접목한다면 무한한 가능성을 창출할 수 있다고 주장한다. 산업 구조의 변화로 인하여 산업의 발전은 물리적 힘보다는 두뇌가 요구되고 있다. 재택 근무를 비롯하여 다양한 형태의 근무 여건이 가능해지면서 여성은 오히려 여성적 특성을 활용함으로써 과학기술에서 남성을 앞서갈 수 있게 되었다.

뿐만 아니라 글로벌 경영 환경에서 문화적 다양성이 조직의 효과성에 영향을 미친다는 연구 결과가 나왔다. 기업 관리직의 성별 다양성이 기업의 재정적 성공을 비롯하여 두 가지 지표에서 긍정적인 관계를 가지고 있다는 연구 결과가 그것이다. 즉, "고위 관리직에 여성이 많은 기업이 적은 기업에 비하여 자기자본이익률ROE, Return on Equity이 35.1%나 높았고, 주주수익률TRS, Total Return to Shareholders은 34%가 높았다" 고 한다. 『카탈리스트*Catalyst*』라는 잡지의 기사는 그 이유로 세 가지를 들었다. 여성을 적극 채용하고 승진시키는 기업은 인재 활용을 잘하며, 최종 소비의 85%를 결정하는 여성들에게 어필하고, 다양성을 갖춘 집단이 그렇지 않은 집단에 비해 혁신을 잘 이루기 때문이라는 것이다.[7]

그동안 3중고를 겪던 여성 과학자는 21세기를 맞이하여 몇 배의 기회를 얻게 되었다. 이러한 시대적, 사회적 변화가 여성 과학자의 글로벌 리더십에 대한 연구를 시작하게 된 배경이다. 이제 한국의 여성 과학자는 한국의 리더로서가 아니라 세계 무대에서 전 세계의 우수 인재들과 경쟁하고 협력함으로써 인류의 미래를 위해 봉사하는 시대적 소명을 갖게 되었다.

페미니스트들은 기존의 과학이 매우 남성적이라고 비판한다. 주류 과학은 권위주의적이며, 연구의 대상인 자연으로부터 분리되어 있다고 한다. 주류 과학과 기술이 인류의 삶을 위협하고 자연을 파괴시킨 데 대한 책임을 회피한다는 것이다. 과학은 종종 객관적이고 타당한 과학적 지식을 보장한다는 환상을 심어준다. 그러나 실제로 과학적 연구는 연구 문제를 선택하는 순간부터 연구자의 가치, 의견, 편견, 신념, 이해관계로부터 엄청난 영향을 받게 된다. 연구비 지출의 승인에 있어서도 정치적이고 권력적인 역학 관계가 작용한다.[8]

미국과 영국의 과학자 중에는 중산층, 백인 남성이 압도적으로 많다. 주류 과학은 기득권과 가진 자의 이익에 봉사함으로써 보통사람들의 더 나은 삶을 위해 기여하지 못한다는 비판도 있다.[9] 여권주의자들은 보다 많은 여성 과학자가 등장하고 그들이 정책 결정의 권한을 갖게 될 때 세계는 보다 바람직한 방향으로 변화할 수 있으리라 기대한다. 여성 과학자는 기존의 패러다임에서 실종된 새로운 시각의 지평을 넓혀줄 것이고 단지 여권주의적 과학이 아니라 인류에게 보다 '좋은 과학'을 제공할 것이라는 기대가 있는 것이다.[10]

이 책은 어떤 내용을 담고 있나?

한국 정부는 이러한 시대적 변화와 여성 과학자의 수요를 예견하고 여성 과학자를 지원하고 양성하기 위한 예산 지원과 제도적 정비를 오래전부터 준비해왔다. 이공주복은 이러한 현황을 그의 저서에 잘 정리해놓았다.[11] 실제로 이미 성과를 본 것도 있고 시범적인 사업이 진행되고 있는 것도 있다. 정부는 여성 과학자의 양성뿐만 아니라 연구비 지원, 국립연구기관, 대학 등의 채용할당제 등을 통해 인재의 활용을 위해서도 노력해왔다. 앞으로는 기존 프로그램의 성과와 효율성에 관한 체계적인 평가를 통해 좋은 프로그램에 대한 지원, 확산을 강화해나갈 필요가 있을 것이다. 또 여성 과학자의 수가 늘어남에 따라 자연스럽게 리더의 역할을 할 기회가 많아지게 되었다. 이들이 어떤 리더십을 어떻게 준비해야 할지, 정부와 사회는 이를 위해 어떤 도움을 줄 수 있는지 우리가 함께 고민해야 할 시점이라고 생각한다.

우리나라 과학기술 경쟁력은 세계 10위 이내에 든다. 국제 경쟁력에서 우리나라가 가장 앞서는 부문이 과학기술 분야라고 할 수 있다. 사회과학이나 인문 분야의 경우, 한국어나 한국사, 한국 정치 등에 대한 연구의 발표와 토론은 국내에서 그치는 경우가 대부분이다. 그러나 아주 오래전부터 이공계 교수들은 주로 외국에서 공식적으로 인정받는 학술지에 논문을 게재해왔고 또 이를 위해 국제간 협력 연구를 게을리 해오지 않았다. 요즘에는 연구재단의 적극적 지원에 힘입어 세계 수준 연구중심대학

WCU, World Class University 사업의 일환으로 노벨상 수상자를 국내 대학에 초빙하는 일도 자주 있다. 앞으로는 한국의 과학자가 국내에서만 활동해서는 그 업적을 인정받기가 더욱 어려울 것이다. 따라서 세계 무대에서 활동할 수 있는 과학자의 리더십을 키워야 한다.

요즘에는 남녀 차별 사상이 존재하던 과거에 비해 사회적 분위기나 가정의 환경이 많이 변한 것이 사실이다. 자녀를 한둘만 낳다 보니 '잘 키운 딸 하나 열 아들 안 부럽다'는 분위기를 실감할 정도로 딸에 대한 부모의 교육열도 남다르다. 하지만 열의만 있다고 모든 가정과 사회가 인재 양성에 성공하는 것은 아니다. 선진국의 노하우를 우리 사회에 맞게 제대로 받아들이기 위한 전략이 존재할 때, 우리의 대학 경쟁력이나 인재 양성 전략도 세계적 수준에 도달할 수 있을 것이다.

이 책의 목적은 차세대 한국의 여성 과학자를 세계적 리더로 성장시키기 위한 전략과 과제를 제시하는 것이다. 이를 위해 서문에서는 왜 과학자에게 리더십이 필요한지, 왜 여성이 과학 분야의 리더가 되어야 하는지, 이 책은 어떤 내용을 담고 있는지, 그리고 어떻게 연구를 수행했고 어떤 자료를 이용했는지 밝히고 있다.

I부에서는 여성 과학자들의 리더십 준비를 위해 바람직한 여성 과학자의 글로벌 리더십 모형을 제안하기 위하여 과학 분야 여성 노벨상 수상자 16명과 거의 노벨상 수상의 문턱까지 갔던 여성 과학자 5명을 비교했다. 이들의 성공에 꼭 필요한 리더십 요인은 무엇이었는지, 수상을 안타깝게 놓친 과학자들에게 부족했던 리더십 요인은 무엇이었는지, 여성 과학자가 글로벌 리더로서 성장하기 위해 꼭 필요한 리더십 역량은 무엇인지 살펴본다. 남성과는 달리 여성 과학자에게 독특하게 관찰되는 현상에 대해서도 살펴본다.

II부에서는 한국 여성 과학자의 성공 요인과 장애 요인을 살펴본다. 여성 과학기술인의 어린 시절부터 현재에 이르기까지 그들의 생애사를 탐구함으로써 그들의 성공을 가능하게 한 요인을 발견한다. 남성 과학기술인과의 차이도 살펴본다. 또한 노벨상 수상자와 한국의 여성 과학자를 비교함으로써 한국과 다른 나라의 문화적 제도적 공통점과 차이점도 찾아본다.

III부에서는 과학자 리더십 모형을 기존의 경영학이나 조직 연구 분야에서 개발된 글로벌 리더십 역량 모형과 비교함으로써 어떤 유사성과 차이점을 갖는지 살펴본다. 어떤 분야에서든 여성은 남성과 달리 특별한 리더십 모형이 필요하다. 남녀는 역량에 있어서 강점과 약점이 다를 뿐만 아니라, 처해 있는 상황과 장애 요인도 다르기 때문이다. 과학 분야의 지도자는 다른 분야의 지도자와 어떻게 다를까? 여성 과학자는 남성 과학자와 달리 리더로서 특별한 역량이 필요할까? 이러한 질문에 대한 답을 찾아감으로써 세계적인 여성 과학자의 글로벌 리더십 모형을 구성한다.

IV부에서는 차세대 글로벌 여성 과학자를 어떻게 키워야 하는지 구체적인 방법을 다룬다. 앞에서의 탐구 결과를 토대로 세계적인 여성 과학자 양성을 위해 정부의 과학기술 정책이 기여할 수 있는 부분, 대학이나 초·중·고교의 교육이 변해야 할 부분, 학부모와 지역 사회가 책임져야 할 역할에 대해서 논의한다. 이 부분은 한국여성과학기술단체총연합회의 주최로 두 차례에 걸쳐 치러진 "한국 여성 과학기술인의 글로벌 리더십 함양을 위한 전략과 실천 과제"라는 워크숍의 토론 내용을 포함하고 있다. 이 워크숍에는 성공한 과학기술인은 물론이고 관련 단체의 임원, 여성 과학기술인 인재 양성 프로그램에 참여한 경험이 있는 관계자들이 참석하여 이 연구의 초고(한국 여성 과학자를 분석한 II부)를 함께 공유한 후에, 한국 여성 과학기술인의 글로벌 리더십 함양을 위한 구체적인 전략과 실천 과제를 논의했다.

이 책은 누구를 어떤 방법으로 탐구했나?

이 책은 세계 최고의 여성 과학자와 한국의 성공한 남녀 과학기술인을 연구 대상으로 했다. 그렇다면 과학기술인은 누구인가? 국제적으로는 과학기술인력HRST: Human Resources in Science and Technology이라는 개념이 존재한다. OECD는 1965년 출간된 과학기술인력의 측정을 위한 권고안인 〈캔버라 매뉴얼Canberra Manual〉에서 과학기술인력을 교육과 직업의 두 차원으로 파악할 것을 권고하고 있다. OECD의 정의는 '과학'에 자연과학뿐만 아니라 사회과학도 포함시키고 있다.[12] 이 때문에 외국에서 수행된 여성 과학자에 대한 연구는 사회과학자를 포함하는 경우가 많다.

이 연구에 사용된 세계의 여성 과학자는 모두 21명이다. 이 중 15명은 과학 분야 노벨상 수상자이며, 1명은 경제학상 수상자, 5명은 거의 노벨 과학상을 수상할 뻔했으나 아깝게 놓친 경우이다. 노벨경제학 수상자를 포함한 이유는 OECD의 조건을 따르기 위함이기도 하고 필자의 은사이기도 해서였다. 흥미롭게도 경제학 수상자인 오스트롬의 사례는 여성 과학자에 대한 연구 결과와 매우 유사하여 비교 연구에 도움이 되었다.

반면, 우리나라 정부의 여성 과학기술인력에 대한 정책의 주요한 법적 근거로 사용되고 있는 "여성 과학기술인 육성 및 지원에 관한 법률"과 동법 시행령에 따르면 "여성 과학기술인(력)을 이학 · 공학(이하 이공계) 분야의 연구직, 기술직 또는 관련 직종에 종사하고 있거나 종사하고자 하는 전문대졸 이상의 여성 인력으로 정의하고 있다."[13] 이 규정은 정부가 제도적으로 지원해야 할 과학기술 분야를 규명하고 있다는 점에서 비교적 사회적 지위와 경제적 보상이 높아 정부의 특별한 관심이 필요치 않다고 판단되는 의약학 분야 전공자들을 제외하고 있다.

그러나 이 책은 한국 과학기술인의 리더십을 연구하는 것이 목적이므로 의약, 식품 영양 등 과학기술 분야의 모든 학문을 포괄하며 대졸 이상에 한정했다. 과학기술 고급 인력은 상당히 높은 수준의 전문성을 필요로 하기 때문에 적어도 석·박사학위를 받아야 사회적으로 인정받는 분야에서 활동할 수 있다. 따라서 이 연구에서 사용된 한국 과학기술인은 자연과학이나 수학, 의약학, 공학을 대학이나 그 이상 과정에서 전공하고 그 전공을 살려 사회적으로 활동하고 있는 사람을 의미한다.

이 연구는 기존에 출간된 성공한 여성 과학기술인의 자서전을 토대로 하여 문화인류학의 생애사life history와 개인적 기술personal documentation 분석법을 활용했다. 전기를 활용하는 생애사 연구는 인류학에서 많이 사용되어온 방법이다. 노벨상 수상자에 대한 탐구는 수상자의 가족, 동료, 제자를 인터뷰하고 언론 인터뷰 자료를 참조하여 재구성한 전문 작가의 전기를 참조했다.[14] 또한 수상자가 직접 노벨상시상위원회에 제공한 전기나 언론 인터뷰 등을 포함시켰다.

한국 과학기술인에 대한 탐구는 스스로 기술한 전기를 활용했다. 스스로 기술한 전기는 생애사 관점에서 그들이 살아온 사회적 제도와 문화 등을 상세히 보여줄 뿐만 아니라 '개인적 기술'로도 분석될 수 있다. '개인적 기술'이란 '정보 제공자의 생애, 경험 또는 의견에 대한 상당한 길이의 구술'[15]을 의미한다. 과학기술인들은 관련 단체나 편자로부터 똑같은 원고 청탁을 받았겠지만 초점이나 기술 방식은 저자에 따라 매우 다르게 나타난다. 개인마다 초점이나 강조점이 다르므로 서베이 방법을 사용할 때처럼 모든 변수에 대한 정보를 얻는 것은 불가능하다. 그러나 매우 제한적인 정보만을 얻는 것이 '개인적 기술'의 단점이자 장점이다. 지면이 제한되면 사람이란 자신이 중요하다고 생각하는 것을 기술하는 경향이 있다. 따라서 개인적 기술을 활용하게 되면 피연구자가 스스로 중요하다고 생각하는 정보를 연구하게 된다.

이 연구는 남녀 과학자 모두 206명이 후배들을 위해 쓴 자전적 수필 혹은 지침서를 활용했다. 여기에는 모두 126명의 여성 과학기술인과 80명의 남성 과학기술인이 포함되어 있다. 남성 과학자의 수가 많지는 않지만 여성과의 비교에 소중한 자료로 쓰였다. 각 항목에 대한 코딩은 필자와 조교가 함께 문헌을 읽고 교차 검증함으로써 일관성과 신뢰도를 높이고자 했다.

다양한 과학자들의 기술을 비교함으로써 그들이 삶에서 무엇을 중요하다고 간주하는지 공통된 가치관도 발견할 수 있을 것이다. 문화인류학자들은 한 사회를 구성하는 사람들 간에는 상당히 공통적인 일정한 태도가 존재한다고 주장한다. 만일 성공한 과학자들 가운데 이러한 공통점을 발견할 수 있다면 이는 차세대 리더를 위해 매우 소중한 교훈이 될 것이다. 이 책이 채택하고 있는 문화인류학적 연구 방법은 기본적으로 연구 대상자의 시각에서 의도를 이해하고자 하는 해석학적 시각을 받아들인다. 해석학적 연구 방법은 연구자와 연구 대상자 사이의 상호토론을 통한 상호주관성intersubjectivity을 매우 중시한다. 이 연구를 최초로 필자에게 의뢰했던 한국여성과학기술단체총연합회는 중간발표 워크숍을 개최하여 필자와 연구 대상자인 한국 여성 과학자들이 연구 결과에 대해 토론할 수 있도록 해주었다. 이 워크숍의 결과, 의미 있는 토론 내용을 이 책에 담을 수 있었다.

이 책은 어떤 가정이나 이론적 틀을 전제하지는 않는다. 선입견이나 편견 없이 먼저 각 여성의 자서전을 읽은 후에 공통점과 차이점을 발굴하는 방법으로 귀납적인 분석을 실시했다. 또한 다양한 대상에 대한 비교 방법을 사용했다. 한국의 여성 과학기술인이 한국적 상황과 조건을 뛰어넘어 리더십을 발휘하는 것은 불가능하다. 이 때문에 글로벌 모형이라 하더라도 외국 모형만을 토대로 한 리더십 모형은 적실성을 잃게 될 것이다. 세계의 여성 과학자와 한국의 과학기술인을 비교한 이 연구 결과가 한국과 국제 무대에서 동시에 활동하게 될 차세대 한국 여성들을 위해 소중한 기초 자료가 되기를 희망한다.

여성 노벨상 수상자 탐구

I

1
그들은 누구인가?

여성 노벨상 수상자와 수상을 놓친 이들

최초로 노벨상이 주어지기 시작한 1901년부터 2009년까지 노벨상 수상자는 806명의 개인과 23개의 단체로서 총 829개에 달한다. 여성은 전체 41개를 수상함으로써 전체 2%에 약간 못 미친다. 그러나 2009년에는 화학, 생리의학, 문학, 경제학 분야에서 한 해에 총 4명의 여성 수상자가 탄생하여 21세기는 여성의 시대임을 실감케 했다. 그러나 너무 흥분하지 마시라. 2010년에는 단 한 명의 여성도 배출되지 않았다.

여성이 수상한 41개의 노벨상 중, 문학상과 평화상을 제외하면 자연과학 분야의 노벨상은 모두 16개이다. 2009년에는 엘리너 오스트롬이 경제학상을 수상함으로써 사회과학 분야에서도 최초로 여성 수상자가 탄생했다. 마리 퀴리가 1903년과 1911년 두 번 수상한 것을 감안한다면 자연과학 분야의 여성 수상자는 모두 15명이다. 학문 분야별로는 물리학 분야에서 2개, 화학 분야에서 4개, 생리학과 의학 분야에서 10개를 수상했다. 경제학을 포함하면 학문 분야에서는 모두 16명의 여성이 수상한 셈이다. 여기에 노벨상 수상을 받을 만한 자격이 있었으나 아깝게 수상의 기회를 놓친 여성 5명을 추가했다. 따라서 I부에서의 연구 대상은 세계적으로 인정받은 21명의 여성 과학자이다.

이들은 누구일까? 이들의 사회경제적, 교육적 배경에는 어떤 공통점이 있을까? 이들에 대한 자전적 전기는 이미 여러 권 출간되었다. 따라서 이 책에서는 이들에 대한 자세한 소개를 포함하지 않았다. 단지 우리가 그동안 궁금했던 다양한 질문에 대한 답을 찾는 방식으로 분석했다. 그러나 이 책을 읽기 전에 독자들은 여성 과학자들의 자서전을 일독하기를 권한다. 그러한 독서가 이 책의 분석 내용에 대한 이해를 높여줄 뿐만 아니라 독자에게 큰 감동을 주리라 확신하기 때문이다. 책을 통한 저명한 과학자와의 만남은 특히 과학도를 꿈꾸는 차세대 여성에게는 무한한 영감과 엄청난 용기를 주게 될 것이다.

여성 노벨상 수상자의 전기 작가인 쉐론 맥그레인Sharon B. McGrayne은 이들 과학자를 시대에 따라 세 그룹으로 나눈다. 그러나 맥그레인은 이러한 분류의 분석적 기준을 제시하지 않았다. 맥그레인의 구분이 일리가 있다고 판단하여 필자도 이 분류를 사용한다. 하지만 분류에 대한 해석은 필자가 단독으로 내린 것이라 맥그레인이 필자의 해석에 동의할지 모르겠다. 그녀는 마리 퀴리Marie Sklodowska Curie와 안타깝게 수상을 놓친 리제 마이트너Lise Meitner와 에미 뇌터Emmy Noether를 1세대로 분류한다. 이들 세대에는 두 명의 위대한 여성이 노벨상 수상을 놓친 것에서 알 수 있듯이 여성이 과학을 한다는 것 자체가 사회적으로는 거의 불가능에 가까운 일이었다. 이 세대에서는 온갖 역경과 난관을 딛고 오로지 개인의 역량에 의지해 과학을 했던 불굴의 여성 과학자의 모습을 발견할 수 있다.

맥그레인은 이레네 졸리오-퀴리Irene Joliot-Curie에서 시작하여 게르티 테레사 코리Gerty Theresa Cori, 마리아 괴페르트-마이어Maria Goeppert-Mayer, 도로시 호지킨Dorothy Mary Crowfoot Hodgkin, 로잘린 얄로Rosalyn

Yalow, 바바라 맥클린톡Barbara McClintock, 리타 레비-몬탈치니Rita Levi-Montalcini, 거트루드 엘리언Gertrude B. Elion까지를 2세대에 포함시킨다. 노벨상 수상을 놓친 우젠슝吳健雄, Chien-Shiung Wu, 로잘린드 프랭클린Rosalind Franklin, 조슬린 벨 버넬Jocelyn Bell Burnell도 2세대에 속한다. 이들도 여성에 대한 갖은 차별을 딛고 과학자로 우뚝 섰다는 점에서는 1세대와 큰 차이가 없다. 다만 마리 퀴리라는 위대한 여성 과학자를 롤모델로 가슴에 품고 과학에 대한 꿈을 포기하지 않았다는 점에서 1세대와 구분된다. 2세대 여성의 자서전에는 종종 마리 퀴리라는 롤모델과 그녀의 자서전을 읽으며 용기를 얻었다는 내용이 등장한다.

비교적 젊은 과학자인 크리스티안네 뉘슬라인-폴하르트Christiane Nusslein-Volhard는 3세대로 분류되는데 맥그레인의 저서가 출간된 이후에 상을 받아 그 책에 포함되지 않은 사람들은 대체로 3세대에 속한다고 할 수 있다. 린다 벅Linda B. Buck, 프랑수아즈 바레-시누시Françoise Barré-Sinoussi, 엘리자베스 블랙번Elizabeth H. Blackburn이 여기에 속한다. 이들도 여전히 여성으로서 눈에 보이지 않는 차별을 겪기는 했지만 제2차 세계대전 이후에 교육을 받았다는 점에서 구분된다.

제2차 세계대전은 여성 과학기술인에게 새로운 기회의 문을 열어준 중요한 시점으로 기록된다. 전쟁에 동원된 남성을 대신해 여성이 본격적으로 급료를 받으며 취업 전선에 나섰기 때문이다. 이는 직간접적으로 사회적 의식의 변화를 가져왔다. 이 때문에 3세대 여성 과학자는 전 세대보다는 진취적이고 독립적인 인성을 키울 수 있었다고 생각된다. 이들도 학위 취득 후에 일자리를 잡는 데에는 눈에 보이는, 보이지 않는 차별을 겪었을 것이다. 하지만 1, 2세대처럼 법적으로 대학 입학이 금지되거나 실질적으로 입학 시험을 치를 수 없어 가정 교사를 고용하는 상황은 아니었다. 반면 최근 노벨상을 수상한 아다 요나트Ada E. Yonath와 엘리너 오스트롬Elinor Ostrom은 고령 수상인 점을 감안하면 그들의 경험은 오히려 2세대의 것과 유사하다. 따라서 이들은 2세대로 분류되었다.

2009년 48세의 나이로 생리의학상을 수상한 캐롤 그레이더Carol W. Greider는 4세대 과학자로서 또 다른 특징을 보여준다. 그레이더는 박사학위 논문으로 수행한 연구로 지도교수와 함께 수상하는 영광을 안았다. 그녀는 구직에서뿐만 아니라 성장 과정에서도 상대적으로 평등한 대접을 받은 첫 번째 세대로 간주될 수 있다. 특히 그레이더는 난독증이라는 난관을 극복한 성공 사례로 어려서부터 천부적 재능을 보였던 전 세대 대다수 학자와는 다른 면모를 보여준다. 무엇보다도 특이한 점은 그녀의 지도교수이자 멘토인 엘리자베스 블랙번이 여성이라는 점이다. 남성 과학자의 경우는 지도교수와 제자의 공동 수상, 연속 수상은 노벨상 시장에서 이제 하나의 모범 답안으로 정착되었다. 반면 네트워크에 약한 여성은 수많은 수상 기회를 박탈당할 수밖에 없었다. 여성 사제가 동시에 수상한 최초의 사례라는 점에서 그리고 장애를 극복하고 과학자로 성공했다는 점에서 캐롤 그레이더는 4세대 과학자의 새로운 특징을 보여준다고 할 수 있다.

이들 여성 노벨상 수상자는 워낙 그 수가 적기 때문에 분석을 통해 일반화하는 것이 쉽지 않다. 그럼에도 불구하고 몇 가지 흥미로운 공통점을 발견할 수 있다. 본격적인 분석에 앞서 우선 그들이 누구인지 그들의 수상 분야 및 출신 국가, 거주 국가, 수상 나이 등을 〈표 1〉에 정리했다.

과학 분야 여성 노벨상 수상은 9개의 메달을 10명이 수상한 생리 및 의학 분야에 편중되어 있다. 경제학상이 1개, 물리학상이 2개, 화학상이 4개인 점을 감안한다면 생리의학 분야가 압도적으로 많다. 생물학 분야에 종사하는 여성 과학자의 비율이 높은 것이 수상에도 반영되었다고 생각된다. 이러한 결과는 여성이 물리나 수학에 약하고, 생물에 강하다는

〈표 1〉 여성 노벨상 수상자의 주요 정보

수상 연도	이름	수상 분야	출신 국가	거주 국가	수상 나이	생년월일
1903	마리 퀴리 Marie Curie	화학	폴란드	프랑스	36세	1867.11.7.~ 1934.7.4
1911	마리 퀴리 Marie Curie	물리학	폴란드	프랑스	44세	상동
1935	이레네 졸리오-퀴리 Irene Joliot-Curie	화학	프랑스	프랑스	38세	1900.3.19.~ 1958.8.14
1947	게르티 테레사 코리 Gerty Theresa Cori	생리/의학	체코 (유대인)	미국 귀화	50세	1896.8.15.~ 1957.10.26
1963	마리아 괴페르트-마이어 Maria Goeppert-Mayer	물리학	독일	미국 귀화	57세	1906.6.28.~ 1972.2.20
1964	도로시 호지킨 Dorothy Mary Crowfoot Hodgkin	화학	영국 국적/ 이집트출생	영국	54세	1910.5.12.~ 1994.7.29
1977	로잘린 얄로 Rosalyn Yalow	생리/의학	미국 (유대인)	미국	56세	1921. 7. 19 ~
1983	바바라 맥클린톡 Barbara McClintock	생리/의학	미국	미국	81세	1902.6.16.~ 1992.9.2
1986	리타 레비-몬탈치니 Rita Levi-Montalcini	생리/의학	이탈리아 (유대인)	미국 귀화	77세	1909. 4. 22 ~
1988	거트루드 엘리언 Gertrude B. Elion	생리/의학	미국 (유대인)	미국	70세	1918.1.23.~ 1999.2.21
1995	크리스티안네 뉘슬라인-폴하르트 Christiane Nusslein-Volhard	생리/의학	독일	독일	53세	1942. 10. 20~
2004	린다 벅 Linda B. Buck	생리/의학	미국	미국	57세	1947. 1. 29 ~
2008	프랑수아즈 바레-시누시 Françoise Barré-Sinoussi	생리/의학	프랑스	프랑스	55세	1947. 7. 30 ~
2009	아다 요나트 Ada E. Yonath	화학	이스라엘 (유대인)	이스라엘	70세	1939. 6. 22~
2009	엘리자베스 블랙번 Elizabeth H. Blackburn	생리/의학	호주/ 미국시민권	미국	61세	1948. 11. 26~
2009	캐롤 그레이더 Carol W. Greider	생리/의학	미국	미국	48세	1961. 4. 15 ~
2009	엘리너 오스트롬 Elinor Ostrom	경제학	미국 (유대인 아버지)	미국	76세	1933. 8. 7 ~

세간의 주장을 증명하는 것처럼 보인다. 하지만 이 결과가 성차에서 비롯되는지, 사회문화적 차별에서 비롯되는지에 대해서는 아직도 사회적인 논란이 있다. 그러나 두뇌의 생리적 성차에 대한 기존 연구에 방법론적 오류가 있을 뿐만 아니라 부도덕하다는 이유로 요즘에는 이 문제를 논의하는 것조차 꺼리는 경향이 있다.[1]

국적도 수상에 영향을 미칠까?

노벨상은 단지 국력을 반영할 뿐이라는 이야기가 있다. 그렇다면 수상자의 국적은 수상에 얼마나 중요한 영향을 미칠까? 여성 노벨상 수상자들의 수상 당시 국적을 살펴보면 미국이 압도적으로 많다. 하지만 초기에는 주로 유럽에서 태어나 미국으로 귀화한 경우였다. 미국으로 옮긴 이유는 세 가지 정도 된다. 첫째는 나치즘이나 파시즘의 유대인 탄압을 피하기 위해 미국으로 망명한 경우이다(레비-몬탈치니). 둘째는 더 좋은 연구 환경을 찾아서 미국으로 귀화한 경우이다(코리). 셋째는 미국인 남편과의 결혼으로 미국으로 건너 간 경우이다(괴페르트-마이어). 제2차 세계대전 당시 유대인 과학자에 대한 나치즘, 파시즘 정부의 탄압은 아인슈타인을 비롯한 유럽의 뛰어난 과학자들이 미국으로 탈출하도록 만들었다. 이는 과학의 중심을 유럽에서 미국으로 옮겨놓은 매우 중대한 요인 중의 하나였다.

제2차 세계대전 이후 여성 노벨상 수상자의 국적도 점차 미국으로 옮겨가는 추세를 보이고 있다. 수상 실적을 여성 수상자의 출신 국가에 따라 살펴보면 미국이 6개로 가장 많고, 폴란드 2, 프랑스 2, 독일 2, 체코 1, 영국 1, 이탈리아 1로 유럽이 9개이다. 그 밖의 지역으로는 호주 1, 이스라엘 1개로 총 17개이다. 이들의 귀화나 이민을 고려하여 수상 당시 국적이나 거주국을 살펴보면 미국 편중이 더욱 두드러진다. 미국은 모두 10개로 최다 수상을 했다. 그 밖의 수상자 거주국은 프랑스 4, 영국 1, 독일 1, 이스라엘 1로 나타난다. 프랑스의 4 중 3은 퀴리 모녀의 수상에 기인한다.

수상 당시의 국적은 수상자들이 그 나라에서 연구하고 활동한 결과를 보여준다. 이는 그 나라의 과학기술 정책과 제도의 효율성을 표현하는 하나의 지표로도 간주될 수 있을 것이다. 미국의 경우 남녀 수상자를 모두 감안하면 거의 절반(44.3%)가량을 보유하고 있다. 이는 미국의 과학 교육과 제도에 대한 연구가 필요하다는 점을 시사한다. 다른 한편으로는 한 나라의 국력이 노벨상 수상에도 영향을 미칠 수 있음을 암시하기도 한다. 여성 수상자도 미국이 석권한다는 의미는 다른 나라에 비해 그만큼 여성에 대한 기회가 열려 있다는 의미이기도 하다.

일본은 아시아 국가로서는 드물게 과학 분야 남성 수상자를 14명이나 보유하고 있다. 그러나 일본 여성은 과학 분야에서 단 한 명도 노벨상을 수상하지 못했다. 이는 여성의 사회적 지위가 여성 과학자의 탄생에 결정적인 영향을 미친다는 것을 의미한다. 특히 경제학에서 2009년 최초의 여성 수상자가 탄생했다는 사실은 사회과학 분야가 자연과학 분야보다 여성에 더 배타적이라는 점을 시사한다.

실제로 미국에서 전공 분야별 미국 여성 박사의 수를 비교해보아도 사회과학 분야 여성 박사는 생명과학 분야 박사에 비해 수가 적다. 가령, 1920년대 사회과학 분야 여성 박사의 수는 136명인 데 비해 생명과학 분야 여성 박사의 수는 378명이었다. 이러한 격차는 1960년대까지 유지된다. 그러다 1970년에 와서야 그 차이가 좁혀지게 된다.[2] 이러한 결과는 생명과학 분야의 일자리 사정이 사회과학 분야보다는 나았기 때문에 학위 소지자 수도 더 많았던 것으로 추측된다.

노벨상 수상을 아깝게 놓친 여성 과학자 5명에 대한 기초 정보를 살펴본 결과는 〈표 2〉에 정리되어 있다. 우젠슝은 중국 출신의 귀화한 미국인이었지만 나머지는 모두 유럽인(비미국)인 특징이 있다. 같은 연구 업적이라면 미국 과학자가 수상할 가능성이 높다는 세간의 의구심을 확인하는 것일까? 미국인이 하나도 발견되지 않은 점이 흥미롭다. 1세대의 경우는 과학의 중심이 유럽이었다. 당시는 미국인 수상자가 별로 많지 않을 때였기에 쉽게 단언할 일은 아니다.

아깝게 노벨상 수상을 놓친 여성들은 놓칠 만한 이유가 있었을까? 에미 뇌터의 경우는 수학자였고 노벨상은 수학 분야가 없다. 그녀의 수학적 업적은 물리학에 크게 기여했으므로 물리학상을 받았어야 했다고 평론가들은 입을 모은다. 마이트너의 경우 동료인 독일인 과학자들이 수상할 때 그녀는 유대인 탄압을 피해 스웨덴에 망명해 있었다. 마이트너가 미국으로 망명을 했더라면 상황이 달라졌을까. 로잘린드 프랭클린의 경우는 암으로 일찍 세상을 떠나면서 공동 수상의 기회를 놓쳤다. 그녀가 살아 있었다면 과연 수상할 수 있었을까. 프랭클린의 사진에서 힌트를 얻어 DNA의 나선형 구조를 밝힌 업적으로 노벨상을 수상한 제임스 와트는 수상 후 출간한 자서전에서 심하게 그녀를 모욕했다. 그녀가 미국인이었다면 사정이 달라졌을까.

우젠슝의 경우는 미국에 귀화한 과학자였지만 아시아인이라는 이유로 다른 백인 과학자와는 다른 대우를 받았을지도 모른다. 이론을 제시한 두 명의 중국인 과학자가 노벨상을 수상했지만 이를 실험으로 증명한 우젠슝이 배제된 것은 이해하기 어렵다는 논평가들도 있다. 노벨상위원회 측은 이론이 너무 분명했기 때문에 창의성이 없는 실험은 수상할 수 없다는 이유를 제시했다. 마이트너의 경우는 동료의 실험 결과에 대한 이론을 제시했는데 실험자인 남성 과학자만 수상했다. 물론 마이트너의 경

〈표 2〉 노벨상을 놓친 여성 과학자

이름	연구 분야	출신 국가	거주 국가	생년월일
리제 마이트너 Lise Meitner	핵물리학	오스트리아 (유대인)	독일(31년), 스웨덴(22년), 은퇴 후 영국 거주 *1949년 오스트리아 국적 포기 후 스웨덴 국적 취득	1878. 11. 7~ 1968. 10. 27 (만 89세)
에미 뇌터 Emmy Noether	추상대수학	독일 (유대인)	독일 – 2차대전 시 미국 망명	1882. 3. 23~ 1935. 4. 14 (만 53세)
우젠슝 Chien-Shiung Wu	물리학	중국	미국 (미국 귀화)	1912. 5. 31~ 1997. 2. 16 (만 84세)
로잘린드 프랭클린 Rosalind Franklin	생화학	영국 런던	영국 런던	1920. 7. 25~ 1958. 4. 16 (만 37세)
조슬린 벨 버넬 Jocelyn Bell Burnell	전파천문학	북아일랜드	영국	1943. 7. 15~ (현재 만 67세)

우는 실험이 우선했고, 우젠슝의 경우는 이론이 우선했다는 차이는 있다. 단적으로 성이나 국적 때문에 수상을 놓쳤다고 주장하기는 어렵지만 개연성이 전혀 없다고 보기도 어렵다.

조슬린 벨 버넬은 대학원 박사 과정 때 지도교수 앤터니 휴이시Antony Hewish와 함께 펄사pulsar(맥동전파원)를 발견했으나 후에 지도교수만 단독 수상했다. 원래 노벨상위원회는 대학원생의 업적은 인정하지 않았다고 한다. 그러나 이에 대한 논란이 잇따르자 그 후에 공동 연구자의 업적도 고려하는 경향으로 바뀌었다 한다. 이러한 사실은 이화여대 학술원 석좌교수이기도 한 버넬이 한국을 방문했을 때 밝힌 바 있다. 버넬이 남성이었다면 결과는 어땠을까. 버넬이 수상에서 배제된 것은 그녀가 결혼 후 육아에 전념하면서 연구를 중단하고 비정규직 강사로 일한 것이 가장 큰 원인은 아니었을까. 전임교원으로서 연구를 지속하고 다른 업적을 남졌더라면 그레이더처럼 수상의 영광을 얻을 수 있지 않았을까.

이상에서 여성 노벨상 수상자 16인과 수상 기회를 아깝게 놓친 여성 과학자 5인, 총 21인의 과학자를 살펴본 결과 여성은 여전히 물리에서는 소수이고 생리의학 분야에서 두각을 나타내고 있다. 수상을 놓친 사람들이 물리에 편중되어 있다는 점에서 여성에 대한 보이지 않는 차별이 존재했으리라 추정해본다. 수상을 놓친 과학자의 국적이 모두 비미국이거나 아시아계 미국인이라는 점에서 국적도 수상에 영향을 미쳤을 가능성이 없지 않다. 그러나 논란의 여지없이 학계로부터 위대한 업적을 인정받았던 프랭클린과 뇌터의 경우는 비교적 젊은 나이에 사망했다는 것 또한 수상의 기회를 놓치게 된 이유일지도 모른다. 남성 과학자의 경우도 일찍 사망한 경우에는 동료 여성 수상자에게만 영광을 안겨주기도 했다. 이는 과학자에게 있어서 건강을 지키고 오래 사는 일이 얼마나 중요한지를 말해준다. 과학적 업적이 검증되고 응용되기까지는 많은 세월이 필요하기도 하지만 과학자 한 명을 잃는 것은 엄청난 국부의 손실이기도 하다.

결론적으로 노벨상 수상자뿐만 아니라 아깝게 수상을 놓친 사람에게도 국적 편중 현상이 드러난다. 국적이 수상에 영향을 미친다는 세간의 주장을 어느 정도 뒷받침해주는 증거라고도 볼 수 있다. 하지만 미국의 과학기술 발전의 전반적인 수준을 감안한다면 반드시 그렇게 해석하기만도 어렵다. 특히 수상을 못하게 된 여성 과학자의 경우, 나름대로의 설명이 존재한다. 국적의 영향력이 존재하는 것은 사실인 것으로 보이지만 그것만이 결정적이라고 단언하기는 어려워 보인다.

'중산층 백인 부모'의 신화, 어디까지 진실일까?

여성 과학자 하면 가장 먼저 떠오르는 생각은 '중산층 백인 부모'의 신화이다. 주류 과학이 중산층 백인 남성의 전유물이듯 여성이 과학을 하는 데에도 부모의 사회경제적 배경이 가장 중요하다는 말이다. 실제로 밑바닥에서 올라온 남성 지도자가 많은 것과는 달리, 여성 수상이나 대통령의 경우, 중상층 출신이 대부분이었다.[3] 생애사 연구를 하다 보면 어린 시절의 기억이나 부모와의 관계가 성인이 되어서도 지속적인 영향을 미친다는 사실을 발견한다. 인구 100만 명을 먹여 살리는 창의적 인재에 대한 연구에서도 학교 교육보다는 부모와 가정 교육의 영향이 더 중요했다.[4]

부모의 사회경제적 배경이 여성 과학자의 탄생에 어느 정도 영향을 미칠까. 여성 과학자들의 가정 환경과 관련하여 두드러진 특징은 이들 대다수가 (한국처럼 성적을 중시하는 것이 아니라) 교육을 중시하는 부모를 두었다는 사실이다. 그중 상당수는 유대인 부모였다. 이는 과학 분야 남성 노벨상 수상자의 특징과 유사하다. 알베르트 아인슈타인Albert Einstein, 리처드 파인만Richard Phillips Feynman을 비롯해서 상당수 저명 노벨상 수상 과학자들이 유대인 가정에서 태어났음은 이미 잘 알려진 사실이다. 또한 이들은 지적 탐구를 중시하는 집안에서 자랐다. 이 점에서는 여성도 마찬가지였다. 여성 과학자 21인의 어린 시절을 간략히 살펴보았다.

마리 퀴리는 러시아와 독일에 의해 분할 점령당하고 있던 폴란드의 바르샤바에서 가난한 교사 부부의 4녀1남 중 막내로 태어났다. 아버지는 수학 교사였고 어머니는 여학교에 근무했다. 마리 퀴리의 부모는 교사라는 직업에 큰 자부심을 지니고 있었다. 자녀들이 학교에 입학하기 전에 글을 읽게 할 만큼 교육에 대한 열정이 대단했다. 마리의 부모는 부유하지 않았지만 딸을 바르샤바의 프레타가街에 있는 유일한 사립학교에 보냈다. 당시 러시아 정부의 통치를 받았던 지역에서는 여성이 대학에 가는 것을 금했다. 마리 퀴리는 수학 교사였던 아버지로부터 수학을 배웠고, 설탕 공장의 화학자로부터 화학을 배우기도 했다.

이레네 퀴리는 노벨상 수상자 부부인 마리 퀴리와 피에르 퀴리Pierre Curie의 2녀 중 큰딸로 1897년 파리에서 태어났다. 마리 퀴리는 남편 피에르와 장기간 자전거 여행을 한 후 이레네를 예정일보다 한 달 일찍 출산했다. 이레네가 태어난 지 몇 주 지나지 않아 이레네를 돌보아주던 할머니가 돌아가셨다. 그 후 혼자가 된 이레네의 할아버지는 퀴리 부부와 함께 살면서 이레네를 보살펴주었다. 할아버지는 아버지 피에르 퀴리를 키운 것처럼 이레네에게 자연사와 식물학, 사회관을 가르쳤다. 할아버지와 어머니 마리 퀴리는 이레네에게 사회적으로나 학문적으로 제약을 가하는 것을 좋아하지 않아 주로 밖에서 친구와 뛰어 놀도록 격려했다.

이레네는 후에 할아버지와의 경험을 이렇게 회상했다. "내 정신의 많은 부분은 할아버지에 의해 형성되었다. 정치나 종교적 문제에 대한 나의 태도는 어머니보다는 할아버지의 영향을 받았다."[5] 마리 퀴리는 이레네를 공립학교에 보내는 대신 동료 교수와 함께 공동학교를 만들었다. 이 학교는 2년 반밖에 지속되지 못했지만 이레네와 동료 교수들 자녀는 부모로부터 수학, 물리학, 화학뿐만 아니라 문학, 예술, 자연과학, 영어, 독일어 등을 배웠다. 마리 퀴리의 큰딸이었던 이레네 퀴리는 어려서부터 엄마의 실험실에서 조수 역할 겸, 일찍 돌아가신 아버지를 대신해 말동무의 역할을 하면서 엄마의 어깨 너머로 과학을 배웠다.

게르티 테레사 코리는 1896년 체코 프라하의 부유한 유대인 가정에서 세 딸 중 장녀로 태어났다. 게르티의 아버지는 화학자이자 사업가였다. 당시의 여학생이 일등 신부가 되기 위해 필요한 최종 학력은 여학교 졸업이 전부였다. 이론적으로는 여학생도 대학 진학이 가능했으나 실질적으로는 불가능했다. 여학교에서는 대학 입학에 필요한 과목을 가르치지 않았기 때문이다. 그러나 소아과 의사였던 삼촌이 게르티에게 의대에 진학할 것을 권유했다. 게르티는 과외 선생의 개인 지도를 받고 나서야 대학에 합격할 수 있었다.

마리아 괴페르트-마이어는 괴팅겐 의과대학 소아과 교수의 무남독녀 외동딸로 태어났다. 그녀의 아버지는 어린 딸과 함께 종종 산책에 나서 자연으로부터 과학을 익히도록 가르쳤다. 아버지는 화석이나 식물을 관찰하며 딸의 과학적 호기심에 정확한 설명을 해주었다. 그녀는 6대째 대학교수를 지낸 학자 집안에서 태어나 아버지의 총애뿐만 아니라 괴팅겐 지역 교수와 학생들로부터 사랑을 독차지하며 공주처럼 자랐다. 아버지는 자신이 운영하는 소아과에 직장 여성을 위한 탁아소를 설립할 정도로 여성에 대한 이해가 깊었다. "'그저 그런 여성'이 되지 말고 독립적인 한 인간이 되라"는 아버지의 가르침으로 괴페르트-마이어는 과학자의 꿈을 키워나갔다.

도로시 호지킨은 영국의 식민지였던 이집트에서 교육부 관리를 하던 영국인 고고학자 아버지와 식물학자 어머니 사이에서 태어났다. 호지킨은 고고학자였던 아버지를 따라 요르단 일대를 다니며 발굴 작업을 돕는 일에 흥미를 느꼈다. 한때는 진지하게 고고학으로 전공 변경을 고민하기도 했다. 그러나 초등학교 때 화학 실험에 매력을 느낀 그녀는 결국 화학을 전공하게 된다. 그녀의 어머니는 호지킨이 하는 모든 일을 격려하며 용기를 북돋아주었다.

로잘린 얄로는 동유럽 이민자들의 거주지인 뉴욕 브롱크스에서 태어난 유대인 아버지와 독일에서 이민 온 어머니 사이에서 태어났다. 이민 세대였던 부모는 비록 교육을 많이 받지는 못했지만 자녀 교육에는 열성적이었다. 얄로는 남브롱크스에서 태어난 후, 박사학위를 취득하기 위해 일리노이 주립대학교를 다닌 기간을 제외하고는 평생을 뉴욕에서 살았다. 부모는 다섯 살짜리 얄로가 커다란 권투 장갑을 끼고 오빠를 때려눕힌 것 같은 장면을 연출하여 사진을 찍어 책상에 놓아두었다. 부모는 이처럼 얄로의 투쟁 정신을 북돋아주었는데 얄로는 후에 그러한 태도가 물리학 학위 취득을 가능하게 했다고 회상한다. 당시에 공공도서관증을 만들기 위해서는 책을 읽을 수 있고 자기 이름을 쓸 줄 알아야 했다. 얄로는 책 읽는 것을 좋아해서 동네 공공도서관에 다니기 위해 5살 때 이미 자격을 갖췄다.

바바라 맥클린톡은 3녀 1남 중 셋째로 의사인 아버지와 비교적 보수적인 어머니 사이에서 태어났다. 아들 이름을 지어놓고 기다렸던 어머니는 딸로 태어난 맥클린톡을 원망했다. 곧 이어 남동생이 태어나면서 어머니와 그녀는 더 소원한 관계가 되었다. 아버지는 그녀를 남자처럼 키웠다. 이웃 부인이 남자아이들하고 야구를 하며 놀던 그녀에게 여성스러움을 가르치려들면 아버지는 단호히 거절했다.[6] 아버지는 맥클린톡이 의대에 가는 것에 반대했는데 당시 여성은 의대에서 너무 험한 대접을 받았기 때문이다. 아버지가 제1차 세계대전 참전 중일 때, 맥클린톡이 대학에 진학하게 되었다. 어머니는 친척 중에 결혼을 못한 이상한 성격의 여교수를 알고 있었다. 이 때문에 많이 배우면 비사교적이 되고 결혼이 힘들어진다며 어머니는 그녀의 대학 진학을 반대했다. 그녀는 독자적으로 낮에는 일을 하며 밤에는 공부를 했다. 아버지가 전쟁에서 돌아오면서 그녀를 전폭적으로 지원해주었다. 그녀는 주립대라서 등록금이 쌌던 코넬대학교 농대에 진학했다.[7] 맥클린톡은 형제자매 중 유일하게 대학에 진학한 사람이다.

리타 레비-몬탈치니는 이탈리아 북부 토리노 지방의 유복한 유대인 사업가 레비 집안에서 4남매 중 이란성 쌍둥이로 태어났다. 그녀는 후에 어머니의 성, 몬탈치니를 넣어서 이름을 레비-몬탈치니로 바꾸게 된다.

그녀의 아버지는 종교적 권위에 대해서는 의문을 제기해도 좋을 만큼 자녀를 자유롭게 키웠지만 매우 가부장적이었다. 성질이 급하고 불 같았던 아버지에 눌려 그녀는 어린 시절 매우 소심했다. 그녀는 여자는 현모양처가 되려면 대학이 아니라 여학교에 가야 한다는 아버지의 명령에 복종해야 했다. 그러나 사랑하는 유모가 암으로 죽자 의대에 가기로 결심한다. 그녀는 스무 살이 되어서야 아버지에게 결혼 대신 대학에 가겠다는 이야기를 꺼낸다. 아버지는 마지못해 대학입시를 위한 과외를 허락하지만 곧 심장마비로 별세한다. 그녀의 든든한 후원자는 미술가였으면서도 아버지에게 순종하며 살아야 했던 어머니였다.

거트루드 엘리언은 리투아니아에서 뉴욕으로 이민 온 유대인 아버지와 러시아에서 14살에 미국으로 건너온 유대인 어머니 사이에서 1남1녀 중 장녀로 태어났다. 아버지는 치과의사였지만 증권과 부동산 투자로 부를 많이 축적했다. 엘리언이 3살이 되었을 때 러시아의 성서학자였던 외할아버지가 미국으로 건너 왔다. 그 후 그녀는 할아버지가 돌아가시기 전까지 약 13년간 할아버지와 매우 밀접한 관계를 유지하며 많은 대화를 나누었다.

엘리언의 부모 또한 자녀 교육에 열심이었는데, 그 방법 중 하나로 자녀들이 잠자리에 들 때마다 다양한 장르의 책을 읽어주었다. 훗날 그녀는 당시에 어머니가 읽어주던 과학책이 마치 추리소설처럼 재미있어 깊이 빠져들었다고 회고한다. 그녀의 어머니는 특별히 딸이 직업을 갖고 경제적으로 자립하기를 간절히 바랐다. 어머니는 “여자가 경제력이 없으면 늘 남편에게 의존하여 일일이 허락을 받으며 돈을 써야 한다”고 엘리언에게 경고했다.[8] 그녀는 어머니를 누구보다 건강한 상식의 소유자라고 회상한다.

주식 부자였던 엘리언의 아버지는 대공황으로 인해 빈털터리가 된다.

이 때문에 엘리언은 학비를 받지 않는 헌터 칼리지를 다니게 되고 수석 졸업한다. 하지만 성차별로 대학원 연구원 자리를 찾지 못해 7년간 임시 직장을 다니며 연구 경험을 쌓는다. 생화학 교사, 실험실 조교 등을 하며 모은 돈으로 석사 과정을 마친다. 안정된 직장을 다니며 박사학위를 하려는 엘리언에게 담당 교수는 박사학위를 하려면 직장을 그만두고 학교에 전념하라고 한다. 결국 엘리언은 직장을 택하는데 이 때문에 여성 수상자 중 유일하게 박사학위가 없다.

크리스티안네 뉘슬라인-폴하르트는 프랑크푸르트 교외에서 건축가이자 화가인 아버지와 아동도서 그림 작가인 어머니 사이에서 5남매 중 둘째로 태어났다. 그녀를 제외한 나머지 형제자매는 모두 예술가로 성장했다. 어머니는 피아노를, 자녀들은 챔버 오케스트라를 이루어 연주하는 음악가족이었다. 그러나 폴하르트라는 이름은 독일 학계에 이전부터 유명했다. 그녀의 증조부는 저명한 생화학자이자 과학 전기 작가이며, 조부는 유명한 의학 교수였다. 반면 그녀의 외조모는 전도유망한 화가였지만 변호사였던 외할아버지와 결혼하게 되면서 파리 미술 유학의 꿈을 포기해야 했다. 이 때문에 외할머니는 늘 손녀딸인 크리스티안네에게 아쉬움을 토로하며 그녀가 교육을 중단하지 않고 전문직 여성이 되도록 끊임없이 격려했다.

프랑수아즈 바레-시누시의 어린 시절은 거의 알려지지 않았지만 그녀는 한 인터뷰에서 자신은 파리의 평범한 가정에서 성장했다고 말했다. 가족 중에 자신과 같이 의학을 연구하는 사람은 전혀 없었다고 한다. 어머니는 평생 직업을 가진 적이 없는 전업주부였고, 아버지는 건설 현장에서 측량을 담당했다.

린다 벅은 아일랜드 이민 후손인 아버지와 스웨덴 이민 후손인 어머니의 3녀 중 둘째로 시애틀에서 태어났다. 아버지는 전기 기술자인데 지하실에서 발명품을 만드는 것이 취미였다. 아버지는 벅에게 기계나 공구 다루는 법을 가르쳐주었다. 전업주부였던 어머니는 음악을 좋아하고 낱말 맞추기를 즐겼다. 벅은 외할머니와 많은 시간을 보냈는데 외할머니는 주로 스웨덴의 마법 동화를 들려주고 인형 옷 뜨개질 하는 법을 가르쳐 주었다. 부모는 그녀에게 무엇이든 할 수 있다고 격려하며 의미 있는 일을 하라고 가르쳤다. 특히 어머니는 딸에게 '그저 그런 사람'이 되지 말라고 강조했는데 벅은 이런 가르침이 자신도 모르게 내재화된 것 같다고 말한다. 그녀는 어린 시절 학교 수업과 음악 교습 외에는 틀에 매이지 않고 비교적 시간을 자유롭게 보냈다. 부모는 벅이 자기 자신의 생각에 대해서도 비판적으로 생각하도록 독려했다.

엘리자베스 블랙번은 호주에서 내과 의사 부모의 7남매 중 둘째로 태어났다. 블랙번의 아버지는 일을 하거나 여가 생활로 친구와 술을 마시고 낚시를 다니는 등 바빴기 때문에 그녀는 어린 시절 늘 아버지에 대한 사랑을 갈구하며 자랐다. 어머니는 자녀들에게 지식을 쌓고 예의 있게 행동하는 것이 돈과 명예를 가지는 것보다 중요하다고 교육시켰다. 블랙번은 부모로부터 남녀가 직업에 있어 동등한 위치를 가지고 양육과 일도 함께 할 수 있다는 것을 배웠다. 어머니는 수줍음이 많은 자녀들에게 말하기 수업이 필요함을 느끼고 별도로 교육을 시키기도 했다. 그러나 블랙번이 고등학교에 다닐 무렵 어머니는 이혼을 한 뒤 혼자 7남매를 양육하고 생계의 어려움이 겹치면서 심한 우울증에 시달렸다. 그 때문인지 이 시기 블랙번의 유일한 탈출구는 공부와 학교생활이었고 어린 나이에 스스로 결정을 내리는 법을 배워야 했다.

캐롤 그레이더는 캘리포니아 주립대학 데이비스 캠퍼스의 물리학 교수인 아버지와 생물학자인 어머니 사이에서 태어났다. 그레이더는 양친이 과학자였지만 과학경시대회에 나가지는 않았다. 그녀는 난독증이 있어 자신감이 없었고 스스로를 멍청하다고 생각했다. 그러나 생물처럼 외우는 과목을 잘한다는 것을 깨닫고 실험에 흥미를 느끼게 되었다. 어머니는 그녀가 어릴 때 우울증으로 자살했다. 그녀는 아버지를 롤모델로 삼아 과학자의 길에 들어섰는데, 아버지는 학문적인 자유와 좋아하는 것을 하는 것이 중요하다는 것을 딸에게 가르쳤다. 아버지는 과학을 학문으로만 접할 것이 아니라 실험을 통해 자신에게 적합한지 알아보라고 조언했다. 덕분에 그녀는 생화학 실험이라는 분야를 일찍 발견할 수 있었다. 아버지는 두려워하거나 겁먹지 않고 일을 추진하는 능력과 책임감을 가진 캐롤의 성격을 칭찬해주었다.

아다 E. 요나트는 최초의 이스라엘 출신 수상자이다. 요나트는 식료품점을 운영했던 가난한 부모 아래에서 태어났다. 부모는 요나트의 범상치 않은 재능을 알아보고 학업에 열정을 쏟았다. 어려운 가정 환경에도 불구하고 부모는 요나트를 환경이 좋은 상류층 학교에 진학시켰다. 그녀는 학교에 가기 위해 버스를 두 번이나 갈아타야 했다. 42세의 젊은 나이에 아버지가 세상을 떠나자 요나트는 학업을 계속하기 위해 동유럽에서 이주해 온 학생들에게 수학을 가르치며 수업료를 충당해야 했다.

엘리너 오스트롬은 오페라 무대 디자이너였던 유대인 아버지와 사우스다코다 출신 첼로 연주자였던 어머니의 무남독녀 외동딸로 미국 로스앤젤레스에서 태어났다. 그녀는 토요일이면 무대 디자인을 하던 아버지를 따라 다니며 한때 발레리나를 꿈꾸기도 했다. 하지만 평발로 태어난 그녀는 일찍부터 꿈을 접어야 했다. 오스트롬은 부모의 이혼으로 어머니와 살았다. 어머니는 음악 고등학교 출신으로 샌프란시스코 교향악단의 첼로 주자였다. 대학을 나오지 않고도 좋은 직장을 가졌던 어머니는 그녀의 대학 진학에 대해 부정적이었다. 이 때문에 그녀는 대학 시절 주 20-30시간을 수영 강사 등을 하며 학비를 벌어야 했다.

2010년 8월 오스트롬이 세계산림과학대회 기조연설을 하기 위해 한국에 방문했을 때, 필자는 개인적으로 그녀를 인터뷰할 기회를 가졌다. 그 자리에서 오스트롬은 유대인 고모와 삼촌, 사촌과의 관계에서 있었던 성서공부를 자신의 지적 발달에 가장 중요한 경험이라고 토로했다. 구약성서의 해석을 둘러싸고 밤새 이어진 논쟁과 토론이 나중에 토론 클럽에서 뛰어난 실력을 발휘하도록 만든 결정적인 훈련이었다고 말한다.

노벨상을 받을 만한 업적을 쌓았지만 안타깝게 수상을 놓친 5인의 가정 환경과 부모도 살펴보았다. 이들이 몇 가지 이유로 노벨상을 수상하진 못했지만 뛰어난 과학자라는 점에서는 수상자와 별반 다르지 않다. 이들에 대한 연구를 통해 사례의 수를 증가시킨다면 결과의 일반화에 도움이 될 것이다.

리제 마이트너는 조부모가 유대인이었지만 자유주의 사상을 신봉하는 가정에서 태어났다. 그녀는 오스트리아에서 변호사 아버지와 피아니스트 어머니의 6남매 중 셋째로 태어났다. 아버지는 불가지론자로서 자녀들에게 과학 공부를 독려했다.[9] 그러나 마이트너는 1899년까지 여학생의 대학 진학을 금지했던 오스트리아 법률에 막혀 여학교를 마친 뒤 공부를 계속할 수 없었다. 대학 진학이 가능해지자, 아버지는 여학교 프랑스어 교사 자격증을 딴다면 대학 입학 준비에 필요한 가정교사를 구해주겠다고 제안한다. 그때 그녀의 나이는 벌써 21살이었다. 2년간 대학 입학 자격에 필요한 공부를 끝낸 마이트너는 과학과 수학을 잘 가르치는 가정교사를 만나 공부한 후, 비엔나대학교에 합격한다. 박사학위를 마친 뒤 독일 막스프랑크 연구소로 떠나는 딸에게 아버지는 후원금을 준다.

그녀는 마리 퀴리에 대한 기사를 신문에서 읽고는 같은 분야에 관심을 갖게 된다. 당시에 베를린대학교에서 여성은 정식으로 수업을 들을 수 없었기 때문에 마이트너는 청강생 자격으로 수업에 참여했다. 그녀는 여성의 대학 진학을 허용하는 프러시아의 새로 제정된 법률에 따라 1908년이 되어서야 연구실을 얻게 된다. 어려서부터 어머니로부터 음악을 배운 그녀는 오페라, 독일 민요, 브람스 가곡 감상과 가창을 즐겼다. 그녀의 집안은 6남매 중 두 명의 딸과 아들 한 명이 대학 학위를 취득했고, 큰딸은 피아니스트 겸 작곡가가 되었다.

에미 뇌터는 독일의 작은 대학촌에서 유복한 유대인 집안의 4남매 중 맏딸로 태어났다. 그녀의 아버지는 저명한 수학자, 그 집안의 큰아들은 유명한 응용수학자였으며, 작은아들은 화학을 공부했다. 그러나 1920년대까지 독일 내에서 대학 입학을 준비하는 여학교는 없었다. 이 점에서 독일은 미국, 영국, 프랑스보다 한참 뒤떨어져 있었다고 할 수 있다. 뇌터는 여학교 교사 자격증을 따기 위해 공부를 했다. 여성 대학 입학을 허용하는 법이 시행되기 전, 그녀는 아버지 친구의 도움으로 동네 대학에서 청강을 시작하고 결국 대학 시험에 합격한다.

뇌터는 대학 졸업 후에도 일자리가 없어 8년을 집에서 보냈다. 아버지의 건강이 나빠지면서 뇌터는 아버지 곁에 머물며 아버지를 대신하여 학계에 논문을 발표하고 박사 논문을 지도하고 강의를 하는 등 수학자로서 활동을 하게 된다. 1916년 뇌터는 괴팅겐대학교로 옮겨 18년을 거기에 머무는데 아인슈타인의 수학을 도와주던 학자들과 교분을 쌓게 된다. 그러나 아직도 여성 과학자의 입지는 좁았기 때문에 뇌터가 괴팅겐대학교에서 무급 교수직으로 임용되는 데까지도 수년이 걸렸다. 뇌터는 외삼촌의 후원금을 받아서 생활을 꾸려나갔다.

우젠슝은 상하이 근처에서 그 지역 최초의 여학교를 설립한 교장이었던 아버지와 아버지를 도와 가정 방문을 하던 어머니 사이에서 태어났다. 9살에 아버지의 학교를 졸업한 우젠슝은 아무리 멀어도 가장 좋은 학교에 가야 한다는 증조모의 주장에 따라 집에서 50마일이나 떨어진 기숙학교로 진학한다. 그녀는 상급학교에서 처음엔 교사가 되는 과정을 택하지만 대학 입학 과정이 더 많은 것을 가르친다는 것을 뒤늦게 알게 된다. 그녀는 친구에게 책을 빌려 혼자 대학 입시 공부를 했다.

난징국립대학교에 입학한 우젠슝은 과학을 공부하고 싶었지만 실패할까 두려워 우선 교육학을 공부하겠다고 아버지에게 말한다. 그날 저녁 아버지는 고급수학, 화학, 물리학 책을 차에 싣고 돌아왔다. 우젠슝의 이름은 중국어로 강하다는 뜻의 건健과 위대한 영웅이라는 뜻의 웅雄이 합쳐져 강하고 위대한 영웅이라는 의미이다. 우젠슝의 아버지는 늘 딸에게 "장애물은 무시해라. 그냥 얼굴을 숙이고 계속 앞으로 나아가라"고 가르쳤다.[10] 우젠슝은 "아버지의 격려가 아니었다면, 중국 어딘가에서 초등학생을 가르치고 있었을 것"이라고 회상한다. 대학 졸업 후 연구소에서 만난 교수는 우젠슝에게 미국 유학을 권했다. 재정적인 문제를 고민하자 우젠슝을 남달리 아꼈던 사업가 삼촌이 학비를 지원하겠다고 제의했다. 그렇게 미국 유학길에 오른 우젠슝은 그 후 다시는 가족을 보지 못했다. 제2차 세계대전과 중국의 공산화로 인해 부모가 살아 있는 동안 중국 땅을 밟을 수 없었기 때문이다.

로잘린드 프랭클린은 런던의 부유한 유대인 은행가의 3남 2녀 중 둘째로 태어났다. 그녀의 부모는 사회 봉사와 자선 활동을 중시하는 상류층 집안 출신이었다. 은행가였던 아버지는 대학에서 과학을 가르치는 봉사 활동을 했을 뿐 아니라 수많은 유대인이 나치 정부로부터 탈출하는 것을 돕기도 했다. 그녀의 고모 중에는 사회주의자이자 여성 운동가도 있었고, 삼촌은 여성 평등 사상에 반대하는 처칠에 항의하다 6주간 옥살이를 하기도 했다. 그녀의 집안에는 의원에 선출된 친척도 있었다. 로잘린드는 어려서부터 여성들이 단지 여성이기 때문에 남성들과 다른 대우를 받는다는 의식이 강했고, 성경책도 분석적으로 대할 만큼 정확하고 논리적이고 사실적인 것을 좋아했다.

그녀는 부잣집 딸들이 다니는 사립 여학교에 다녔다. 이 학교의 수준 높은 과학 교육 덕분에 그녀는 15살에 과학자가 되기로 결심한다. 그녀는 물리화학을 전공하기 위해 케임브리지대학교 입학 시험에 합격했으나 가부장적인 아버지는 딸의 대학 교육에 반대하며 학비 지원을 거부했다. 이 사건으로 그녀의 가정에는 위기가 찾아오게 되었다. 순종적이었던 어머니가 아버지에 정면으로 반기를 든 것이다. 로잘린드의 고모와 어머니의 강력한 항의로 결국 아버지는 뜻을 굽히고 말았다. 그녀는 지배적인 남편과 복종적인 아내라는 전형적인 부모의 모델을 경험하며 이에 대한 거부감을 가지게 되었다. 게다가 과학 연구에 대한 열정이 가정을 꾸리고 싶은 의지보다 컸기 때문에 그녀는 결혼을 하지 않았다. 로잘린드는 어머니를 깊이 사랑했으나 아버지를 용서하지 못했다. 아버지는 그녀가 사회 봉사 관련 직업을 갖거나 결혼하기를 원했지만 어머니는 머리 좋은 여성이 전문적인 직업을 갖는 것이 바람직하다고 여겼다. 그녀는 아버지의 경제적 후원 덕분에 연구를 계속할 수 있었다. 그러나 상류층의 생활양식에 거부감을 갖고 사회주의자로서 검소하게 생활했다.

조슬린 벨 버넬은 1943년 북아일랜드 벨패스트에서 건축가인 1남 3녀 중 맏딸로 태어났다. 그녀는 어린 시절 두 가지 좋지 않은 기억을 가지고 있었다. 하나는 유모였고, 다른 하나는 학교였다. 큰딸이었던 그녀는 어린 아기에게 우선 순위를 두고 보살폈던 유모로부터 소홀한 대접을 받았다. 게다가 남자 아이를 더 중요하게 여기는 유모의 가치관으로부터 여성이 남성에 비해 중요한 존재가 아니라는 생각을 가지게 되었다. 또한 그녀는 고등학교 시절 잊을 수 없는 나쁜 사건을 경험하게 되는데 그것은 바로 인문계 고등학교 입학 자격 시험에 실패한 것이었다. 당시 아일랜드에서는 인문계 고등학교 시험에 떨어지면 직업학교를 가도록 되어 있었다. 하지만 조슬린의 부모는 조슬린의 실패에도 불구하고 다시 기회를 주기 위해 그녀를 영국의 요크에 있는 퀘이커 여자 기숙학교로 유학을 보낸다.

퀘이커 교도는 과학과 사회 정의를 중시하는 전통이 있다. 그러나 그 학교는 물리학 교사나 실험실이 약했다. 그래서 그녀는 물리학에 기초를 둔 천문학에 관심을 갖게 되었다. 그녀는 어린 시절 건축가이던 아버지를 따라 건축 중이던 기상대를 방문했을 때, 그곳 직원들로부터 천문학자가 되라는 격려의 말을 들었다. 그녀는 곧 아버지가 도서관에서 빌려다 놓은 천문학에 대한 책을 모두 읽어버렸다. 그녀는 천문학을 하기 위해 당시 영국에 천문학과가 있던 몇 안 되는 대학인 글래스고대학교에 입학한다. 그러나 당시 천문학 분야에는 일자리가 별로 많지 않아 여자가 자리를 얻는 것이 어려워 보였다. 그녀는 더 많은 가능성을 열어놓기 위해 물리학을 공부한다.

이상에서 수상자와 미수상자 여성 과학자 21명의 가정과 부모의 영향을 살펴보았다. 가정 환경과 부모의 영향은 지대한 것으로 나타났다. 특히 부모의 직업이나 자녀에 대한 교육열이 큰 영향을 미치는 것으로 드러났다. 한 부모가 학업에 대해 부정적인 경우에는 최소한 다른 부모가 이들 여성을 적극 격려했다. 양부모가 학업에 반대하는 경우는 단 한 명도 존재하지 않았다. 역으로 생각해보면 얼마나 많은 잠재적 여성 과학자들이 양 부모의 몰이해와 반대로 과학을 향한 꿈을 접었을까 하는 추측이 가능하다. 이들에게 사회적 차별은 존재했을지언정 가정에서 양부모로부터의 차별은 존재하지 않았다.

가정에서 여성이기 때문에 학업을 하지 못하도록 억압한 경우는 레비-몬탈치니와 프랭클린의 가부장적인 아버지, 그리고 바바라 맥클린톡의 어머니가 유일했다. 맥클린톡의 어머니는 자녀들이 성장한 후 본인이 코넬대학교에서 미술, 논술 강좌를 들으며 여성 교육의 중요성을 뒤늦게 깨달았다고 한다. 교육에 부정적이었던 어머니를 둔 맥클린톡의 경우 형제 중 자신만이 유일하게 대학 교육을 받았다. 반면 맥클린톡의 아버지는 의사였고 그녀의 든든한 후원자였으며 딸의 학업을 지지했다. 아버지의 이러한 역할이 그녀가 과학자가 되는 데 긍정적인 영향을 미쳤다. 레비-몬탈치니의 아버지는 대학에 보내주기로 약속을 한 다음에 곧 바로 심장마비로 별세해 더 이상 영향을 미치지 않았다.

프랭클린은 아버지의 반대가 있기는 했지만 어머니와 고모 등 가족의 강력한 지원에 힘입어 난관을 극복했다. 보모로부터 여성 차별적 발언을 듣고 자란 버넬의 경우도 흥미로운 사례이다. 버넬은 대학원 때 펄사를 발견한 후 결혼, 육아와 함께 연구에 전적으로 매달리지 않았다. 임시직으로 연구나 강연을 했던 것이 그녀가 노벨상 수상을 놓치게 된 가장 큰 요인이었을지도 모른다. 그녀의 이러한 선택에 보모의 영향이 무의식적으로 작용했을 가능성이 크다. 보모는 어린 아기를 우선시했으며 여성의 존재를 하찮게 여겼다. 그 영향 때문이었는지 몰라도 버넬은 공무원이었던 남편과의 결혼으로 전국을 떠돌아다녔으며 아이를 위해 임시직을 택하기도 했다. 이처럼 부모의 교육열과 격려는 여성 과학자의 탄생에 가장 중요한 요인이라고 생각된다.

여성 수상자 16인 중 유대인 부모를 둔 수상자가 6명이나 되며, 수상을 놓친 과학자 5명 중 2명이 유대인이라는 사실은 유대인의 교육 방법이 매우 특별하다는 것을 말해준다. 전 세계 유대인은 총 1,300만 명으로 전 세계 인구의 0.19%를 차지한다. 그러나 유대인 노벨상 수상자 비중은 22%로 최소 179명이 수상한 것으로 추산된다.[11] 여성 수상자의 경우는 그 비율이 40%에 달한다. 이는 수상자의 경우나 수상을 놓친 경우 모두 같은 비율이다.

유대인 교육 방법의 어디에 그 우수한 성과의 비결이 있는지에 대해서는 국내에서도 논란이 있다. 성서 암기 교육에 있다는 주장도 있고, 신과 부모를 존경하는 수직적인 교육에 있다는 주장도 있다. 그러나 가장 설득력 있는 주장은 성서에 대한 문답식 토론에 있다고 생각된다. 실제로 노벨물리학상 수상자인 파인만은 그의 자서전에서 아버지와의 문답식 대화가 자신의 지적 발달에 큰 도움이 되었다고 회고한다.[12] 오스트롬도 필자와의 인터뷰에서 이러한 주장을 확인해주었다. 즉, 정답이 없는 교육, 남과 다르게 생각하는 교육, 새로운 해석에 대한 논리적 토론 등이 유대인 교육 비법 중 우수한 점이라고 생각된다.

부모의 사회경제적 배경이 여성 과학자에 미친 영향은 두 측면으로 나누어 생각해볼 수 있다. 하나는 부모의 전문 직업의 영향이고, 다른 하나는 부모의 재력의 영향이라고 할 수 있다. 부모 전문성의 직접적인 영향은 분명히 감지된다. 마리아 괴페르트-마이어, 에미 뇌터는 아버지가 과학 분야 교수였고, 게르티 코리의 아버지, 이레네 퀴리의 부모도 과학자였다. 호지킨의 어머니도 식물학자였다. 그러나 여성 수상자의 전문성과 부모의 직업이 정확히 일치하는 것은 아니다.

노벨상 수상자와 부모의 직업 간의 상관관계에 대한 한 연구는 다른 분야에서 성공한 사람들과 비교할 때 노벨상 수상자라고 해서 직업과 부모의 직업 간에 더 강한 상관관계가 있는 것은 아니라고 주장한다.[13] 그러나 부모의 직업을 같은 분야의 응용이나 실무까지 확대하면 노벨상 수상자의 경우 다른 분야에서 성공한 사람에 비해 상관관계가 훨씬 높아진다고 한다. 가령, 아인슈타인과 린다 벅의 아버지는 전기기술자였다. 마리 퀴리의 아버지는 수학 교사였고 우젠슝의 아버지는 교장이었다. 엘리언의 아버지는 치과의사였고 맥클린톡의 아버지도 의사였다. 뉘슬라인-폴하르트와 버넬의 아버지는 건축가였다. 이처럼 응용, 실무까지 부모의 직업을 확대하면 부모의 전문성의 영향은 매우 뚜렷하게 드러난다.

부모가 과학과는 무관한 분야에 종사할 경우에도 성공한 노벨상 수상자들의 경우, 가장 설명력이 큰 변수는 부모가 이루지 못한 꿈을 자녀에게 주입함으로써 동기를 부여한 경우라고 한다.[14] 다른 분야에서 성공한 사람과 비교할 때 상대적으로 노벨상 수상자의 경우는 부모의 소망을 자녀에게 은연 중에 주입한 경우가 더 많다는 것이다. 가령, 엘리언의 어머니는 전업주부였지만 딸에게 여성으로서 직업을 갖고 경제적으로 자립하는 것이 중요하다는 것을 늘 강조했다. 로잘린드의 어머니도 머리 좋은 여성이 직업을 갖는 것이 바람직하다고 가르치며 딸의 학업을 지지했다. 뉘슬라인-폴하르트의 외조모 또한 화가로서의 꿈을 포기한 아쉬움을 전하며 그녀가 전문 여성이 되도록 끊임없이 격려했다. 벅의 어머니도 '그저 그런 사람'이 되서는 안 된다며 특별한 사람이 될 것을 강조했는데 그것이 내면화된 것 같다고 벅은 회상한다.

1, 2세대까지는 과학자 부모를 두지 않은 경우가 어느 정도 있었다. 그런 경우는 부모나 조부모의 희망이나 기대, 격려가 여성 과학자의 성공에 중요한 역할을 한 것으로 보인다. 가령, 얄로, 요나트, 오스트롬은 어려운 가정 환경에서 부모의 직업과는 무관하게 성공했다. 그중에서도 오스트롬의 경우는 부모의 무관심과 반대에도 불구하고 학업을 지속한 특이한 경우이다. 그러나 최근으로 올수록 부모의 전문성 영향이 더 분명해지고 있다. 3세대 여성 과학자의 경우 프랑수아즈 바레-시누시를 제외하고는 모두 예외 없이 과학자(전문직) 부모나 조부를 두었다. 3세대부터는 과학의 중심이 유럽에서 미국으로 옮겨갔으며 특히 부모의 전문성 대물림 현상이 뚜렷이 나타나기 시작한다. 사회가 안정되면서 계층 간 이동이 어려워지자 '콩 심은 데 콩 나고, 팥 심은 데 팥 나는' 현상이 등장한 것이다.

부모의 재력도 중요한 요인으로 보인다. 하지만 적어도 1, 2 세대에 있어서는 부모의 재력이 전문성만큼 중요하지는 않았다. 즉 백인 중산층 신화는 적어도 노벨상 수상자의 경우는 100% 진실이 아닐 수 있다. 그러나 유럽 출신 1, 2세대 과학자의 경우에는 부모의 재력이 매우 중요했다. 여학생을 위한 대학 입시 학교가 없는 상황에서 여성은 대학 입시를 위해 개인 과외를 받아야 했다. 졸업 후에도 무급 연구자나 무급 교수로 남아야 연구를 지속할 수 있었다. 생활비를 대줄 경제력 있는 부모나 친척이 없다면 연구는 애초에 불가능했다. 마리 퀴리의 경우는 어려운 가정 환경과 식민지 지배를 받던 폴란드에서 탄생했음에도 불구하고 정말로 예외적으로 성공한 경우이다. 그녀는 파리에서 의학을 공부했던 언니와 번갈아가면서 일을 하며 서로에게 학비를 지원했다. 그녀가 학위 취득 후에도 피에르 퀴리와 결혼하지 않았더라면 연구를 지속할 수 없었을 것이다.

미국 2세대 여성 과학자의 경우는 유럽과 상황이 조금 달랐다. 즉, 이들은 이민 2세대인 경우에도 경제적 어려움을 딛고 성공했다. 그만큼 미국 대학이 기회의 평등에 열려 있었기 때문에 가능했다. 특히 2세대 여성 노벨상 수상자 3명 중 2명이 미국 뉴욕의 헌터 칼리지Hunter College 출신이라는 점이 흥미롭다. 경제 사정이 좋지 않았던 뉴욕의 브롱크스 출신 유대인 이민 가정에서 태어난 로잘린 얄로와 대공황으로 가정 형편이 어려워진 거트루드 엘리언이 이 대학 출신이다. 이 대학은 뉴욕 주립대 중 여학생을 위한 캠퍼스로 과거 저소득층에게는 학비가 무료였다. 미국 2세대 수상자 3명 중 다른 한 명인 오스트롬은 어머니의 반대에도 불구하고 고학으로 공부를 했다. 이들의 경우는 학업을 통한 계층 상승이 가능했기에 오히려 동기 부여가 된 측면이 있었다고 본다.

부모의 재력은 전문성과 마찬가지로 1, 2세대보다는 3세대 이후에 더 중요한 요인으로 대두되는 경향이 있다. 1, 2세대의 경우에는 부모의 전문성만큼 부모의 재력이 큰 영향을 미친 것은 아니었다. 어려운 환경에서도 부모가 교육에 대한 열의만 있으면 자녀가 어떤 식으로든 어려움을 극복하고 성공할 수 있었다. 그러나 3세대부터는 더 이상 개천에서 용 나는 일이 발견되지 않는다. 물론 블랙번의 경우는 부모의 이혼으로 어머니가 7남매를 키워서 경제적으로 어려웠다고 회고한다. 하지만 그녀의 부모는 모두 의사였다. 3세대 과학자의 부모는 재력을 갖춘 경우가 대부분이었고 바레-시누시의 경우를 제외하고는 모두 전문성을 갖추고 있었다.

이상에서 '중산층 백인 부모'의 신화를 검증한 결과, 부모의 격려, 교육열은 노벨상 수상자의 성공에 가장 중요한 요인이었던 것으로 보인다. 부모의 전문성과 재력도 부분적으로는 중요한 요인이었다. 1, 2세대의 경우는 재력보다는 전문성이 더 중요했다. 전문성을 인접 실무 분야까지 확대하면 부모 전문성의 영향은 더욱 뚜렷이 드러난다. 부모의 재력은 유럽의 1, 2세대의 경우 그리고 3세대의 경우는 미국에서도 매우 중요한 요인이었다. 2세대 미국인은 3명인데 이들은 모두 유대인 부모를 두었고 부모의 재력 없이도 성공했다. 유대인의 독특한 교육법 혹은 교육에 대한 가치, 미국 대학의 저소득층 지원이 결합하여 얻은 성과였다. 그러나 3세대 이후에는 부모의 전문성과 재력의 영향이 보다 강화되는 추세가 발견된다. 인위적인 노력 없이는 이러한 추세를 되돌리기 어려울 것으로 보인다. '개천에서 용 나는 성공 신화'를 만들기 위해서는 각국 정부의 각별한 정책적 노력이 필요하다고 생각된다.

어릴 때 과학에 입문할수록 성공 가능성이 높다?

한국 과학자를 연구해보니 남녀의 가장 큰 차이는 과학에 관심을 갖게 되는 시기였다. 남성은 어린 시절 비교적 일찍 과학에 노출되는 반면, 여성은 뒤늦게 과학의 참맛을 아는 경우가 많았다. 남성의 과학적 관심은 어린 시절 집에서 시계나 라디오를 분해하면서, 혹은 초등학교에서 과학 경시대회를 접하면서 일찍이 발현되었다. 그만큼 남학생에게는 부모가 허용적이었고 그 결과 많은 기회가 주어졌다고 할 수 있다. 노벨상 수상 여성 과학자들은 언제 과학적 관심을 갖게 되었는지 살펴보았다.

여성 과학자들이 과학에 관심을 갖게 되는 경로는 크게 두 가지이다. 하나는 부모와 조부모의 영향이다. 부모의 전문 분야가 과학이기 때문에 자연스럽게 과학에 노출되는 경우가 많았다. 하지만 이들은 부모와 함께 산책을 하며 자연과학 탐구를 하거나 호기심을 해결하는 대화를 통해 과학에 관심을 갖는 경우도 많았다. 부모의 재력보다 전문성이 여성 과학자의 탄생에 더 중요했던 이유도 바로 여기에 있다.

또 하나의 경로는 학교이다. 아이들은 학교에서 제공하는 과학 과목의 한계 내에서 전공을 택하게 된다. 특별한 교사나 교수와의 만남은 이들의 인생에 획기적인 전환점이 되기도 한다. 그러나 많은 경우엔 대체로 과학자 개인을 중심으로 부모의 영향과 학교의 영향이 결합되는 경우가 많다. 세계적인 여성 과학자는 어린 시절 자연 속에서 생활하다 스스로 과학에 대한 호기심을 갖게 된다. 부모나 교사가 이들의 호기심을 적절히 격려하면서 이들은 과학에 대한 관심을 본격적으로 추구하게 된다.

부모의 영향이 컸던 첫 번째 경로에는 마리 퀴리, 이레네 퀴리가 속한다. 마리 퀴리는 수학 교사였던 아버지의 영향으로 수학을 전공하려다 대학에서 물리학으로 바꾼다. 이레네 퀴리는 부모가 과학자이기는 하지만, 어린 시절 자연사와 식물학을 가르쳐주었던 할아버지의 영향으로 과학에 일찍 눈을 뜨게 된다. 이레네 퀴리가 노벨상을 수상할 만큼 뛰어난 과학자가 된 데에는 고등학교 때에 이미 전문 과학 분야를 배웠던 것이 주효했다. 이때 이레네는 이미 대학 수준의 교과를 배우고 놀랄 만한 실력을 쌓게 된다.

맥클린톡의 아버지도 의사였다. 괴페르트-마이어의 아버지 또한 의사였다. 그녀의 아버지는 딸과 함께 산책을 하며 자연 현상에 대한 탐구를 하며 일찍이 과학에 눈을 뜨도록 도왔다. 뉘슬라인-폴하르트의 할아버지도 유명한 내과 의사이다. 그녀는 어릴 때 할아버지 병원 근처로 이사하여 함께 생활했다. 그녀는 할아버지와 수학 문제, 괴테에 대해 토론했다. 그녀는 형제자매 중 유일하게 과학에 관심을 가진 아이였다. 그녀의 부모 또한 흥미로운 책을 사주며 격려했다. 형제, 자매도 그녀의 이야기와 이론을 들으며 과학 공부를 지지해주었다. 린다 벅은 어머니가 독립적이고 비판적으로 생각하도록 가르쳤으며 의미 있는 일을 하며 살라고 했다.

앞 절의 어린 시절 이야기에서 이미 알 수 있었듯이 책은 여성 과학자들이 과학과 접하는 매우 중요한 통로였다. 부모는 책을 통해 이들에게 새로운 길을 열어주었다. 블랙번은 시골 마을에 살면서 자연스럽게 작은 생명체에 대한 호기심을 가졌다. 그녀는 이브 퀴리가 쓴 마리 퀴리 전기를 읽으며 무언가 부족했던 점을 채울 만한 기회가 과학이라는 것을 알게 되었다. 요나트 또한 마리 퀴리의 전기를 읽고 과학에 관심을 갖게 되었다. 그녀는 마리 퀴리로부터 동기를 부여받았으나 롤모델은 아니었다고 고백한다. 그녀는 현상의 원리에 대한 호기심이 많았다. 주변의 모든 것이 그녀에게는 실험 도구이자 실험실이었다. 부모가 부유하지도 전문성을 갖추지도 않았지만 요나트는 자연과 책으로부터 과학을 배웠다. 그 모든 원천은 순수한 호기심 그 자체에 있었다고 그녀는 말한다.

학교의 영향이 컸던 두 번째 경로에 속하는 과학자로는 호지킨, 얄로 등이 있다. 특히 얄로의 부모는 이민자로서 배움의 기회를 별로 갖지 못했다. 하지만 얄로는 학교에서 자신의 적성을 발굴할 수 있었다. 얄로는 여덟 살 때부터 사물의 근원을 파고드는 자연과학자가 되는 게 꿈이었다. 그녀는 고등학교 때 수학과 화학에 몰두했는데 대학원에서는 물리를 전공하게 된다. 블랙번도 고등학교 때 만났던 교사를 전공 선택에 가장 결정적인 영향을 미친 사람으로 기억한다.

호지킨은 어려서 고고학자인 아버지와 식물학자인 어머니의 영향으로 과학에 일찍 눈을 떴다. 하지만 화학자가 되기로 결심하게 된 것은 초등학교 시절 결정체를 다루는 화학 실험이 너무 재미있었기 때문이다. 물론 학교 못지않게 부모의 영향도 컸다. 가령, 어머니는 엑스레이로 결정체 구조를 밝혀 노벨상을 수상한 윌리엄 브래그Sir William Henry Bragg의 책과 생화학의 원리를 담은 탈코트 파슨스Talcott Parsons의 책을 고등학교 때 호지킨에게 선물했다. 또한 훌륭한 화학 선생을 만난 것이 인연이 되기도 했다. 그 학교에 화학 외에는 다른 자연과학 수업이 없었던 것도 화학을 전공하게 된 또 하나의 이유이기도 하다. 이처럼 어린 시절의 경험은 과학자가 되는 데 큰 영향을 미치는 것으로 드러났다.

괴페르트-마이어는 아버지의 영향으로 일찍부터 과학에 노출된다. 하지만 괴팅겐대학교에서 물리학의 대가들을 만나면서 수학에 관심을 가졌던 그녀는 물리학으로 전공을 바꾸게 된다. 막스 보른Max Born을 비롯한 베르너 하이젠베르크Werner Heisenberg, 파스쿠알 요르단Pascual Jordan 등 괴팅겐 학파의 양자이론을 듣고는 '새롭고 고무적인' 분야에 매력을 느끼게 되었기 때문이다. 결정적으로는 그녀의 연구에 관심을 보였던 카를 헤르츠펠트Karl F. Herzfeld와 남편 조셉 마이어Joseph Edward Mayer의 영향으로 그녀는 최종 전공을 물리화학으로 굳힌다. 캐롤 그레이더 또한 과학자 부모를 두었지만 고등학교 시절 생물 실험을 좋아하게 되면서 과학자가 될 꿈을 키운다. 이를 계기로 실험을 통해 문제를 해결하는 것이 자신의 지적 스타일에 맞는다는 것을 알게 되었다.

그레이더도 과학자였던 아버지의 영향으로 공부를 좋아하게 되었다. 아버지는 학교에서 공부를 잘하는 것이 매우 중요하다고 강조했는데 그렇게 해야 미래에 많은 기회가 열릴 것이라고 말해주었다. 그녀는 난독증이 있어 어렸을 때 별도의 특수 교육을 받았다. 초등학교 교실에서 따로 불려나가 별도의 수업을 받는 경험은 매우 당황스러운 일이었다. 하지만 그녀는 책을 열심히 읽은 덕분에 이 문제를 어느 정도 극복할 수 있었다. 그녀가 대학에서 생물학을 전공하게 된 것은 고등학교 3학년 때 높은 수준의 생리학을 가르쳤던 박사학위 소지자 생물 교사 덕분이었다.

오스트롬도 학교의 영향을 많이 받은 사람 중의 하나이다. 그녀는 고등학교 시절 말더듬증을 고치기 위해 교사가 권유하는 대로 토론 클럽에 가입했다. 그녀는 정책 관련 토론에서 뛰어난 실력을 발휘하면서 나중에 그것이 정치학과 관련이 있다는 것을 알고 대학에서 정치학을 전공으로 택했다. 특히 부유층이 다니던 비벌리힐즈 고등학교를 다녔던 것도 그녀에게 큰 영향을 미쳤다. 이혼한 어머니와 살던 그녀의 가정 형편은 어려웠지만 비벌리힐즈 길 건너편에 집을 산 어머니 덕분에 좋은 학교를 다닐 수 있었다. 처음에는 갑부들의 자녀들과 만나면서 문화적 충격이 컸다. 하지만 그 덕분에 좋은 교육을 받을 수 있었다. 고등학교 급우들의 90%가 대학에 갔기에 오스트롬은 어머니의 반대에도 불구하고 대학 진학을 당연하게 받아들였다.

이처럼 여성 과학자에 미친 영향을 살펴보면 부모의 전문성, 경제력이 가장 크다. 부모는 책을 통해서 이들을 지도하기도 했다. 가장 큰 영향력을 가진 책은 마리 퀴리의 전기였다. 그 외 노벨상 수상자가 자신의 분야를 쉽게 설명한 책도 도움이 되었다. 부모 다음으로 또는 그에 못지않게 큰 영향을 미친 것은 학교였다. 학교 교육 중에서도 초 · 중 · 고교의 영향이 매우 지대하다는 것을 발견할 수 있다. 과학에 대한 첫 호기심은 유아 때에 발현된다는 점에서 유아 교육의 중요성 또한 지나칠 수 없다. 이 과정에서 조부모의 영향이 눈에 두드러지게 드러나기도 한다. 과거에는 서양에서도 조부모와 함께 살거나 생활하는 경우가 많았기 때문인 것으로 보인다. 유년 시절 조부모와의 대화와 생활은 오랫동안 세계적 여성 과학자들의 뇌리에 남아 이들이 과학자로 성공하는 데 큰 영향을 미쳤다.

정부가 노벨상 수상이라는 목표를 내건다고 해서 그 결과가 쉽게 주어지는 것은 아니다. 우리 삶의 전반이 과학적 상상력을 높일 수 있는 방향으로 변해야 한다. 이 연구 결과는 교육에서 부모, 더 나아가서는 조부모의 중요성을 일깨워준다. 우리처럼 대가족 제도의 전통이 남아 있는 곳에서는 조부모를 통한 인재 양성에도 눈을 돌릴 필요가 있을 것이다. 비교적 시간이 많은 조부모가 어떻게 손자들과 대화하며 지적 자극을 줄 수 있는지 사회에서 본격적인 관심을 가질 필요가 있다고 본다. 비교적 젊은 실버 세대 인력 활용을 통해 세대 간 대화를 시도한다면, 세대 간 갈등 해소에도 기여하고 과학 인재의 조기 발견에도 큰 도움이 될 것이다.

부모 교육 못지않게 중요한 것은 유치원, 초 · 중 · 고교 교육의 혁신이다. 실험 위주의 과학 교육, 아이들의 흥미를 불러일으키는 과학 교육으로의 변혁이 절실히 필요하다. 노벨상 수상자나 훌륭한 과학자에 대한 전기나 그들의 업적을 쉽게 풀어쓴 과학책의 출간도 매우 중요하다. 이러한 혜택이 특정 계층이 아니라 전 계층에게 골고루 주어져야 한다. 그래야 모든 아이들이 잠재력을 활짝 발휘하고 우리도 과학 강국이 될 수 있을 것이다.

성격이 직업을 결정할까, 취미가 직업을 결정할까?

리더십 연구를 하다 보면 '성격이 운명을 결정한다'는 말에 공감하게 된다. 대체로 리더의 성격에 따라 리더십 유형이 달라지기 때문이다. 성격 유형 연구에 가장 많이 사용되는 분류법은 마이어스-브릭스의 유형지표Myers & Briggs Type Indicator, MBTI[15]이다. MBTI는 네 차원에서 성격을 구분하는데 내향internal-외향external, 직관intuition-감각sense, 사고thinking-감정feeling, 판단judging-인식perceiving이 그것이다. 자서전을 통해 쉽게 파악할 수 있는 여성 수상자의 성격은 내향적인가 외향적인가, 혹은 사고형인가 감정형인가 하는 정도의 차이밖에 구분되지 않는다. 정확한 성격 분석을 위해서는 보다 많은 정보가 필요하기 때문이다. 한편으로는 과학자들이 연구에 몰두해야 하므로 내향적 성격이 많을 것이라는 선입견을 갖기 쉽다. 다른 한편으로는 여성에게도 성공하기 위해서는 단호한 성격이 필요하다는 주장이 있다. 가령, 얄로는 재능과 공격성은 별개라고 주장한다. 얄로는 재능이 있어도 성공하기 위해서는 독한 면이 필요하다고 한다. '대다수의 착한 여자들은 실패했다'[16]고 주장한다. 성격은 과학자로 성공하는 데 얼마나 중요할까?

내향적 성격의 과학자가 성공한다거나 혹은 외향적 유형이 더 유리하다는 공식은 발견하지 못했다. 수상자나 수상을 놓친 두 부류의 과학자에게서 두 가지 성격이 고루 발견되었다. 마리 퀴리와 이레네 퀴리는 둘 다 내향적이다. 특히 마리 퀴리의 말없이 강한 모습은 카리스마를 발산하기도 했다. 호지킨도 평생 온순하고 겸손했으며 타인의 대화에 끼어들지 않으면서 조용하게 논쟁의 핵심을 짚어냈다고 한다. 맥클린톡도 거의 독립적으로 혼자서 연구하는 스타일로 유명하다. 수상을 놓친 프랭클린도 내성적이고 조용한 것으로 알려져 있다. 마이트너도 소극적이고 내향적인 성격으로 대중 앞에 서기를 꺼려했다.

반면 괴페르트-마이어는 활기차고 재치 있는 성격이며 활동적이었다. 얄로나 레비-몬탈치니도 당당하고 정열적인 성격을 지니고 있었다. 요나트는 직설적인 말투로 유명하고 오스트롬은 외향적이고 사교적인 성격의 소유자이다. 수상을 놓친 뇌터도 시끄럽고 사교적인 사람으로 알려져 있다. 따라서 성격의 외/내향성 유무는 과학 연구자로서의 성공과는 큰 상관이 없는 것으로 보인다.

과학자는 과학적이고 체계적인 지식을 추구하기 때문에 감정형보다는 사고형이 많을 것이라 간주하기 쉽다. 사고형은 객관적인 규칙이나 원칙을 더 중시하는 유형이고, 감정형은 규칙이나 원칙보다는 인간관계를 의사 결정의 주요 요인으로 삼는다. 연구 결과, 노벨상 수상자라고 해서 모두 사고형은 아닌 것으로 나타났다. 가령, 대인 관계가 온화하고 좋았던 괴페르트-마이어, 호지킨, 그리고 버넬은 온화하고 겸손하며 부드러운 대인 관계가 사고형보다는 감정형에 더 가까운 것으로 보인다. 비율로 볼 때, 여성 과학자 중에는 사고형이 감정형보다 더 많은 것은 사실이다. 그러나 감정형이라고 해서 과학자로 성공하기 어렵다고 말할 수는 없다. 결론적으로 특정한 성격이 리더십 유형과 관련이 있다 해도, 성공한 과학자가 되는 데 유리하다는 증거는 찾을 수 없었다.

반면에 취향 혹은 취미는 과학적 성공과 깊은 관련이 있는 것으로 보인다. 여성 과학자들의 공통적인 취향은 자연을 사랑하고 야외 활동을 즐긴다는 것이다. 그들은 자연 속에서 과학에 대한 호기심과 경외심을 키웠다. 가령, 마리 퀴리는 이레네를 한 달이나 일찍 출산할 만큼 피에르 퀴리와 자전거 여행을 즐겼다. 마리 퀴리는 두 딸에게도 체조, 수영, 보트 타기, 승마, 스키 등의 야외 운동을 많이 시켰다. 마리 퀴리는 작은 어촌에 있는 여름 별장에서 가족들과 함께 시간을 보내기도 했다. 이레네는 15살 생일을 그곳에서 보낸 이후 해마다 여름이면 그곳을 찾았다. 언론에서는 그 바닷가를 '소르본 비치'라고 불렀다.

게르티 코리는 여가 시간이 날 때면 남편과 시골길을 산책하거나 비엔나의 거대한 미술관을 관람했다. 코리 부부는 미국에 살 때에도 주말에 교외에 있는 숲속의 집에서 수영, 스케이트, 테니스 등을 하면서 보냈다. 맥클린톡은 실험을 위한 옥수수를 직접 키웠는데 혼자 농장을 산책하는 시간을 가장 행복해했다. 괴페르트-마이어는 어릴 때 아버지와 함께 화석과 식물을 관찰하는 과학 산책을 했다. 호지킨은 고고학자인 아버지를 따라 요르단 일대를 다니며 발굴 작업을 도왔다.

프랭클린도 등산과 야외 활동을 즐겼는데, 날씨에 상관없이 하루에 20마일을 걷는 하이킹이나 자전거 타기를 했다. 얄로도 오랜 테니스와 승마로 건강을 지켰다. 버넬은 퀘이커 교도이며 시골의 한적한 집에서 자랐다. 자연을 사랑하고 경외하는 마음이 천문학의 시발이었으리라 짐작된다. 뉘슬라인-폴하르트의 가족도 교외에 살았다. 그녀는 어려서부터 자연스럽게 들과 숲속에서 많은 시간을 보냈다. 그녀는 자연에 매료되었다. 식물을 관찰하고 꽃의 내부를 들여다보았다. 달팽이를 모으고 식물 이름을 외우며 이론을 다듬는 작업을 했다. 린다 벅은 원래 심리치료사가 되려고 했으나 여행을 다니면서 과학에 대한 관심을 갖게 되었다. 프랑수아즈 바레-시누시도 어린 시절 방학을 시골에서 보내다 동식물에 매력을 느껴 과학을 전공하게 되었다.

블랙번은 네 살까지 호주 타즈메니아의 작은 숲속 마을에 살며 생명체에 대한 호기심을 갖게 되었다. 초등학교 4학년 때, 정원과 연못이 딸린 저택으로 이사를 가면서 동식물에 대한 애정과 관심을 재확인하게 되었다. 요나트도 과학에 대한 끝없는 호기심이 그녀를 과학자로 만들었다고 한다. 오스트롬은 사회과학자이지만 미국에 대공황이 닥쳐 가정 형편이 어려워지자 텃밭에서 직접 채소를 길러 먹던 경험에서 과학적 사고를 발전시키게 되었다고 회상한다. 오스트롬은 지금도 전기가 들어오지 않는 캐나다의 깊은 숲속 통나무집으로 여름 휴가를 떠난다. 학교와 연락을 취하기 위해 일주일에 한 번 정도는 한 시간 넘게 자동차로 달려 나와야 우체국이 있을 정도로 깊은 산 속의 자연에 파묻혀 지낸다.

이처럼 여성 과학자들은 어려서부터 자연 속에서 살았으며, 자연을 사랑하고 즐기며 하나가 되었다. 이들은 또한 자연 속에서 과학적 호기심을 발견하게 된다. 마이트너는 기름이 떨어진 물웅덩이에 생긴 무지개를 보며 과학적 호기심을 갖게 되었다고 한다. 그 질문에 대한 답을 듣고는 공부를 통해 자연의 법칙을 알아내야겠다는 생각을 하게 된다. 호기심에 대한 답을 찾는 과정에서 논리적인 사고의 훈련이 가능하게 된 것이다.

유대인은 유아에게 일주일에 한두 번은 반드시 야외에서 손으로 흙을 만지도록 한다고 한다.[17] 정서 함양과 우뇌 발달을 위해서 그렇게 한다는 것이다. 6살이 될 때까지는 공부를 시키지 않는다고 한다. 우뇌는 일찍 닫히기 때문에 우뇌를 충분히 발달을 시킨 후에 좌뇌에 자극을 주기 위해서라고 한다. 여성 과학자의 생애를 공부하면서 자연은 우뇌의 정서적 지능만 발전시키는 것이 아니라 좌뇌의 논리적 지능도 개발한다는 것을 발견했다. 여성 과학자의 호기심은 자연 속에서 자연스럽게 발현되었다.

여성 과학자들이 성인이 되어서도 자연을 가까이 하는 데에는 또 다른 이유가 있는 것 같다. 과학자는 장시간 계속되는 연구와 화학 물질을 사용한 실험으로 체력이 고갈되거나 건강을 상하기 쉽다. 마리 퀴리는 열악한 연구실 환경에서 인체에 해로운 라듐을 다루는 실험을 계속하다가 완전히 탈진하여 몇 차례 쓰러진 적도 있다. 그런 경험을 통해 여성 과학자들은 자연 속에서의 다양한 활동을 통해 스트레스도 해소하고 건강도 관리하게 된 것이다. 뿐만 아니라 어려서부터 자연과 밀접한 환경에서 자란 여성 과학자들은 성인이 되어서도 야외 활동과 운동을 즐겼다. 이들은 연구실에만 머무르지 않았고, 봉사를 포함한 다양한 사회 활동도 활발히 펼쳤다.

여성 과학자들의 취미생활과 관련해서도 매우 흥미로운 사실을 발견했다. 성공한 여성 과학자 중에 공부만 잘하는 공부벌레는 없다는 점이다. 아인슈타인이 뛰어난 바이올린 연주자였고 파인만이 드럼 연주자였다는 사실은 유명하다. 여성 과학자도 이들과 마찬가지로 다양한 취미와 특기를 지녔는데 매우 수준급인 사람도 많았다. 그들의 전문직 부모도 공부를 하라고 다그치기보다는 자연과 벗하는 야외 활동을 많이 권했다. 여성 과학자들은 문학이나 예술적 재능도 뛰어났다.

마리 퀴리는 어려서부터 책을 좋아해서 닥치는 대로 읽었다고 한다. 라듐으로 인해 건강이 악화되자 바다 수영, 등산, 자전거 타기 등 땀 흘리는 활동으로 건강 회복을 위해 노력했다.

이레네 퀴리는 빅토르 위고와 키플링의 문학을 좋아했다. 그녀는 폴란드어에도 능통해 폴란드어로 된 키플링의 시를 프랑스어로 번역하기도 했다. 마리 퀴리는 유년 시절 결핵으로 자녀들과의 접촉을 꺼리던 어머니를 둔 경험 때문인지 자녀들이 야외 활동을 많이 하도록 권장했다. 이러한 교육 덕분에 이레네는 어려서부터 다양한 운동을 배울 수 있었다. 체조, 수영, 보트 타기, 승마, 스키뿐만 아니라 바느질, 요리도 배웠다. 뿐만 아니라 이레네는 한때 춤추는 것에 푹 빠져 무도회에서 아침 8시까지 춤을 추는 기록을 세우기도 했다. 대학 재학 시절에는 친구와 여름마다 산으로 배낭여행을 다녔고 사진을 찍었다. 혼자 센 강에서 수영하기도 했고 장시간 보도 여행을 다니며 대자연을 즐겼다.

게르티 코리는 대학생 시절 미래의 남편인 칼과 함께 공부하며 방학에는 등산과 스키를 즐겼다. 반유대주의가 팽배하던 시절 답답한 마음을 달래기 위해 오스트리아 빈의 미술관에 전시된 작품을 둘러보며 마음의 평안을 찾았다. 그녀는 '예술과 과학은 인간의 지성이 만들어낸 최고의 영광'이라고 말한다. 미국 세인트루이스에 살 때에는, 매주 5-7권의 책을 읽었다고 한다. 그녀는 정치이론, 사회, 미술, 문학에 이르기까지 어떤 주제에 대해서도 폭 넓은 대화가 가능할 정도로 책을 많이 읽었다. 또한 평일과 토요일 반나절만 일하고 저녁과 주말은 가족과 함께 집에서 쉬거나 여가 생활을 즐겼다. 스케이트, 수영, 테니스, 음악회 참석 등 그녀의 취미는 다양했다. 여름에는 이탈리아를 방문하거나 콜로라도, 알프스를 여행했다. 1947년에는 록키 산맥을 한 달간 여행하기도 했다. 야외 별장에서의 파티도 빼놓을 수 없는 그녀의 취미 생활이었다.

괴페르트-마이어는 어려서부터 괴팅겐 사교계의 명사였다. 그녀는 스키, 수영, 테니스를 좋아했고 매일 춤추기를 즐겼다. 그녀는 미국에 와서도 대저택에 살면서 파티를 열어 춤과 노래와 파티를 즐겼다.

호지킨은 고고학에 흥미를 느껴 고고학자인 아버지를 따라 발굴을 다녔다. 어린 시절에는 학교가 끝나면 국제연맹, 평화단체에서 자원봉사를 했다. 과학자가 되어서도 호지킨의 사회활동은 중단되지 않았다.

맥클린톡은 어린 시절 대부분의 여자아이들과 다르게 운동, 스케이트, 롤러스케이트, 자전거, 공놀이를 즐겼다. 동네 남자 친구들이 야구팀에 끼워주지 않자 상대팀에 합류하여 경기에 참가했다. 하지만 친구들로부터 배신자 소리를 들은 뒤에는 친구들과 어울리는 시간이 줄어들었다. 그녀는 재즈클럽에서 활동하여 춤추는 것을 즐겼지만 유전학에 매료된 뒤에는 모든 과외 활동을 자제하고 학업에만 전념했다. 연구 결과가 학계에서 인정을 받지 못했을 때에는 사진을 찍거나 친구에게 사진 찍는 법을 가르치며 시간을 보냈다.

레비-몬탈치니는 미국으로 거주지를 옮긴 후에도 여름 휴가 기간에는 항상 이탈리아로 돌아가 가족과 함께 보냈다. 그녀에게 미국은 오로지 연구만 하는 곳이었다.

엘리언은 10세부터 아버지를 따라 메트로폴리탄 오페라 공연 관람을 시작한 오페라 마니아이다. 웰컴연구소에 입사한 후로도 25년간 메트로폴리탄 오페라 연간 회원권을 갱신하며 동료 팔코와 함께 공연을 보러 다녔다. 고전음악 콘서트 관람을 즐기기도 했다. 엘리언의 또 다른 취미는 여행이었다. 어릴 적부터 여행을 좋아해서 지도, 기차/버스 시간표를 이용하여 가상의 여행 계획을 짜는 것을 즐겼다. 연구를 시작한 뒤에도 돈을 모으면 여행을 다니는 데 아낌없이 썼다. "나는 더 젊어지지 않을 것이므로, 지금이 아니면 결코 기회가 없다"[18]며 여행을 맘껏 즐겼다고 한다. 그녀는 여행을 다니며 사진을 찍었고, 좋은 사진을 찍기 위해 높은 산에 올라가기도 했다. 그녀는 제임스 본드 영화와 대학 농구 게임도 즐겼다.

뉘슬라인-폴하르트는 예술가 집안에서 자라 음악이 없는 삶은 상상할 수 없다고 말한다. 괴테는 그녀의 영웅이었다. 그녀의 부모는 예술적인 면을 강조했다. 화가인 그녀의 외할머니는 농장에 거주했는데, 어린 시절 외할머니를 방문할 때마다 그녀는 할머니에게서 요리와 제빵을 배웠다. 그녀는 독일의 플루트를 연주했을 뿐만 아니라 문학, 음악, 미술에도 소질이 있었다. 미술은 외할머니로부터 훈련을 받았다. 성인이 된 후에 그녀는 주말이면 집에서 케이크, 타르트를 만들기도 했다. 막스플랑크연구소 원장 시절에는 바쁜 일정 속에서도 과학 외 관심 분야에 대한 활동을 지속했다. 직소 퍼즐을 직접 디자인하기도 하고 성악가 어머니로부터 배운 뛰어난 노래 솜씨를 발휘하기도 했다.

블랙번은 일곱 살부터 피아노 레슨을 받아 경연 대회에도 참가했다. 바이올린 레슨도 받았고 음악을 아주 좋아했다. 그림과 글짓기에도 소질이 있어 글짓기가 학급 우수작으로 꼽히기도 했다. 여가 시간에는 미스터리 소설을 읽고 피아노 연주를 하며 스트레스를 해소하곤 했다.

요나트는 어렸을 때 가정 형편이 좋지 않아 독서를 통해 암담한 현실에서 벗어나 미래에 대한 꿈과 희망을 품을 수 있었다고 한다. 지금도 그녀는 기회가 있을 때마다 수영과 스노클링을 즐기는데, 연구가 안 되어서 회피하기 위해 이런 활동을 하는 것이 아니라고 말한다. 오히려 이런 활동을 즐기면 생각할 시간이 더 많아져 좋다고 한다. 그녀는 은퇴 후 소설을 쓰는 것이 꿈이다.

리제 마이트너는 피아니스트인 어머니로부터 음악을 배워 오페라, 독일 민요, 브람스 가곡 감상과 가창을 즐겼다. 우젠슝도 평생 친구인 얼수라 셰퍼(독일에서 온 유학생)와 오페라 관람을 즐기고 문화적 교류를 했다.

물론 여성 과학자 중에도 별다른 취미 없이 과학 연구에만 몰두한 사람이 있는데 로잘린 얄로가 대표적이다. 얄로는 연구 이외의 일에 시간을 낭비하는 것을 매우 싫어했다. 그녀는 취미를 묻는 질문에 "내가 테니스를 배우기로 결심한다고 한들 하루아침에 세상이 달라질 만한 성과를 낼 수 있겠느냐"고 반문했다.[19] 하지만 대다수의 여성 과학자들은 공부와 연구에만 매달리지 않았다. 문학뿐만 아니라 예술에도 뛰어난 재능과 소질을 발휘했다. 독서와 예술 활동은 이들 과학자에게도 새로운 에너지원이자 창의력의 원천이었을 것이다. 여성 과학자에게도 부모의 영향은 절대적이었지만 우리나라 엄마들처럼 빡빡한 스케줄로 공부시켜서 성공한 경우는 단 한 명도 없다.

결론적으로 여성 과학자의 성격이 리더십 스타일에는 영향을 미쳤는지 몰라도 과학적 성공에 영향을 미치지는 않은 것으로 드러났다. 다양한 성격의 여성 과학자가 연구에서 성공을 거두었다. 그러나 과학적 성취에 영향을 미친 것은 이들의 취향과 습관이었다. 보다 구체적으로는 자연을 사랑하는 마음, 자연 속에서 호흡한 것이 과학적 성공의 기반이 되었다. 여성 과학자들은 이렇게 말하지 않을까. "나를 키운 8할은 자연이었다."

그렇다면 우리는 어떤 교훈을 얻을 수 있을까. 근본적으로는 우리 아이들이 유년기 시절부터 자연과 벗 삼는 생태적 환경을 조성하고 생태 체험의 기회가 지금보다 많이 주어져야 한다. 고층 아파트 숲속에서 훌륭한 과학자가 나오기를 기대하는 것은 우물에서 숭늉 얻기를 기대하는 것과 같다.

우리 아이들의 과학적 창의력을 고양시키기 위해서는 입시 지옥에서 벗어나 다양한 취미와 운동을 즐길 수 있는 환경과 기회를 마련해주어야 한다. 아이들에게 필요한 것은 야간 자율학습과 입시 학원이 아니라 자연과 운동장이다. 과학 인재가 육성되는 사회를 만들기 위해서는 밤늦도록 공부해야 하는 현행 대학 입시 제도의 개혁 또한 필요하다고 본다. 우리 사회가 성적이 아니라 교육을 진정으로 중시할 때 과학한국의 앞날도 밝아지게 될 것이다. 본인의 의지와 관계없는 입시 위주의 주입식 교육을 당연시여기는 우리 사회문화가 지속되는 한, 노벨상 수상은 요원한 일이다.

2
세계적 여성 과학자의 리더십

이 장에서는 여성 과학자의 글로벌 리더십 모형을 구성하기 위해 노벨상 수상자들이 공통적으로 지니고 있는 리더십 역량을 분석했다. 이를 위해 필자가 경영 분야에서 개발한 글로벌 리더십 역량 모형을 참조하여 그들의 리더십 역량을 다섯 차원으로 나누어 살펴보았다. 비전, 개인 리더십, 연구 및 업무 수행 리더십, 대인 관계 리더십, 조직 리더십이 그것이다. 우선 이 장에서는 노벨상 수상자의 리더십을 귀납적으로 분석하여 모형을 제시한다. 글로벌 리더십의 의미, 리더십 역량의 정의, 모형의 구성 및 적용 등은 III부에서 자세히 살펴보겠다.

여성 과학자의 꿈과 꿈 너머 꿈

리더십 역량 중 가장 중요한 요인은 꿈 혹은 비전이다. 리더에게 목표가 없으면 리더십 발휘는 불가능하다. 이들은 언제 과학자가 되겠다는 꿈을 갖게 되었을까? 사실 이보다 더 중요한 것은 그들이 왜 과학자가 되기로 했는지(미션), 어떤 과학자가 되기로 했는지(비전) 하는 '꿈 너머 꿈'[20]이다. 지도자의 비전은 그의 가치관과 떼려야 뗄 수 없는 동전의 앞뒷면과 같은 것이다. 리더가 무엇을 중시하느냐 하는 가치관에 따라 왜 과학자가 되려 하는지, 어떤 과학자가 되려 하는지가 결정되기 때문이다. 여성 과학자가 어떤 계기로 과학자가 되기로 결심했는지, 어떤 과학자가 되려고 했는지, 그들이 중요하게 생각한 가치관은 무엇인지 살펴보자.

어려서부터 확실하게 과학자가 되겠다는 꿈을 가지고 이를 이루기 위해 노력한 경우는 매우 드물었다. 어려서부터 분명한 꿈을 가진 사람은 8살에 마리 퀴리와 같은 위대한 과학자가 되기로 결심한 얄로와 15세 때 의학을 연구하기로 마음먹은 프랭클린 정도이다. 레비-몬탈치니의 경우는 사랑하는 유모가 암으로 사망하고 아버지가 심장마비로 일찍 별세하는 것을 지켜보며 성인이 되어 의사가 되기로 결심한다. 엘리언의 경우도 유년 시절을 함께한 할아버지가 위암으로 고통스럽게 죽어가는 모습을 곁에서 지켜보면서 막연히 질병과 관련된 일을 하겠다는 결심을 하게 된다.

대부분의 경우는 과학적 문제에 호기심을 가지거나 자신의 흥미를 따라 공부하다 보니 어느 날 과학자가 된 자신을 발견했다는 것이 더 정확하다. 앞에서 살펴보았듯이 여성 과학자들이 과학에 관심을 갖게 되는 경로는 크게 서너 가지로 구분할 수 있다. 자연 속에서 생활하다 자연스럽게 호기심을 갖게 되거나, 부모님과의 대화 속에서 과학에 대한 흥미를 발견한 경우이다. 학교에서 자신의 소질을 발견하는 경우도 많았다. 마리 퀴리의 전기를 읽거나 혹은 그 밖의 책을 통해 과학에 관심을 갖게 되는 것도 또 다른 통로였다. 여성 과학자는 이 중 하나 혹은 그 이상의 요인이 복합적으로 작용하여 과학에 관심을 갖게 되었다.

반면, 이들이 과학자가 된 후에는 자신들의 과학적 지식을 활용하여 어떻게 사회에 기여할 것인지, 혹은 어떤 과학자가 될 것인지에 대해서는 비교적 뚜렷한 미션을 지니고 있었다. 꿈은 확실하지 않았지만 '꿈 너머 꿈'은 오히려 확실했던 것이다. 과학자는 정치적으로 중립적이거나 보수적이라는 선입견이 있다. 실제로 여성학자들은 기존의 과학이 권력 있는 자와 기득권자의 이익을 보호하는 보수적 편견이 있다고 맹렬히 비판한다. 과학자는 실험실에서 연구에만 몰두하기 때문에 세상 돌아가는 것에 대해 잘 모를 것이라고 간주하기도 한다. 특히 전문직과 육아와 살림의 균형을 맞춰야 하는 여성 과학자에게는 하루하루가 투쟁의 연속이다. 이들이 사회적 쟁점에 대해 발언하거나 참여하는 것이 불가능하다고 생각할 수도 있을 것이다.

하지만 놀랍게도 여성 노벨상 수상 과학자들은 사회적이고 정치적인 문제에 분명한 목소리를 냈다. 노벨상 수상 이후에는 자연히 높은 사회적 인지도와 영향력을 이용하여 과학의 대중화와 발전을 위해 노력했다. 그러나 많은 여성 과학자들은 수상 이전부터 이미 활발한 사회적 참여를 하고 있었다. 참여의 방향은 대체적으로 진보적이라는 공통점이 있다. 이들이 여성이기 때문인지 아니면 뛰어난 과학자이기 때문인지 분명한 이유를 분석해볼 가치가 있다.

여성 과학자들의 공통된 특징은 확실한 공적 마인드public mind를 지녔다는 것이다. 이들의 도덕성 또한 투철했다. 왜 그럴까? 이들이 과학자 혹은 지식인이라서 그렇다고 보기는 어렵다. 모든 남성 과학자가 도덕적이고 공공성에 투철했다고 말하기는 어렵기 때문이다. 물론 남성 과학자 중에도 뚜렷한 소신을 가지고 나치즘에 맞서거나 핵무기 개발에 반대하는 경우도 적지 않았다. 또한 자신의 가치관을 지키기 위해 운동이나 행동으로 나선 이도 많았다. 하지만 나치즘에 침묵하거나 협조했던 남성 과학자 또한 적지 않았다. 뿐만 아니라 정치적인 논쟁에 거리를 두고 오로지 몰가치적인 기술 관료 혹은 기능인의 입장을 띠는 사람도 상당수 있었다.

노벨상을 수상한 여성 과학자의 경우는 대다수가 진보적이며 뚜렷한 가치 지향을 표명하고 또 실천했다는 점이 흥미롭다. 이들은 시대의 아픔을 함께하고 자신의 신념을 실천한 진정한 지식인이다. 이는 여성 과학자들이 살았던 시대적, 사회적인 환경과도 관련이 있을 것으로 추측된다. 초창기 다수의 여성 노벨상 수상자들은 유럽 출신으로서 사회주의운동의 뿌리가 깊은 유럽 사회의 가치관을 투영하고 있기 때문이 아닐까 생각된다. 그러나 현대로 올수록 미국 과학자의 비율이 높아지면서 여성 과학자의 정치적 의견 표명이나 활동도 이전 세대만큼 뚜렷하지는 않다.

뒤에서도 비교하겠지만 한국 여성 과학자의 경우는 정치적 소신이나 발언이 두드러지게 나타나지 않는다. 그 이유는 한국적 환경이 반영되기 때문인 것으로 생각된다. 사실상 극소수를 제외하고는 한국의 성공한 여성 과학자 대부분이 중산층 혹은 그 이상인 가정 출신이다. 한국의 과학자는 정치적으로 중립적이거나 몰가치적인 입장을 띠는 경우가 많다. 이는 오랜 독재 정치로 인하여 건강한 여야의 정권 교체가 활발하지 않았던 상황에서 국가의 발전을 위해 과학자가 독재 정부와도 협력했던 한국의 역사와도 관련이 깊어 보인다. 과학기술의 기틀을 잡은 박정희 전 대통령이 과학자를 우대했기 때문에 과학자가 친정부적인 성향을 띠었을 수도 있다. 한편으로는 한국 지식인 사회가 가진 일반적인 모습이 과학자에도 투영되기 때문일 수도 있다. 과거에는 과학자뿐만 아니라 정치학자도 현실 정치에 대해 침묵하거나 몰가치적 입장을 띠었기 때문이다.

또 하나의 차이점은 노벨상 수상자의 경우에는 세계적인 유명세와 지명도를 얻었기에 자신 있게 사회적, 정치적 발언을 할 수 있는 반면, 한국의 여성 과학자는 아직 노벨상 수상자에 준하는 영향력을 확보하지 못했기에 공개적으로 자신의 정치적인 입장을 밝히는 데 어려움이 있을지도 모르겠다. 여성의 경우, 노벨상 수상자 혹은 비수상자의 가치관은 매우 뚜렷하게 대중적으로 표출되었다. 예를 들어 마리 퀴리는 자신의 과학적 발견에 대해 특허를 만들거나 상업화하는 것을 끝내 허용하지 않았다. 그녀는 주변의 회유에 강경히 대응하며 과학적 발견은 모든 인류가 공유해야 하는 것으로 이를 이용해서 돈벌이를 해서는 안 된다고 역설했다. 마리는 훗날 남편 피에르 퀴리와의 관계에 대해 이렇게 회상했다.

> 내가 그에게 던졌던 과학적 질문들, 그리고 우리 두 사람이 관심을 가졌던 사회적이고 아주 인간적인 질문들이 우리에게는 중요했다. 그의 사물에 대한 견해와 내 자신의 견해 사이에는 민족성의 차이에도 불구하고 놀라울 정도의 유사성이 있었다. 그 유사성은 의심할 것도 없이 부분적으로 우리가 성장했던 가정의 유사한 도덕적 분위기 탓이었다.[21]

마리 퀴리의 증언에서 우리는 퀴리 부부가 친밀한 연구자로, 동료로서 살아가는 데 가치관과 도덕성이 얼마나 중요했는지 짐작할 수 있다. 그러한 유사성은 가정환경으로부터 영향을 받은 것이다. 마리의 가족은 절제와 확실한 신념을 지니고 사는 열정적인 가족으로 알려져 있다. 온 가족은 열렬한 애국자였고, 자녀들에게 전통적인 예의범절과 도덕을 철저히 교육시켰다. 마리 퀴리의 부모는 결혼 초기엔 비교적 여유 있는 삶을 누렸다. 그러나 아버지가 학생들에게 자긍심을 불어넣으라며 폴란드 과학자들에게 비밀리에 강의를 하고 다니다 러시아인 장학사에게 발각되었다. 아버지는 파면당했고 아파트와 봉급을 모두 잃었다.

한편 피에르 퀴리와 마리 퀴리의 딸인 이레네 퀴리의 가치관에 가장 큰 영향을 미친 사람은 부모가 아니라 피에르 퀴리의 아버지 에젠 퀴리였다. 일찍이 혼자가 된 이레네의 할아버지는 손녀를 돌보며 하루 종일

시간을 함께 보냈다. 의사였던 할아버지는 자유주의 사상가였고 손녀가 무신론자가 되어 훗날 반교회주의자가 되도록 만든 장본인이기도 하다. 에젠 퀴리는 1848년 혁명에 가담하여 턱에 총알이 박히기도 했고 1871년 혁명 때에는 바리케이드 뒤에서 의료반을 조직했던 이상주의자이기도 하다. 이레네가 평생 자유사회주의를 신봉하게 된 것은 전적으로 할아버지의 영향이었다. 이처럼 마리와 피에르는 가정에서부터 부모로부터 가치관을 물려받았다.

마리 퀴리는 두 번의 노벨상에서 받은 상금을 모두 전시 공채금으로 내놓았다. 제1차 세계대전 중에는 프랑스 야전병원을 위해 이동식 엑스레이 전담반을 만들어 전쟁 중 발생한 100만 명의 부상병 치료에 나섰다. 그녀는 엑스레이 전문 요원 150명을 양성하여 자신이 직접 엑스레이 기기를 들고 전선으로 나가 이들을 지휘했다. 그 요원들 가운데에는 당시 18세이던 어린 딸 이레네도 포함되어 있었다. 전쟁이 나면 자신의 아들 딸을 전투에 먼저 내보냈던 유럽 귀족들의 노블레스 오블리주 정신을 그녀는 몸소 실천했다. 그녀는 연구 이외의 시간에는 자신보다 열악한 환경에 처한 여성을 위해 봉사했다. 일주일에 두 번씩 교원 양성소 여성에게 무료 강의를 했다. 그녀는 2차례 노벨상 수상으로 엄청난 명성과 영향력을 갖게 된 노년기에도 물욕 없이 절제된 삶을 살았다. 그녀의 생활은 검소하다 못해 청년기와 마찬가지로 금욕적이었으며 쪼들렸다.

마리 퀴리는 고국 폴란드에 대한 애정이 각별했다. 어린 시절 러시아의 통치 지배 속에서 억압받으며 폴란드 문화를 보존할 책임이 있다고 생각했다. 당시 폴란드에는 실증주의 지식인 운동이 있었는데 마리 퀴리는 이에 호응했다. 특히 여성으로서 해야 할 일은 자유와 교육을 위한 운동으로 인식하고 과학 교육과 연구, 유대인 관용, 계급 차별 폐지 등의 지식인 운동에 동조했다. 이들은 폴란드 가톨릭교회 개혁, 농민 교육을 이끌었다. '개인을 향상시키지 않고서 더 나은 세상을 만들기를 기대할 수 없다'는 생각에 이동식 대학을 조직하여 지방 곳곳을 다니며 강연회를 펼치는 등 지식 교류에 앞장섰다. 가톨릭 집단이 과학을 도덕적 퇴폐의 산물이라 여긴 데 반해 당시 운동가들은 과학을 통해 병을 예방하고, 농업 기술을 개발하며, 전차나 가로등 같은 편의 시설로 삶의 질을 향상시킬 수 있다고 믿었다. 과학으로 도덕적, 물리적 진보를 이룰 수 있다고 믿은 것이다. 때문에 그녀는 각 나라의 정부가 교육과 과학 연구를 위해 더 투자해야 한다고 생각했다.

마리 퀴리는 노벨상 수상 후에도 조국에 대한 사랑을 한 시도 잊은 적이 없었다. 폴란드의 과학 발전을 위해 지속적인 노력을 기울였다. 그녀는 라듐연구소 건립 기금 마련을 위해 미국에서 모금 행사를 열기도 했다. 이렇게 모인 기금으로 자신의 두 조국인 프랑스와 폴란드에 국제적인 라듐연구소를 세웠다. 더 나아가서 여성과 외국인 연구원에게 좀 더 많은 기회를 제공하려고 노력했다. 그녀는 폴란드인으로서의 자긍심을 가지도록 이레네에게 폴란드어를 가르쳤다. 마리 퀴리는 은퇴한 후 아인슈타인, 베르송 등과 함께 국제연맹지적협력위원회League of Nations Committee on Intellectual Cooperation의 설립위원으로 함께 활동했다. 이 단체는 오늘날 유네스코의 전신으로 전 세계 과학자, 연구자, 교수, 예술가 등 지식인의 문화적, 지적 교류를 촉진 장려하기 위해 설립되었다.

이레네 졸리오-퀴리는 앞서 소개된 바와 같이 이미 10대 시절에 어머니를 도와 전시 중 야전병원에서 엑스레이 촬영을 하면서 사회 봉사를 시작했다. 할아버지의 영향으로 자유사회주의자였던 이레네는 남편을 만나면서 사회주의자가 되었다. 원자력위원회 이사장이었던 이레네의 남편 프레드릭 졸리오Frederic Joliot는 사회주의 전력 때문에 해임되었고, 이사였던 그녀는 임기가 만료되자 갱신되지 않아 물러나야 했다. 사회생활에서 불이익을 받으면서도 그녀는 자신의 이상을 포기하지 않았다. 노벨상 수상이 이루어지던 시기, 그녀는 유럽에서 강력한 정치 이데올로기로 떠오른 파시즘[22]에 대항하는 운동에 동참했다. 제2차 세계대전 중 파시스트가 핵물질을 개발하여 핵무기를 사용할 것을 염려하여 자신들의 화학적 발견이 생물학과 의학에 사용될 수 있도록 연구에 몰두했다. 또한 독일의 히틀러가 프랑스를 침공했을 때에는 레지스탕스 운동을 적극적으로 지원했다. 이 때문에 위협을 느낀 이레네는 1944년경 아이들의 안전을 위해 스위스로 피신하기도 했다. 그녀는 여성 교육의 중요성을 주장하며 프랑스 여성위원회에서 일하기도 했다. 그녀는 은퇴 후 평화주의 여성운동에 헌신했다.

게르티 코리는 여유롭고 활달한 평소 모습과 달리 과학적 기준에 관해서는 적당한 타협을 거부했다. 일에 대한 열정으로 실수 하나도 소홀히 넘어가지 않았다. 그녀는 정직을 매우 중요한 가치로 삼았다. 연구실 내에서 반유대주의와 성차별 분위기를 없애기 위해 노력했다. 노벨상 수상 후에는 트루먼 대통령으로부터 미국립과학재단NSF의 위원장으로 임명받았다. 임기 중 그녀는 희귀병에 걸려 투병을 해야 했다. 헬기에서 수혈을 받으며 회의에 참석해 두 번의 임기를 마쳤을 만큼 그녀는 책임감이 강했다. 코리는 연방 정부의 과학 연구 지원을 위해 노력했다. 당시 회의에서 미국립과학재단이 석사 연구원에 대한 재정 지원을 배제하려는 시도를 했으나, 코리는 이러한 시도를 무력화시킴으로써 젊은 연구원이 과학 연구를 계속할 수 있도록 했다.

괴페르트-마이어는 자신의 고국인 독일의 문화를 자랑스럽게 생각했다. 초기에 독일 나치즘이 전파될 시기에도 독일에 대한 믿음 하나로 일이 잘 풀릴 것이라는 낙관적인 기대를 하고 있었다. 그러나 시간이 지나갈수록 뭔가 잘못되어가고 있다는 인식을 하게 되었다. 그 후 그녀는

1933년 미국 시민권을 취득한 뒤 고국에서 나치즘을 피해 망명 온 사람들에게 거처를 제공하며 도왔다. 1940년대 초반 점점 더 나치즘이 기승을 부리자 당시까지 지속되어 오던 독일-미국인 과학자 모임을 중지했다. 또한 연방군의 승리를 위해 만들어진 미국 컬럼비아대학교의 대체혼합물SAM 개발 프로젝트에 참여하여 관리 업무와 무기 개발을 도왔다. 그럼에도 불구하고 그녀는 고국인 독일의 패전을 매우 괴로워했다. 하지만 SAM 개발 프로젝트 당시 자신의 연구 활동이 일본 히로시마에 투하된 원자폭탄 제조에는 기여하지 않았음을 알고 매우 기뻐했다고 후일 전해진다.

1950년 초 그녀는 수소폭탄 개발을 열정적으로 지지했다. 그러나 1960년대 베트남전에 반대하면서 입장을 바꾼다. 그녀의 초기 입장은 강경론자인 남편의 영향 때문인 것으로 보인다. 그러나 그녀의 아들은 반전주의자였고 저녁 식사 자리에서 남편과 아들은 항상 열띤 논쟁을 펼쳤다. 남편과 아들 사이의 논쟁을 중재하면서 본인도 생각을 바꾼 것으로 보인다. 자신의 판단이 잘못된 것을 깨닫고 입장을 선회하는 것을 보면 그녀가 상당히 개방적인 사람이라는 것을 알 수 있다.

맥클린톡도 소수자에 대한 차별에 민감한 반응을 보였는데 미국 국립과학원 회원으로 뽑힌 후 감상을 이렇게 표현했다.

> 우선 놀랐다는 것이 솔직한 표현일 것이다. 유대인과 여성 그리고 흑인들은 차별에 익숙해서 많은 것을 바라지 않는다. 여권주의자는 아니지만 난 유대인, 여성, 흑인 등에게 가해졌던 비논리적인 장애가 깨질 때마다 항상 감사하게 생각한다. 그건 우리 모두에게 도움이 되니까.[23]

그녀의 공동체 정신은 단지 인간에 머무르지 않는다. 그러한 생각은 자연에까지 확장되어 나타난다는 것을 다음 발언에서 깨달을 수 있다.

> 나는 잔디 위를 달릴 때마다 가슴이 아프다. 잔디가 나를 향해 절규하고 있음을 잘 알고 있기 때문이다.[24]

호지킨은 퀘이커 교도인 남편과 함께 사회 정치에 참여하고 정치 투쟁을 전개했다. 남편은 역사가이자 아프리카를 연구하는 학자였는데 친구의 봉사단체에서 교육 편성 업무를 담당하며 사회적 약자의 편에 섰다. 그녀는 자신의 평화운동 참여는 어머니의 영향이라고 밝히고 있다.

> 어머니가 제네바의 국제단체에서 일하셨기 때문에 나는 어렸을 때부터 평화가 꼭 필요하며 평화를 위해서 모두들 힘써야 한다고 생각했다. 말하자면 다양한 평화운동에 내가 참여하게 된 토양은 이미 전쟁 발발 이전에 마련되어 있었던 셈이다.[25]

호지킨의 정치 참여는 존 데스몬드 베르날John Desmond Bernal과의 우정이 또 다른 계기가 되었다. 베르날은 영국공산당의 회원이었으며 아이작 뉴턴Isaac Newton에 대한 마르크시즘적 해석을 한 것으로 유명하다. 그는 1946년부터 이미 세계평화회의에서 주도적인 역할을 하고 있었다. 호지킨은 퍼그워시Pugwash[26] 회장을 맡아 평화운동을 위해 전 세계를 다니며 강연을 했다. 그녀가 이 운동에 참여하게 된 것은 핵전쟁을 지켜보며 개인적으로 충격을 느꼈기 때문이라고 한다.

> 여성 과학자로서 나는 절대적인 책임감을 느낀다. 내가 이런 단체에 가입하게 된 것은 과학자들이 너나없이 이러한 문제에 연루되어 있으므

로 학문적인 연대를 통해 과학적 연구를 무기 개발에 사용하지 못하도록 막는 데 힘써야 한다고 믿기 때문이다.[27]

남편과 베르날이 공산당에 가입했을 때에는 호지킨도 가입할 것인가를 놓고 진지하게 고민했다. 하지만 공산당에 가입하고 결의를 할 정도로 이념에 대한 이해가 충분하지 않다고 생각해 결국 가입을 하지는 않았다. 영국 전 수상 마가렛 대처는 화학을 전공한 호지킨의 제자이기도 하다. 호지킨은 강경 정책을 펼치던 대처 수상과 함께 점심 식사를 하며 유화적 외교 정책을 쓰도록 조언하기도 했다. 대처는 총선에 호지킨과의 만남을 정치적으로 활용하기도 했다. 호지킨은 공산주의자들이 포함된 평화를 위한 과학 운동에 참여했다는 이유로 미국 비자를 거절당했다. 그녀는 법무부의 특별 허가를 받아 간신히 미국에서 열리는 화학학회에 참석할 수 있었다. 1990년이 되어서야 호지킨은 미국에 무제한 재입국을 할 수 있는 비자를 발급받았다.

엘리언은 평등주의자라고 불린다. 엘리트 의식을 지니지 않고 유명세를 떨친 뒤에도 항상 변함없이 순수하고 꾸밈없는 모습으로 질병 치료제 연구에 매진했다. 그녀가 가장 행복한 순간은 자신이 개발한 약으로 새 생명을 찾은 사람들로부터 받은 사연을 읽을 때라고 한다. 그녀가 근무하던 회사인 부로스 웰컴은 노벨상 수상자 두 명에게 각각 25만 달러를 수여했는데 엘리언은 자신의 몫을 모교인 헌터 칼리지에 화학과 생화학 분야를 연구하는 여성 과학자를 위한 장학금으로 기부했다.

얄로와 그녀의 공동 연구자 버슨은 자신들이 개발한 방법을 이용하는 특허권 신청을 하지 않았다. 또한 이들의 발명을 이용해 돈을 벌고 있는 회사에서 고문으로 와달라는 요청이 있을 때마다 단호하게 거절했다. 그들이 회사의 요구를 거절한 이유는 단순하다.

> 그 회사의 직원이 되고 나면 나는 더 이상 자유로울 수 없을 겁니다. 그러다 보면 방사선면역검정법을 생산하는 사람들이 그것을 사용하는 정책에 대해 비판도 할 수 없을 테니까요.[28]

얄로는 은퇴 후 과학 운동가가 되어 본격적인 강연으로 사회 봉사를 했다. 그녀는 정부의 육아에 대한 지원 확충과 교과 과정 중 과학 교육의 중요성을 설파했다. 미국의 과학 교육 개선의 필요성을 지적하면서 반과학적 운동에 대한 경고의 메시지를 전하기도 했다.

레비-몬탈치니는 노벨상 수상자 중 자서전을 출간한 유일한 학자이다. 그 책의 제목은 『불완전함에 보내는 찬사』이다. 그녀는 과학자들이 쓴 자서전 수익으로 자선 활동을 하는 알프레드 슬로안 재단이 자신의 자서전을 판매한 수익금을 도움이 필요한 이들에게 쓰도록 허락했다. 그녀는 노벨상 상금의 일부를 유대인교회에 기부하기도 했다. 레비-몬탈치니는 미국 대학에서 은퇴한 후 고국으로 돌아와 로마연구소에서 연구를 계속했다. 또한 이탈리아의 과학자와 과학을 홍보하며 정부의 국정 계획 등 중요한 안건에 영향력을 행사하기도 했다.

프랑수아즈 바레-시누시는 HIV/AIDS 바이러스의 감염 예방 및 치료 방법의 발전을 위하여 기초 연구와 임상 연구 간 영구적 관계를 성립시키기 위하여 지속적인 노력을 해왔다. 2009년 교황이 콘돔을 에이즈 예방에 가장 효과적인 방법이 아니라고 발언하자 공개 서한을 보내 반대 의사를 표시하기도 했다. 그녀가 정치에 참여하는 이유는 다음의 발언에 잘 나타나 있다.

> 과학자마다 자신 있는 분야가 있다. 그것이 정치적인 행동과 관련된 것일지라도 별로 상관없다. 나도 정부가 HIV/AIDS 바이러스와 관련해

> 서는 더 바람직한 결정을 내리도록 압력을 가할 때가 있다. 그것이 내가 가장 잘하는 분야이기 때문이다. 나는 과학적인 증거와 전문적인 지식으로 그들을 더 잘 설득시킬 자신이 있다.[29]

바레-시누시는 자신의 역할에 대해 이렇게 말한다.

> 나에게도 옳은 분야를 선택한 것인지에 대한 회의를 느꼈던 순간이 있었다. 하지만 지금은 아프리카나 아시아 국가에 가서 HIV/AIDS 바이러스에 감염된 채 살아가는 사람들과 교류하는 것만으로도 충분하다. 나에게 있어 가장 큰 동기는 질병으로 인하여 실질적으로 영향 받은 사람들을 도울 수 있다는 사실이다.[30]

그녀는 세계보건기구와 UN에서 HIV/AIDS 자문위원으로 활동했다. 바레-시누시는 "성공을 통해 얻게 되는 돈과 명예보다 인간관계가 인생에 중요한 것"이라고 말한 바 있다.

이스라엘 과학자인 아다 E. 요나트는 하마스에 대해 죄인을 무조건 석방해야 한다는 파격적인 주장을 해 그녀의 진보성을 드러냈다.

> 팔레스타인 인질을 잡아두는 것은 이스라엘과 이스라엘 시민을 해하려는 그들의 동기를 자극하고 강화하는 기능을 한다. 우리가 팔레스타인 인질을 더 이상 억류하고 있지 않는다면 그들도 우리 군인을 납치할 이유가 없어진다.[31]

요나트는 과학자의 사회적 참여에 대해 이렇게 말한다.

과학자들이 과학 정책에 참여할 책임을 가져야 할 필요는 없다. 책임이라고 하면 너무 강제적이고 행정적인 느낌이 든다. 다만 과학자들의 역할은 최선을 다해 과학을 탐구하는 것과 다른 곳에서도 과학을 권장하도록 하는 일이다. 이 말은 다시 말해 만일 자신의 연구 분야와 관련된 정책에 문제가 있다면 어떤 식으로든 참여해야 한다는 것이다. 이러한 활동을 주도하는 힘은 뛰어난 과학이어야 하지만 그렇게 하기 위해 과학 정책 같은 제재가 필요하다면 그렇게 해야 할 것이다.[32]

그녀 또한 마리 퀴리처럼 과학적 발견에 대해 사회가 소유권을 가져야 한다고 생각했다.

과학 연구를 하는 데 있어서 사회로부터 재정적인 지원뿐 아니라 교육의 형태로 많은 지원을 받았다. 새로운 발견은 내가 혼자 한 것이 아니기 때문에 사회에 환원해야 한다.[33]

오스트롬은 저수지, 숲, 지하수, 해양 자원과 같은 공공 자원을 보존하는 방법을 연구해왔다. 공공재를 보존하기 위한 정책을 만드는 사람들은 정책을 결정하기 전에 그 지역의 사람들이 어떻게 공공 자원을 이용하는지 살펴보고 나서 정책을 만들어야 한다고 주장했다. "자원 관리는 인간의 몸만큼이나 복잡하다. 따라서 각각 상황에 따라 다른 접근법이 필요하다." 중앙 정부가 지역의 조건이나 상황을 전혀 고려하지 않은 규제 법안을 만들어 시행할 때 예기치 못한 부작용이 발생한다는 것이다. 예를 들어 지구 온난화라는 문제를 해결하기 위해서는 개발도상국처럼 특히 심각한 환경오염 문제가 있는 지역에 긍정적으로 영향을 끼칠 수 있는 비영리단체NGO를 활성화시켜서 해결해야 한다고 주장한다. 이러한 연구를 통해 그녀는 UN과 세계은행World Bank의 개발과 자원 보존 분야에서 활발한 자문 활동을 했다.

오스트롬은 인디애나대학교에 워크숍을 설립한 후 다양한 분야에서 성공적인 연구 성과를 냈다. 이후 듀크대학교와 하버드대학교 등에서 그녀에게 매력적인 제안을 해왔다. 하지만 그녀는 모두 거절했다. 2010년 8월 그녀와의 인터뷰에서 왜 더 좋은 대학으로 옮겨가지 않았는지 물었다. 그녀의 답은 다음과 같았다.

> 워크숍의 주인은 내가 아닙니다. 그곳을 구성하는 구성원들 하나하나의 이해와 노력에 의해 워크숍은 만들어졌습니다. 그곳은 그들에게는 삶의 터전이자 공동의 노력의 결과입니다. 내 마음대로 쉽게 옮길 수 있는 것이 아닙니다.

엘리자베스 블랙번은 자신의 가치관을 부모로부터 물려받았다고 인터뷰에서 밝혔다.

> 부모님은 두 분 다 내과 의사였습니다. 나는 부모님으로부터 인류에 봉사하라는 정신을 이어받았습니다. 직접 말로 하신 것은 아니었지만 눈으로 보고 느낄 수 있었습니다. 사회를 위해 무언가를 해야 한다는 정신을 물려받았고 특히 많은 시간을 할애해서 환자들과 대화하는 어머니의 모습에서 큰 영향을 받았습니다. 물론 의사로서 할 수 없는 일들도 있었지만 어머니는 그 자체만으로도 환자에게 의미가 있다고 하셨습니다. 나는 부모님을 통해 의학이 무엇인지 알게 되었고 또한 내 길이 아니라는 것도 알았습니다. 내가 하고 싶은 것은 과학이라는 것을 알게 되었습니다.[34]

블랙번은 부시 행정부 당시 줄기 세포 복제에 대해 엄격한 윤리적 규제를 적용하는 법안에 반대하다 2004년 자문위원단에서 해임당했다. 정부로부터 재정 지원도 중단당했다. 그 후에도 그녀는 연구 지원을 위한 시위에 참여하여 시위를 지지하는 활동을 지속했다. 그녀는 더 많은 사람에게 혜택을 제공하기 위해 순수학문을 응용과학으로 발전시키는 데에 많은 노력을 기울였다. 블랙번은 과학자는 사회적 책임을 가지고 과학적 지식을 공유하고 젊은 과학자 양성에 힘써야 한다고 주장한다. 그리고 자신의 과학적 발견은 납세자의 지원으로 가능했기 때문에 그것을 이용해 회사를 설립하거나 개인의 금전적인 이득을 취할 수는 없다는 입장을 견지했다.

우젠슝은 매력적인 겉모습과 수수한 행동 뒤에 얕잡을 수 없이 이성적이고 곧은 성품이 있다는 평가를 받았다. 그녀는 절대 거짓말을 하지 않는다고 가까운 친구는 증언한다. 프랭클린은 삼촌으로부터 후원금을 받았지만 사회주의자로 매우 검소한 생활을 했다.

리제 마이트너는 1945년 공동 연구자였던 독일의 오토 한Otto Hahn이 핵분열을 발견한 공로로 노벨화학상을 수상했으나 불평하지 않았다. 그녀는 유대인 탄압을 피해 스웨덴 망명 중에도 오토 한과 연구와 관련해 지속적으로 서신 교환을 했다. 하지만 오토 한은 마이트너의 이름을 언급하는 것을 꺼렸다. 그녀는 한이 자신과 함께 한 30년의 연구 기간을 인정하지 않는 것에 상처를 받았지만 한과의 관계를 지속했다. 레비-몬탈치니의 공동 연구자였던 햄버거는 레비-몬탈치니가 단독 노벨상을 수상한 후 기자회견에서 햄버거가 기여한 바가 없다는 이야기를 하자 그녀와의 관계를 단절했던 것과는 대조적이다. 그러나 마이트너는 한에게 보낸 편지에서 독일의 제2차 세계대전 당시의 행위와 이를 침묵한 지식인들에 대해 공개 사과를 요구했다. 마이트너는 또한 히로시마 원자폭탄 투하와 관련해서 독일이 책임을 인정하지 않고 있다며 비난한 바 있다.

마이트너의 조부모는 유대인이었다. 그러나 진보적으로 자유주의를 신봉하던 아버지는 개신교 교리에 따라 마이트너를 교육시켰다. 변호사였던 아버지는 불가지론자로서 자녀들 모두 과학을 배우도록 독려했다. 마이트너가 결혼하는 대신 공부를 하겠다고 하자 후원금을 주며 그녀를 지원해주었다. 버넬의 부모는 퀘이커 교도였다. 퀘이커 교도 중에 유독 과학자가 많은데 그 이유는 다른 보수적인 종교와는 달리 과학적 지식과 사회적 정의를 강조하기 때문이다.

여성들의 이러한 도덕성과 진보 의식은 운동으로 표출되거나 일상 속에서 소수자를 배려하고 차별을 철폐하는 실천으로 나타났다. 사회주의 운동, 식민지 반대 운동, 팔레스타인 점유 반대 등 기존 주류와는 대치되는 소신 발언과 운동으로 이어졌다. 이는 여성 과학자들이 오랜 차별과 사회적 불의를 경험하면서 자연스럽게 정의감과 도덕성을 체득했기 때문인 것으로 보인다. 가령 오스트롬은 개신교회에 다녔지만 유대인 아버지로 인해 친구들로부터 따돌림을 당했다. 이런 경험으로 인해 그녀는 주류에 속하지 않은 사람들에 대한 동정심이 생기게 되었다고 한다. 그녀가 대학원 진학 전에 잠시 회사에서 인사 업무를 담당할 때에는 다양한 인종의 종업원을 채용하기도 했다. 교수 시절에는 외국인 유학생에게 특별히 다양한 기회를 제공했다. 필자는 그런 혜택을 받은 수혜자이기도 하다.

과학은 분명히 권력이다. 여성은 감히 그 권력을 넘보는 자리에 올라설 수 없었다. 하지만 일단 그들이 온갖 역경을 딛고 과학적 성취를 이뤄냈을 때에는 기득권도 그들에게 권력을 나눠주지 않을 수 없었다. 객관성이라는 바로 과학의 그 성격 때문이다. 소수자의 입장에서 권력을 획득하게 된 여성은 그 권력을 다른 소수자와 나누는 데 인색하지 않았다.

옛말에 '독한 시어머니를 모신 며느리가 더 독한 시어머니가 된다'고 했지만 여성 과학자는 달랐다. 뛰어난 여성 과학자는 자신이 받았던 차별을 다른 사람이 경험하지 않도록 철폐하는 데 앞장섰다. 그들은 자신들이 받은 것보다 더 큰 배려를 사회에 돌려주었다.

여성 과학자의 개인 리더십 역량

세계적인 여성 과학자 연구를 하다 보니 개인 리더십 역량에서 많은 공통점이 발견된다. 첫 번째 발견되는 공통점은 과학에 대한 호기심과 몰입이다. 이는 한국의 남녀 과학자에서도 발견되는 공통점이다. 모든 학문의 시작은 호기심에서 비롯되지만 특히 과학자들에게는 자연과 사물에 대한 끝없는 호기심과 탐구심이 있었다. 자신이 호기심을 갖는 연구 문제를 다루다 보니 자연히 연구에 몰입할 수 있었던 것 같다.

요나트는 호기심이 많아 연료의 일종인 케로신을 이용한 실험을 하다 집에 불을 내기도 했다. 발코니의 높이를 측정하려다 떨어져 팔에 골절상을 입기도 했다. 엘리자베스 블랙번도 자신을 '호기심이 많고 동물을 좋아한다'고 소개한다. 여성 과학자들은 넘치는 호기심으로 끊임없이 지적 탐구를 하며 자신이 원하는 분야에 푹 빠졌다. 그래서인지 이들이 후배에게 전하고 싶은 조언은 한결같이 '자신이 가장 좋아하는 분야를 발견하고 거기에서 연구 주제를 찾으라'는 것이다. 그래야 몰입이 가능하기 때문이란다.

린다 벅은 후각인식구조의 기념비적 문제에 푹 빠진 나머지 하루에 열두 시간에서 열다섯 시간씩 연구를 했다. 자신의 이러한 경험 때문인지 제자들에게도 본인을 매혹시킬 만한 연구 주제를 찾아야 한다고 강조한다. 일단 그런 분야를 발견하게 되면 일을 하면서 기쁨을 느낄 수 있을 뿐 아니라 엄청난 발견을 할 수도 있게 된다는 것이다. 오스트롬도 후배들에게 한마디 해달라고 부탁하자 "자신이 정말로 하고 싶은 연구 문제를 잡아서 지속적으로 추구하는 것이 가장 중요하다"고 말한다. 오스트롬은 몇십 년 전 박사 과정 당시에 연구했던 논문 주제를 아직도 연구하고 있다.

둘째, 여성 과학자들의 특징은 인내심과 독립심에 있다. 그들은 어려움을 오래 견딘다는 점에서 공통적이다. 외유내강형인지, 외강내강형인지의 차이가 있을 뿐, 이들은 한결같이 고집스럽고 강인했다. 이들이 이렇게 강인할 수 있었던 것은 남에게 쉽게 휘둘리지 않는 독립심이 있었기 때문이다. 특히 1, 2 세대의 여성 과학자들에게는 대학에 가는 것부터가 모험이었고 도전이었다.

이들은 그러한 차별과 역경을 극복했을 뿐만 아니라 졸업 후 일자리가 없어 무급 연구원으로 일하면서도 연구를 포기하지 않았다. 당시 미국의 대다수 대학은 연고자 취업nepotism을 금하는 규정이 있어 남편이 교수일 경우 부인은 같은 학교에 교수로 취업할 수 없었다.[35] 이들 여성 과학자들은 언제 취업을 하게 될지 희망이 없는 막막한 상황에서도 연구를 포기하지 않았다. 이들은 남편의 조수로 혹은 무급 연구원으로 십수 년씩 연구를 지속하다 결국 정식 교수가 되기에 이른다.

마리 퀴리는 외국인 여성에 대한 차별적 인식이 존재하는 프랑스에서 변변한 일자리도 없이 연구에만 몰두했다. 그나마 그녀가 연구를 계속할 수 있었던 것은 1904년 피에르 퀴리가 파리대학교에서 물리학 교수로 일하기 시작했기 때문이다. 피에르 퀴리는 세 명의 조수가 딸린 개인 실험실을 얻게 되었는데 아내를 실험실장으로 고용했다. 마리 퀴리는 남편이 갑작스런 사고로 세상을 떠나자 적지 않은 연금을 받아 편안한 삶을 살 수 있었다. 하지만 그녀는 이를 거절하고 대학에서 가르칠 기회를 요구한다. 창조적인 열정으로 꿋꿋하게 연구에 몰두한 결과 마리 퀴리는 홀로 노벨상을 다시 수상할 수 있었다. 이레네 퀴리도 자신의 성공 요인은 끈기와 과학에 대한 믿음에 있다고 말한다.

맥클린톡도 40세가 돼서야 자리를 잡은 '콜드스프링하버연구소'에서 보수도 받지 않고 홀로 옥수수 유전학 연구를 계속하다가 6년 만인 1951년 '전이인자transposable element'를 발견하는 성과를 얻었다. 1951년 심포지엄에서 연구 성과를 발표했으나 학계에서 부정적인 반응을 얻었다. 1956년에도 다시 비슷한 결과를 얻자 그녀는 스스로를 유배시키고 다른 학자와의 교류를 단절한다. 그녀가 세상으로부터 인정받게 되기까지는 수십 년의 세월이 필요했다. 그녀의 성공 비결 또한 은근과 끈기, 주변의 시선이나 평가에 굴하지 않는 의지에 있었다.

게르티 코리도 성공의 비결이 끈기에 있다고 말한다. 코리는 임신 후에도 출산할 때까지 연구에 몰입했다. 그녀는 남편의 실험 연구원으로 연구를 시작했다. 이미 생화학계에서는 중요한 존재였음에도 불구하고 그녀는 남편의 조수로 머물러야 했다. 16년간 연구소 조교 업무를 한 후에야 그녀는 조교수로 임용되었다. 1946년 칼이 생화학 과장이 된 뒤 1947년에야 그녀를 정교수로 승진시켜주었다. 그녀는 암울한 가운데에서도 연구를 포기하지 않았다. 록펠러재단에 제출했던 남편과의 공동 연구 보고서에는 누군가에 의해 게르티 코리의 이름이 삭제되기도 했다. 반면, 남편인 칼 코리는 런던왕립협회 회원에 선출되고 앨버트 라스커 기초의학연구상도 수상했다. 게르티는 노벨상 수상 뒤에도 남편의 업적일 것이라며 좋은 평가를 받지 못했다. 하지만 그녀는 이에 굴하지 않고 연구를 지속했다.

괴페르트-마이어는 연구를 할 수 있는 교수직을 찾기 위해 노력했으나 여성에 대한 차별, 대공황 등으로 어려움을 겪었다. 연고자 취업을 금지하는 교칙 때문에 남편이 근무하는 학교에 일자리를 얻을 수 없었다. 그녀는 연구실도 없어 존스홉킨스대학교의 다락방에서 연구를 계속했다. 여성으로서 기회를 얻지 못해 좌절할 만한 순간에도 그녀는 대중의 생각에 많이 앞서가면 안 된다는 것을 인식하고 서두르지 않았다. 획기적인 연구 성과를 얻은 지 10년 만에 겨우 정규직 대학 교수가 되었으나 그녀는 건강 상태가 악화되어 더 이상 연구에 몰입할 수 없었다.

레비-몬탈치니도 이탈리아 무솔리니 치하에서 유대인 인종 차별에 직면해 가족의 지명수배, 생명의 위협 등으로 어려움을 겪었다. 그녀는 포기하지 않고 다락방에 실험실을 차려놓고 연구를 지속했다. 그 후에 유대인에 대한 탄압은 점점 심해져 결국 어느 한적한 시골 마을로 피신할 수밖에 없었다. 그러나 연구에 대한 그녀의 의지는 너무 커 시골로 피신한 후에도 침실에 실험실을 꾸미고 연구를 지속했다.

엘리언은 조지 히칭스George H. Hichings 박사의 연구 조교로 공동 연구를 진행할 기회를 얻었다. 그녀는 23년간 히칭스의 충실한 부하직원으로 연구에 몰두했다. 그러나 혼자만의 능력을 보일 기회를 얻자 이를 놓치지 않고 실력을 인정받았다. 그녀는 늘 실수로부터 새로운 것을 배우려고 노력했다.

호지킨은 1934년 류마티즘성 관절염으로 치료법이 없어 손과 발이 불구가 되어갔지만 낙담하지 않았다. 여성에 대한 차별로 인해 화학 클럽 가입을 거절당했어도 굴하지 않았다. 그녀는 옥스퍼드 소머빌에서 박사 연구를 하는 중에 주말마다 케임브리지에 있는 동료 베르날의 실험실을 방문하며 학문적 교류를 이어갔다.

얄로는 유대인 차별로 인하여 직업을 찾는 데 더 큰 어려움을 겪었다. 우여곡절 끝에 결국 연구 파트너인 의학박사 솔로몬 버슨Solomon A. Berson을 만나 연구에 몰입할 수 있었다. 버슨이 연구 발표를 주도했고 그녀는 버슨을 보조하는 조교와 같은 역할에 머물러야 했다. 물리학자로서 의학을 연구했기에 학계로부터 인정받기 위해 더 많은 노력을 해야 했다. 그러다 연구 파트너인 의학박사 버슨의 갑작스런 사망으로 그녀는 좌절하게 된다. 주위에서는 그때까지의 연구 성과가 버슨의 것이라고 생각하여 얄로의 실력을 의심했다. 그러나 그녀는 혼자 노벨의학상을 수상함으로써 결국 자신의 능력에 의해 얻어진 연구 성과임을 증명한다.

뉘슬라인-폴하르트는 스위스 바젤에 있는 발터 게링Walter Gehring 교수의 연구소에서 일할 때 동료로부터 무시당한 경험이 있다. 분자생물학에서 발생생물학으로 연구 주제를 바꾼 초보자였기 때문이다. 동료들은 당시에 한창 주목받던 새로운 기술을 받아들였지만 그녀는 홀로 고전기술을 고집했다. 그녀는 함께 연구할 사람을 찾을 수도 없었다. 하지만 그녀는 분자생물학 대신 유전학으로 태생적 발달을 설명할 수 있다는 믿음을 가지고 홀로 연구를 진행하여 마침내 결실을 이뤘다. 그녀의 이러한 태도는 어릴 적 어머니의 가르침에서 유래된다. 어머니는 자녀들이 독립적으로 살아가는 것을 강조했고, 스스로 옷을 꿰매 입을 수 있도록 바느질까지도 가르쳤다. 이러한 가르침 덕분에 그녀는 지치지 않고 자율적, 독립적으로 자신이 관심을 가지는 학문 영역을 탐색하게 되었다고 말한다.

블랙번 또한 거절과 실망감에 대해 강하고 담대하게 대응하는 것이 성공 비결이라고 말한다. 그녀는 여성으로서 직업이나 진로를 선택하는 데 제한을 두지 않도록 엄마로부터 교육받은 것이 그녀가 성공하는 데 도움이 되었다고 말한다. 그녀는 대학 진로 선택 당시 친하게 지내던 또래 친구들로부터 지지를 받지 못했지만 그런 것에 휘둘려 자신의 신념이나 목표를 바꾸지는 않았다. 어른을 공경하고 순종적으로 따랐으나, 강한 자의식을 가지고 자신이 원하는 것을 하곤 했다. 겉으로 표현하지는 않았지만 자신의 의지에 어긋나는 충고에는 결코 동의하지 않았다고 한다.

그레이더는 초등학교 1학년 때 어머니가 돌아가셨다. 그녀는 학교에 다니고 학습하는 것을 혼자 해왔다. 초등학교는 걸어 다녔고 고등학교는 자전거를 타고 다녔다. 교수가 되어 동부에 와서 부모가 아이들을 차로 학교에 데려다 주는 것을 처음 보게 되었을 정도였다.

요나트는 어려운 환경 속에서도 부모의 교육에 대한 열의가 있었기에 자신의 꿈을 키워 나갈 수 있었다. 그녀는 좋은 결과를 내기 어려운 이론적인 주제를 연구했다. 엘리샤 텔오르 히브리대학교 교수는 1970년대 그녀의 연구를 회상하며 "당시 요나트 박사의 연구는 작은 보트를 타고 대양을 건너겠다는 것과 같은 무모한 시도처럼 보였다"[36]고 말했다. '시골 촌뜨기' 취급을 받으며 동료들의 의심과 비웃음을 샀지만 굴하지 않았다. 1970년대 후반부터 수만 번의 시행착오를 겪으면서도 15년가량 크리스탈 결정체에 대한 연구를 계속해왔다. 결국 요나트의 연구에 흥미를 가진 두 사람의 과학자가 합류하여 공동 연구를 한 끝에 좋은 결과를 얻어냈다.

엘리너 오스트롬은 정치학자로서 오래전부터 학문의 통섭을 주도하고 실천해왔다. 그녀의 경제학에 대한 인식과 이론이 뛰어남에도 불구하고 남성 중심의 시카고학파 주류에서 제외되어 인정받지 못했다. 남편과 함께 연구를 한 여느 과학자와 마찬가지로 그녀의 연구 실적을 남편의 것으로 여기는 사람들이 많았다. 인기가 없는 정책 연구를 주로 해왔기에 여성으로서 일자리를 찾기도 어려웠다. 그녀는 주변의 평가와 시선에 개의치 않고 자신의 연구와 강의에만 몰두해왔다. 그녀는 첫 남편이 대학원 진학을 반대하자 과감하게 이혼을 선택하고 대학원에 진학한다. 그녀는 대공황 때 절약하는 삶으로부터 열심히 노력하며 독립적으로 생활하는 것을 배웠다고 한다.

캐롤 그레이더는 난독증으로 어려서부터 글을 읽는 데 어려움이 있었다. 남들보다 일하는 속도가 느려 박사 후 과정에서 받아주는 곳이 없었다. 그녀를 유일하게 받아주었던 블랙번과 일하게 되면서 결국 끈질긴 연구 끝에 큰 성과를 얻게 되었다.

에미 뇌터는 괴팅겐에서 교수 임용을 받기 위해 4년간 3번 시도했다. 1908년 프로이센법이 여성에 대하여 불평등하여 그녀는 임금도 받지 못하고 강의를 했다. 그나마도 자신의 이름을 걸고 한 것이 아니라 데이비드 힐베르트David Hilbert의 이름을 걸고 강의 조교로 대신 강의를 한 것이었다. 그녀는 과학원에서 입회를 거부당해 논문 출판도 어려웠다. 이후에 합법적으로 강의가 가능해졌지만 괴팅겐에서 주는 월급으로는 생활하기도 어려웠다. 복지혜택도 받을 수 없었다. 그녀가 간신히 독일에 자리를 잡고 나자 히틀러의 나치즘이 휩쓸었다. 히틀러의 선전을 담당했던 조세프 괴벨스Josef Goebbels는 '여성의 목적은 아름다워지는 것과 이 땅에 아이들을 낳는 것'이라고 했다. 유대인 혈통을 지닌 뇌터는 괴팅겐에서 해고되었다. 미국으로 건너온 뇌터는 필라델피아 교외의 작은 여자대학인 브린마워 칼리지에 정착했다. 그곳에는 뇌터의 수학적 지식과 교육을 따라갈 만한 학생이 드물었다. 하지만 뇌터는 영어를 잘하지 못했고 유대인으로서 일자리를 찾기가 어려웠다. 결국 그녀는 수술 후 합병증으로 53세의 나이로 목숨을 잃었다.

우젠슝은 미국에 유학 오자마자 일본의 난징 침략으로 가족과 연락이 두절되었다. 그녀가 과학자로 성공하여 조국의 땅을 밟았을 때에는 아버지는 이미 이 세상 사람이 아니었다. 버클리 대학원에 입학한 첫해가 지난 뒤, 우젠슝과 훗날 그녀의 남편이 된 위안자류가 연구비 지원 대상으로 추천되었으나 당시 만연해 있던 중국인 차별로 이를 받지 못했다. 때문에 우젠슝은 시험지를 채점하며 생활비를 충당해야 했다.

이처럼 여성 과학자의 공통점은 독립적으로 자신의 일을 해결했으며 어떠한 어려움에도 굴하지 않는 끈기와 인내심을 가졌다는 것이다. 바레-시누시는 "과학자에게 필요한 것은 인내력"이라고 단적으로 표현한다. 이는 남성 과학자의 경우에도 크게 다르지 않을 것이다.

셋째, 이들의 또 다른 공통점은 모험심이 강하다는 것이다. 종종 내/외향적 성격은 소극성/적극성과도 관련이 있는 것으로 이해되지만 반드시 그렇지만은 않다. 일부 과학자는 비록 내성적이기는 하지만 때로는 대담하게 모험을 시도하기도 했다. 내성적이라고 해서 적극적 일의 추진이나 독한 면이 없다고 간주하는 것은 맞지 않는다.

가령 마리 퀴리는 조국을 떠나 낯선 땅 프랑스에 유학 와서 공부를 하게 된다. 이레네 퀴리의 경우는 수줍어하고 낯선 사람을 경계했지만 필요한 경우에는 과감한 모험을 택해 주위를 놀라게 했다. 그녀는 1936년에 넉 달 동안 앙드레 레옹 블룸Andre Léon Blum이 이끄는 국민전선 정부의 차관직을 맡기도 했다.

엘리언도 필요한 경우 회사를 과감히 옮겼다. 박사를 포기하고 일을 택하기도 했다. 정열적이고 당당했던 이탈리아 출신 레비-몬탈치니는 논문으로만 알고 지내던 미국인 빅터 햄버거Viktor Hamburger의 초청으로 혈혈단신 고국을 떠나 미국으로 건너갔다. 그녀는 전쟁 중에도 시골에 숨어 지내며 새로운 실험을 시작하고 도전했다.

린다 벅은 호기심이 많았으나 쉽게 질리는 편이라고 스스로를 평한다. 그 대신 모험을 즐겼다. 블랙번은 대학원 연구생 시절까지도 조용하고 순종적인 성격이었으나 자신이 가진 과학적 지식을 이용하여 대담하게 발언하는 면을 보이기도 했다. 부시 행정부 시절 대통령 과학자문회의 위원으로 활동할 때, 줄기세포 복제를 금지하는 대통령에 맞서 자신의 소신을 굽히지 않다가 해임을 당한 것이다. 캐롤 그레이더 또한 다른 사람같이 평범한 것을 원치 않았다. 그녀는 남에게 쉽게 압도되지 않고 정밀함과 모험심을 가지고 일하는 경향이 있다고 스스로를 평한다.

넷째, 최근까지도 건강을 관리하고 지키는 역량을 리더십 역량 중 하나로 언급하는 사람은 거의 없다. 건강은 당연히 주어지는 것으로 간주하기 때문이다. 그러나 과학자에게 있어서 특히 여성 과학자의 리더십에 있어서 건강은 매우 중요한 요인이다. '재산을 잃으면 조금 잃는 것이요. 명예를 잃으면 더 많이 잃는 것이요. 건강을 잃으면 모든 것을 잃는 것이다'라는 말이 있다. 실제로 리더십 코칭을 하다 보면 건강과 관련한 코칭이 50% 이상 차지하고 있음을 발견한다. '건강한 신체에 건강한 정신이 깃든다'라는 말이 있듯이 신체가 건강하지 않은 사람은 고도의 집중력을 요하는 연구를 수행하기가 어렵다. 스트레스 관리가 되지 않는 사람은 자연히 감정을 조절하지 못해 대인 관계에서 짜증을 내거나 폭발하게 된다.

뛰어난 업적을 냈던 마리 퀴리는 실험실 환경이 열악한 가운데 연구를 하느라 평생 병마와 싸워야 했다. 라듐에 노출된 것이 치명적인 영향을 미쳤을 것이다. 그녀는 눈 수술만도 네 번이나 받았다. 평생 류머티즘과 근육통에 시달렸고 늘 감기에 걸린 상태에다 피로와 귀에서 소리가 들리는 환청과 싸워야 했다. 연구에 지쳐서 첫 노벨상을 받으러 여행을 할 수도 없을 만큼 건강이 좋지 않았다. 마리 퀴리는 끊임없이 염증, 관절통, 피로, 불면증과 우울증에 시달렸다. 심지어는 유산까지 했다. 마리 퀴리는 건강을 위해 야외 활동이나 운동을 열심히 했다.

그러나 피에르 퀴리의 친구인 과학자 조르주 사냑Georges Sagnac이 피에르에게 보낸 편지에 따르면 먹는 데에 너무 신경을 쓰지 않았던 것으로 드러난다.

> 너는, 아니 너희 부부 모두 거의 먹는 게 없는 것 같다. 내가 부인을 몇 번 봤지. 퀴리 부인은 소시지 두 조각을 조금씩 씹으면서 차 한 잔을 마시더라. …… 그녀가 스스로 무관심하고 고집을 부린다고 네가 변명거리로 삼을 수는 없지. …… 그녀는 마치 어린아이처럼 지금 현재만 있는 듯 행동하고 있어. …… 지금처럼 일상사의 매 순간을 과학에만 몰두해서 지낼 필요는 없어. …… 먹을 때만큼은 물리학에 대해 읽거나 이야기를 나누면 안 돼.[37]

퀴리 부부는 이 경고를 귀담아 듣지 않았다. 제대로 먹지도 않고 열악한 환경에서 연구에 몰두하다 건강을 많이 상해 마리 퀴리는 66세라는 비교적 젊은 나이에 눈을 감았다.

이레네는 결핵에 걸려서 건강에 각별히 신경을 썼음에도 불구하고 늘 병마에 시달렸다. 마리 퀴리는 이레네의 건강을 염려하여 각종 운동을 시켰다. 전쟁 후 마리 퀴리가 세운 라듐연구소의 조수가 된 뒤에도 이레네는 운동을 즐겼다. 결핵 때문에 산으로 요양을 떠나기도 했던 그녀는 10대 때 엑스레이 촬영으로 방사능에 노출된 때문인지 58세의 나이에 급성 출혈성 백혈병으로 사망했다. 이레네도 그녀의 어머니처럼 비교적 일찍 세상을 떠난 것이다.

게르티 코리는 노벨상 수상 후 10년간 특발성 골수형성장애, 신장장애로 투병하다 61세의 나이로 사망했다. 괴페르트-마이어는 수상 이후 안정된 정교수가 되었지만 병고로 더 이상 연구를 수행할 수 없었다. 그녀는 전쟁 중 건강이 악화되었지만 줄담배와 폭음을 하며 연구를 계속했다. 결국 그녀는 65세에 폐색전으로 사망했다. 노벨상 수상을 놓친 프랭클린과 뇌터의 경우도 건강하게 오래 살았더라면 결과가 달라졌을지 모른다. 뇌터는 난소종양 제거 수술 후 합병증으로 53세에 사망했다. 프랭클린은 37세의 나이에 난소암으로 사망했다.

맥클린톡과 레비-몬탈치니, 오스트롬은 각각 81세, 77세, 76세에 노벨상을 받았다. 이들은 건강하게 장수를 누렸기에 노벨상의 영예도 안을 수 있었다. 엘리언과 요나트도 70세에 노벨상을 수상했다. 남성 노벨상 수상자의 수상 당시 평균 연령은 여성보다 10살 정도 높게 나타난다. 앞에서 살펴보았듯이 대부분의 여성 과학자는 자연과 벗하며 건강을 지키기 위해 각별한 노력을 기울였다. 그럼에도 불구하고 적지 않은 수의 과학자가 일찍 세상을 떠났다. 연구자가 건강을 잃으면 그동안 쌓아올린 연구가 중단된다. 건강과 일의 균형을 지키는 역량은 남성 과학자에게는 물론이고 여성 과학자에게 보다 중요한 리더십 요인임이 분명하다. 이에 필자는 일과 건강 사이에서 균형을 지키는 역량을 개인 리더십의 역량 중 하나로 추가했다.

끝으로 어떤 영역에서든 성공한 사람에게 반드시 필요한 것은 자신감이다. 그러나 여성 과학자에게 있어서 자신감은 적어도 겉으로는 그리 확고하게 발견되지 않는다. 물론 얄로나 뇌터처럼 거침없고 적극적인 여성들도 몇 있었지만 대부분의 여성 과학자는 겸손하고 자신을 드러내는 데 익숙하지 않았다. 스스로를 공격적이라 눈에 잘 띈다고 평했던 얄로조차 자존심을 내세우지는 않았다. 그녀는 공동 연구자였던 솔로몬 버슨과의 관계를 이렇게 표현했다.

> 나는 내가 솔로몬의 뜻을 따랐듯이 사람들의 뜻을 따랐다. 그들은 나보다 나아야만 했다…… 솔로몬을 앞자리에 세우는 것은 아무렇지도 않았다. 그는 어디서든 일등이 될 만한 사람이었으니까. 그는 자신이 하는 일에서는 언제나 인도자였다. 만약 내가 그의 뜻을 따르지 않았더라면 아마 그는 졸도하려고 했을 것이다. 그리고 그렇게 했다고 해서 현실적으

로 잃을 것은 없었다.[38]

엘리언은 공동 연구자인 히칭스와 논문을 제출할 때, 늘 팀으로 여기고 '우리'를 사용했으나 히칭스는 '나'라고 썼다고 한다. 여기에서 남녀의 차이를 엿볼 수 있다. 여성은 자신을 내세우는 데 서투르다. 뉘슬라인-폴하르트는 동료로부터 '강하고 자신감 있고 위엄이 넘치는 사람'이라고 인정을 받았지만 정작 본인은 자신감이 없다고 고백한다. 마이트너도 소극적이고 내향적인 성격으로 대중 앞에 나서기를 꺼려했다. 공동 연구를 발표하는 역할은 공동 연구자인 오토 한에게 맡겨졌다. 버넬은 자신이 노벨상 수상으로부터 제외되었을 때, "만약 노벨상이 연구대학원생에게 주어진다면 아주 특별한 예외가 아닌 한 노벨상의 품위를 떨어뜨리는 것"이라며 겸손을 표했다.[39]

활달하고 사교적인 오스트롬은 스스로 리더십의 장점과 단점을 어떻게 평가하느냐는 질문에 "나는 리더가 아니다. 단지 참여자일 뿐이다"며 끝까지 리더십에 대한 답변을 거절했다. 이는 한국의 여성 과학자에게서도 공통적으로 발견되는 현상이다. 자신감이 팽배한 남성 과학자와는 달리 상당수의 여성 과학자는 자신감을 겉으로 드러내지 않는 경향이 있다. 노벨상 수상자의 경우, 강인하고 독립적인 성격과는 별개로 연구 조수의 역할을 오래 해서 그런지 자신을 낮추고 겸손하게 행동하는 데 익숙해져 있었다. 이는 남성 중심적인 과학계에서 살아남기 위한 생존 본능인지도 모른다. 실제로 자신만만했던 얄로나 레비-몬탈치니는 대인 관계에서 어려움을 겪거나 주위로부터 좋지 않은 평을 듣기도 했다. 2003년 한국을 방문한 조슬린 버넬 역시 〈여성 천문학자를 기리며〉라는 주제의 강연회에서 뛰어난 여성 천문학자 캐롤라인 허셜Caroline Lucretia Herschel의 삶을 소개하며 그녀가 모든 연구 결과의 공을 오빠인 윌리엄

허셜William Herschel에게 돌릴 수밖에 없었던 이유는 "이것이 당시 여성이 과학을 공부할 수 있는 유일한 방법이었을 것"이라며 남성 중심적인 과학계 풍토를 이야기했다.[40]

결론적으로 여성 과학자에게 공통적으로 발견되는 특징은 호기심과 몰입, 인내력과 독립심, 모험심이라고 할 수 있다. 그리고 건강을 지키기 위해 많은 노력을 기울였으나 건강을 지킨 과학자도 있고 그렇지 못한 과학자도 많았다. 여성 과학자의 경우 자신감보다는 겸손함이 특징이었다. 앞의 세 가지 개인 리더십 요인은 한국 남성 과학자 연구에서도 공통적으로 발견되는 것이다. 하지만 남성 과학자가 강한 자신감을 보이고 자신을 드러내는 데 익숙한 것과 달리 여성은 자신감보다는 겸손함이 앞섰다.

여성 과학자의 업무 수행 리더십 역량

여성 과학자가 세계적으로 인정받기 위해서는 세계 최초의 중요한 발견을 담은 연구 성과를 보여주어야 한다. 이 책에서 연구 대상으로 삼고 있는 21명은 그러한 업적을 냈다는 점에서 업무 수행 역량을 이미 증명한 바 있다. 이들이 뛰어난 과업 수행 역량을 발휘한 데에는 이들의 개인 리더십 역량이 큰 기여를 했을 것이다. 호기심과 몰입, 인내력과 독립심, 모험심 등이 과학적 연구 성과를 얻는 토대가 되었으리라 생각한다. 그렇다면 업무 수행에 직접적으로 영향을 미치는 역량은 무엇일까?

첫째, 과학 분야에서 뛰어난 업무를 수행하기 위해 필요한 것은 분야에 대한 깊이 있는 전문성이다. 일 때문에 박사학위를 포기한 엘리언을 제외하고 이 연구에 포함된 20인의 여성은 모두 박사학위를 받았다. 대부분 박사 후 과정도 밟았다. 또한 노벨상을 수상하기 전, 자신의 분야에서 수십 년의 연구 경험을 쌓았다. 과학 분야에서 업적을 내기 위해서는 높은 수준의 전문성이 필요하다.

둘째, 뛰어난 연구 및 업무 수행에 필요한 역량은 추진력이었다. 마리 퀴리는 내성적이었지만 자신이 결심한 일은 투지를 가지고 밀고 나가 반드시 이루어냈다. 러시아 지배하에 있던 폴란드에서 그녀는 지식인 운동을 통해 저항을 멈추지 않았다. 그녀는 가정교사로 있으면서 고등학교를 마쳤는데 그 기간에도 노동자에게 강연을 하거나 폴란드어 도서관을 마련하는 등 사회 봉사를 소홀히 하지 않았다. 어려운 환경에서도 학업에 대한 열망을 포기하지 않고 끝내 이뤄냈다.

마리 퀴리는 언어 장벽을 뛰어넘고 파리 소르본대학교를 수석 졸업했다. 라듐 발견에 의문을 제기하는 과학자들에게 자신의 발견을 입증하기 위해 4년간 라듐 염화물 추출에 전념하여 2번째 노벨상을 수상했다. 남편을 잃고 나서는 동료와의 염문설이 매스컴을 달구며 위기에 처하기도 했다. 일부에서는 '프랑스 여성의 남편을 빼어간 폴란드 여자'라고 매도했다. 그녀는 동료와의 관계를 단절한 채 일체 개의치 않고 연구에 몰두해 소문이 가라앉기를 기다렸다. 그녀는 미국 원정을 통해 후원금을 모금해 파리뿐만 아니라 폴란드에 라듐연구소를 설립해 두 조국의 과학 발전에 기여했다.

괴페르트-마이어는 조용하고 수줍음이 많았지만 추진력이 있는 과학자였다. 언행은 겸손했으나 경쟁심은 강했다고 한다. 얄로 또한 강렬한 의지와 목표를 향해 돌진하는 성취욕과 관철력이 대단했다고 한다. 얄로는 진취적이며 공격적이었다고 주위 사람들은 평한다. 그녀는 고상한 관습에 대한 존경심이 부족하여 괴팍하다는 평을 얻었지만 철저한 자기 관리와 추진력으로 유명하다. 오스트롬도 한 번 목표한 일은 꼭 이룬다는 평을 얻을 정도로 추진력이 강했다.

뉘슬라인-폴하르트는 실용적이며 연구를 어떤 방식으로 진행할 것인지 확실한 계획을 가지고 있었다. 그녀의 연구실 학생이었던 루즈 레만은 그녀가 흥미로운 것을 밝혀내는 데 좋은 감각을 가지고 있었으며 이것이 그녀가 좋은 리더가 되는 데 있어서 중요한 요인이었다고 말한다. 이들 여성 과학자들이 무서운 집념과 추진력으로 성과를 내지 않았더라면 노벨상 수상은 불가능했을 것이다.

셋째, 과학 연구를 수행함에 있어서 차세대 과학자들은 한 우물을 파는 것이 유리할까, 아니면 폭넓게 공부하는 것이 좋을까? 한 우물만 파게 되면 깊이 있는 연구가 가능하게 될 것이다. 반면, 폭넓게 연구하다 보면 새로운 시각이나 창의적인 발견이 가능할 것이다. 여성 과학자의 경우는 남성과 다른 시각에서 틈새 영역을 연구했기 때문인지 몰라도 전공을 바꾼 경우가 많았다. 그리고 인접 학문을 폭넓게 연구하는 경향이 있었다.

마리 퀴리는 대학에서 수학을 공부하다 물리학으로 전공을 바꿔 1893년 소르본대학교에서 물리학 박사학위를 취득한 최초의 여성이었다. 이듬해 그녀는 수학에서 두 번째 학위를 받았다. 그녀는 노벨물리학상 수상에 이어 노벨화학상도 수상하는 등, 인접 학문을 넘나들며 성과를 냈다. 피에르 퀴리 또한 소르본대학교에서 물리학 학위를 받았고 파리 약학대학도 다녔다.

괴페르트-마이어도 괴팅겐대학교에 입학할 당시의 전공은 수학이었다. 괴팅겐 물리학파와 개인적 친분을 쌓게 되면서 양자역학에 입문하게 된다. 데이비드 힐베르트가 그녀에게 원자물리학을 소개했다.

얄로는 고등학교 때에는 수학과 화학을 공부하다 대학과 대학원에서는 물리학을 전공했다. 하지만 학위 취득 후에는 버슨이라는 의학 박사와 물리학을 의학에 적용하는 연구를 통해 노벨의학상을 수상했다. 맥클린톡도 처음에는 농학을 공부했으나 후에 비분자생물학을 전공하게 되었다.

레비-몬탈치니는 의학 박사학위 취득 후 3년간 신경정신과 전문의 과정을 거쳐 2년간 신경정신과 보조 의사로 근무했다. 그러나 무솔리니의 탄압으로 유대인인 레비-몬탈치니는 의사 직업을 가질 수 없었다. 결국 미국으로 건너와 생물학자와 공동 연구를 수행하여 노벨상을 수상하게 된다.

뉘슬라인-폴하르트도 생물학(학사)에서 시작하여 분자생물학(석사)으로 관심을 옮겨갔고 결국에는 발생생물학(박사)을 전공했다. 그녀는 대학 입학 초기에는 물리학, 화학 등 기초 과목을 다양하게 수강했으나 물리학도인 폴커 뉘슬라인을 만나 물리학에 흥미를 느꼈다. 그 후 생화학 과목이 개설되는 튀빙겐대학교로 옮겨 자립적으로 학문을 탐색한 결과 분자생물학 석사를 마쳤다. 그러나 그 후 또 다시 연구 성과에 회의를 느껴 연구 주제를 변경한 결과 발생생물학을 전공하게 된다.

린다 벅은 대학에서 심리학을 전공했다. 당시 그녀의 계획은 심리치료사가 되는 것이었다. 그러나 자신의 전공을 찾아 떠난 여행에서 새로운 결심을 통해 미생물학(석사)을 공부하게 되고 궁극적으로는 면역학에서 박사학위를 받았다. 캐롤 그레이더는 자유전공으로 입학한 대학 초기의 관심은 해양학이었으나 여러 분야의 실험을 경험한 뒤 자신에게 가장 잘 맞는다고 생각한 생화학을 전공하게 된다.

오스트롬은 부모의 도움을 전혀 받지 못한 가운데 전공에 대한 이해가 부족했다. 처음에는 여성에게 어울린다는 이유로 교육학을 선택했다. 그러다 자신이 관심을 가지고 있는 과목이 정치학이라는 것을 뒤늦게 깨닫고 전공을 바꾼다. 대학원에서는 정책학을 공부하는데 이를 위해 경제학 등의 인접 학문을 들으며 자기 나름의 학제적인 연구를 구축해나갔다. 결국 그녀는 비경제학자로서는 최초로 노벨경제학상을 수상하기에 이른다. 이처럼 여성 과학자들은 다양한 학문 영역을 넘나들며 폭넓게 공부했다. 연구 문제는 일관되었을지 몰라도 학문의 관심 분야는 편협하지 않고 폭넓었다.

넷째, 여성 과학자들이 세계적으로 인정받기 위해서는 글로벌 언어의 능력도 필요한 것으로 보인다. 세계적 학술 대회에 초청을 받고 세계의 학자와 소통해야 하기 때문이다. 괴페르트-마이어는 미국인 남편과 결혼해 미국에 왔다. 그녀는 대학 때 영국에서 한 학기 공부할 기회가 있었는데 이는 영어를 배우는 소중한 기회가 되었다고 한다. 레비-몬탈치니나 코리는 각각 이탈리아와 독일에서 미국으로 건너와 언어 장벽으로 어려움을 겪었다. 마리 퀴리도 프랑스어가 서툴러 유학 초기 어려움을 겪었다. 우젠슝도 중국에서 미국으로 건너가 마찬가지의 어려움을 겪었다. 그래서 학회 발표 전에는 모든 것을 글로 썼다고 한다. 하지만 이들은 그래도 일찍 미국에 왔기 때문에 어려움을 극복하고 성공할 수 있었다.

마이트너와 뇌터는 나이가 들어서 유대인 탄압을 피해 삶의 터전을 떠났다. 뇌터는 미국에 정착해 언어 문제로 심각한 어려움을 겪었다. 뇌터가 영어를 좀 더 잘했더라면 미국에서 쉽게 자리를 잡을 수 있지 않았을까. 영어를 잘하지 못했던 뇌터는 작은 대학에서 계약직으로 떠돌았다. 결국 뇌터는 수술 끝에 황망하게 세상을 떠나고 말았다. 마이트너도 뒤늦게 독일을 떠났기 때문인지 스웨덴으로 망명을 갔다. 만일 마이트너가 영어를 구사할 수 있었다면 미국으로의 망명도 가능하지 않았을까? 그랬다면 좀 더 좋은 조건에서 연구를 계속할 수 있었을지 모른다. 또한 노벨상 수상도 가능했을지 모르는 일이다.

많은 여성 과학자들이 자신의 이론을 발표하고 또 학계로부터 인정받는 과정은 저명한 국제적 학술 대회와 학술지 논문 게재를 중심으로 이루어진다. 차세대 과학자들이 국제어를 연마한다면 자신의 업적을 보다 잘 전달하고 인정받을 수 있게 될 것이다. 따라서 업무 수행 역량에 국제적 언어 소통 능력을 추가한다.

다섯째, 과학자에게 무엇보다도 중요한 것은 연구의 수월성이다. 수상 실적은 연구의 수월성을 측정하는 가장 중요한 지표로 사용되고 있다. 요즘은 누가 다음에 노벨상 수상을 하게 될 것인지를 점치는 일이 어렵지 않다고 한다. 노벨상 수상에 앞서 중요한 수상 실적이 있는 학자들이 주로 고려되기 때문이다. 각 분야에서 업적을 인정받고 수상 실적을 갖는 것이 국제적 과학자의 업무 수행 역량의 중요한 척도가 되고 있다. 노벨상은 물론 그러한 연구 능력을 인정받는 최고의 지표이다. 젊어서 노벨상을 받을수록 그들이 사회적 리더십을 발휘할 기간은 더 길어진다고 할 수 있다. 따라서 업무 수행 역량에 학문적으로 인정받는 역량을 추가한다. 학문적 인정에는 다양한 방법이 가능하겠지만 가장 손쉽게 사용할 수 있는 지표는 수상 실적이다.

1903년 마리 퀴리는 36세의 나이에 피에르 퀴리와 공동으로 라듐 원소를 발견한 공로를 인정받아 노벨물리학상을 수상했다. 같은 해 런던 왕립협회는 '데이비 메달Davy Medal'을 수여했다. 마리 퀴리는 44세가 되던 1911년 라듐 및 폴로늄을 발견하고 라듐의 순수결정을 분리해낸 공을 인정받아 단독으로 노벨화학상을 수상했다.

이레네 퀴리는 남편인 프레드릭 졸리오와 공동으로 1935년 35세의 나이로 노벨화학상을 수상했다. 그들은 1933년 인공방사능을 발견함으로써 화학 성분에서 방사능 동위원소 생산을 가능하게 하여 화학과 의학의 발전에 기여한 공로를 인정받았다.

게르티 코리는 50세의 나이에 남편 칼 퍼디낸드 코리Carl Ferdinand Cori와 함께 1947년 글리코겐의 접촉분해를 발견한 공로로 노벨생리의학상을 수상했다. 노벨상을 받기 1년 전인 1946년 부부는 미국화학협회

중서부상Midwest Award(American Chemical Society), 1947년 내분비학계 스큅상Squibb Award in Endocrinology을 공동으로 수상했다. 노벨상 수상 후에는 게르티 단독으로 1948년 가반 메달Garvan-Olin Medal, 1948년 세인트루이스상St. Louis Award, 1950년 슈거 연구상Sugar Research Prize, 1951년 보든상Borden Award을 수상했다.

마리아 괴페르트-마이어는 1963년 원자핵의 외관 구조에 관한 연구로 공동 연구자인 한스 D. 옌젠J. Hans D. Jensen(하이델베르크대학교 물리학 교수)과 함께 노벨물리학상을 수상했다. 그때 그녀의 나이는 57세였다.

호지킨은 1964년 54세의 나이로 엑스레이 광선을 이용하여 비타민12의 구조를 밝힌 공로로 노벨화학상을 수상했다. 노벨상을 수상하기 전인 1956년에는 로얄 메달Royal Medal을 수상했다. 노벨상 수상 후인 1965년 그녀는 영국 여왕으로부터 메리트 훈위Order of Merit라는 공로훈장을 수여받았다. 1976년에는 코플리 메달, 1978, 1982, 1987년에 세 번이나 레닌평화상Lenin Peace Prize을 수상했다.

로잘린 얄로는 펩티드 호르몬의 방사선면역검정법을 개발한 공로로 1977년 56세의 나이로 노벨생리의학상을 수상했다. 이로 인해 호르몬의 변화로 일어나는 현상을 진단할 수 있게 되었다. 이 연구는 내분비학이라는 분야를 개척했다고 평가받는다. 노벨상 수상에 앞서 얄로는 1972년과 1976년 사이에 수십 개의 의학상을 수상한다. 그중 대표적인 것이 '노벨상의 대기실'이라고 불리는 앨버트 라스커 기초의학연구상Albert Lasker Basic Medical Research Award으로 1976년에 수상했다. 그녀의 공동 연구자인 버슨은 안타깝게도 노벨상 수상 5년 전인 1972년 사망했다. 노벨상 수상 후인 1988년에 얄로는 최고 과학상인 국립과학메달National Medal of Science을 수상했다.

바바라 맥클린톡은 1983년 81세의 나이로 옥수수에서 전이인자를 발견한 공로로 노벨생리의학상을 수상했다. 이는 그녀가 30년 전에 유전인자의 유동성과 변화를 발견한 것에 대한 공로를 실로 오랜 시간이 흐른 후에 인정받게 된 것이다. 그녀는 1970년대에 이르러서야 연구 성과를 인정받기 시작했는데 1970년 닉슨 대통령으로부터 국립과학메달을 수여받았다. 1978년에는 브란다이스대학교에서 로젠스틸상Lewis S. Rosenstiel Award을, 1979년 록펠러상Rockefeller Award과 하버드대학교의 명예 박사학위를 수여받았다. 1981년에는 맥아더 재단 장학금MacArthur Prize Fellow Laureate의 수혜자로 선정됨으로써 평생 동안 매년 6만 달러를 받고 연구에 전념할 수 있게 되었다. 1981년에는 로잘린 얄로 등 유수한 과학자에게 수여되는 앨버트 라스커 기초의학연구상을 받았고 1982년에는 컬럼비아대학교에서 수상하는 호로비츠상Louisa Gross Horwitz Prize을 받았다.

이탈리아에서 미국으로 귀화한 레비-몬탈치니는 신경성장인자, 피부성장인자를 발견함으로써 치유법 개발과 약물 개발에 도움을 준 공로를 인정받아 1986년 77세의 나이로 노벨생리의학상을 수상했다. 그녀를 미국으로 초청한 빅터 햄버거는 수상에서 제외되었다. 공동 수상을 한 사람은 미국 출신 생화학자 스탠리 코헨Stanley Cohen이었다. 코헨은 햄버거가 찾아준 공동 연구자였다.

거트루드 엘리언은 중요한 약물 치료 원리를 발견함으로써 장기이식을 가능하게 한 공로로 1988년 70세의 나이로 노벨생리의학상을 수상했다. 그녀의 상사였던 조지 히칭스와 동료인 제임스 블랙James Black과 함께 수상의 영광을 안았다. 1968년 그녀는 미국화학학회로부터 가반 메달과 2천 달러의 상금을 받았는데 이는 1980년까지 미국화학학회가 여성에게 준 유일한 상이었다. 1991년에는 국립과학메달을 수상했다.

독일인인 크리스티안네 뉘슬라인-폴하르트는 1995년 53세의 나이로 유전자가 초기의 태아 발달을 어떻게 조종하는가 하는 신기원을 발견한 공로로 노벨생리의학상을 수상했다. 프린스턴대학교에서 1979-1981년 사이에 함께 연구했던 에릭 비샤우스Eric F. Wieschaus 그리고 캘리포니아 공과대학에서 함께 연구한 에드워드 리바이스Edward B. Lewis와 함께 수상의 기쁨을 나눴다. 이에 앞서 그녀는 1991년 앨버트 라스커 기초의학 연구상을 수상했고 1992년에는 루이 장테 의학상Prix Louis Jeantet de Médecine, 유전학 분야에 수여되는 멘델 메달Mendel Medal을 수상했다. 1993년에는 생화학 분야에서 한스 크렙스 메달Sir Hans Krebs Medal을 수상했고 노벨상 수상 후인 1996년에는 괴테기념패Goethe Prize Award, 독일 공로훈장Order of Merit of the federal Republic of Germany을 받았다.

린다 벅은 2004년 57세의 나이로 후각 기관에 관한 새로운 발견으로 컬럼비아대학교 지도교수였던 리처드 악셀Richard Axel과 공동으로 노벨생리의학상을 수상했다. 노벨상 수상에 앞서, 그녀는 수많은 상을 받았다. 1992년 후각 기능 연구자에게 주는 다카사고상Takasago Award, 1996년 유니레버상Unilever Science Award, 1996년 R.H. 라이트상, 로젠스틸상 등 수많은 상을 받았다.

프랑수아즈 바레-시누시는 인체면역결핍바이러스HIV를 발견한 공로로 2008년 55세의 나이로 뤼크 몽타니에와 함께 노벨생리의학상을 공동 수상했다. 그에 앞서 그녀는 1996년 프랑스 최고 명예인 기사Chevalier of the Legion of Honour 훈장, 2006년 레지옹 도뇌르 준위Officer of the Legion of Honor 훈장을 받았고, 2007년 국제 여성 과학자 명예의 전당Women in Technology International(WITI) Hall of fame에 올랐다.

호주 출신 엘리자베스 블랙번은 세포의 노화 메커니즘을 규명한 공로를 인정받아 2009년 61세의 나이로 노벨생리의학상을 수상했다. 이 상은 대학원생 제자였던 캐롤 그레이더와 미국의 생화학자이자 유전학자인 잭 조스택Jack W. Szostak과 공동으로 수상했다. 그에 앞서 블랙번은 1998년 게어드너재단 국제상Gairdner Foundation International Award, 2004년 하이네켄 의학상Heineken Prize for Medicine, 2005년 벤자민 프랭클린 메달Benjamin Franklin Medal in Life Science, 2006년 앨버트 라스커 기초의학연구상, 2008년 로레알-유네스코 세계 여성 과학자상L'Oreal UNESCO for Women in Science Award을 수상했다. 2007년에는 『타임』지가 선정한 세계에서 가장 영향력 있는 100인에 이름이 올랐다.

블랙번의 제자인 캐롤 그레이더는 2009년 공동 연구자로 노벨생리의학상을 수상했다. 이에 앞서 그레이더는 1998년 게어드너재단 국제상, 2006년 앨버트 라스커 기초의학연구상을 수상했다.

아다 E. 요나트는 2009년 리보솜의 구조와 기능을 연구한 선구자로 인정받아 70세의 나이에 노벨화학상을 수상했다. 케임브리지대학교 MRC 분자생물학 연구소 연구원인 벤카트라만 라마크리시난Venkatraman Ramakrishnan과 예일대학교 교수인 토머스 슈타이츠Thomas A. Steitz와 공동으로 수상했다. 그녀는 노벨상 수상 이전에도 수많은 상을 받았는데 2002년 이스라엘 화학상Israel Prize for Chemical Research, 2005년 호로비츠 생물 · 생화학상Louisa Gross Houwitz Prize, 2006/7 볼프 화학상Wolf Prize, 2007년 파울 에를리히 루트비히 다름스테터상Paul Ehrlich-Ludwig Darmstaedter Medal, 2008년 알베르트 아인슈타인 세계과학상Albert Einstein World Award of Science, 2008년 로레알-유네스코 세계 여성 과학자상 등이 있다.

엘리너 오스트롬은 2009년 76세의 나이에 공공 자원과 사회 공유 재산에 대한 경제적 지배 구조를 분석하는 이론틀을 제시한 공로로 노벨경제학상을 수상했다. 그녀는 최초의 비경제학자이며, 최초의 여성 수상자이다. 그녀는 2005년 미국정치학회American Political Science Association로부터 제임스매디슨상James Madison Award을 수상했고 2008년 여성 최초로 윌리엄라이커상William H. Riker Prize in Political Science을 수상했다.

마이트너는 비록 노벨상은 놓쳤지만 다른 상으로 그녀의 연구 역량을 인정받았다. 1949년 막스 프랑크 연구소의 황금 메달Max-Planck-Medaille, 1955년 오토 한 물리 화학상Otto Hahn Prize for Chemistry and Physics, 1966년 원자력위원회-엔리코 페르미상Enrico Fermi Award을 핵분열을 함께 연구한 한과 슈트라스만과 공동으로 수상했다.

우젠슝은 이스라엘 울프상의 첫 수상자이며 미국 국립과학원National Academy of Science, NAS이 5년에 한 번 주는 영예인 콤스탁상Comstock Prize in Physics을 받은 첫 여성이기도 하다. 미국 물리학회의 첫 여성회장, 국립학술원의 7번째 여성이다. 그녀는 예일, 하버드 등 12개 대학으로부터 명예 박사학위를 받았는데, 프린스턴 대학교로부터 과학명예학위를 받은 최초의 여성이기도 하다. 그녀는 제럴드 포드Gerald Ford 대통령으로부터 미국 최고의 과학상인 국립과학메달을 수상하기도 했다.

1973년 필라델피아 프랭클린 연구소는 버넬의 지도교수였던 휴이시와 버넬 모두에게 '알버트 마이클슨상Albert Michelson Medal'을 시상하며 펄사 발견에 둘 다 똑같은 노력을 기울였다고 인정했다. 버넬은 1978년 플로리다주 마이애미 이론연구센터에서 J.로버트 오펜하이머 기념상J. Robert Oppenheimer Memorial Prize을 수상했다. 1987년에는 미국천문학회 비아트리스 틴슬리상Beatrice M. Tinsley Prize, 1989년 왕립천문학회 허셜메달Herschel Medal을 수상했다. 비록 노벨상은 놓쳤지만 학계는 펄사 발견에 있어서 그녀의 업적을 인정해준 것이다.

결론적으로 여성 과학자의 업무 수행 역량은 전문성(학위), 추진력, 전공 분야뿐만 아니라 인접 학문에 대한 폭넓고 깊이 있는 이해, 국제어,

그리고 국제적 수상으로 인정받을 만한 세계 최초의 발견이라는 독창적인 연구의 수월성이라고 할 수 있다. 남성의 경우도 그렇지만 여성 과학자의 경우도 노벨상 수상에 앞서 수많은 상을 수상함으로써 자신의 연구 업적을 학계로부터 인정받았다.

여성 과학자의 대인 관계 리더십 역량

많은 이들이 노벨상 수상자에게 필요한 것은 개인 리더십이나 업무 수행 역량이라고 생각할 것이다. 과학자가 대인 관계 리더십 역량까지 갖추어야 하는지 의문이 들 수도 있다. 그러나 필자는 과학자가 업무 수행 역량을 발휘하는 데 있어서 혹은 인정받는 과정에서 대인 관계 리더십이 적지 않은 차이를 만들어낸다고 생각한다. 가령, 맥클린톡이 최초의 연구 발견 후 30년이 지나서 결국 노벨상을 수상하기는 했지만 그녀가 좀 더 뛰어난 의사소통 능력을 발휘했다면 훨씬 일찍 그녀의 업적을 인정받을 수 있었을지 모른다. 그녀는 좌절한 나머지 자신의 연구를 학회지에 발표하지 않았다. 그녀가 대인 관계 역량이 뛰어났다면 좀 더 빨리 학계의 인정을 받았을지 모른다.

과학자에게 왜 대인 관계 역량이 필요한지를 블랙번은 다음과 같이 명료하게 설명하고 있다.

> 실험실에서 일한다는 것은 아이러니하게도 사람들을 다루는 일입니다. 과학 연구를 하는 것도, 진보를 만드는 것도 모두 사람입니다. 일을 하고 연구를 하는 것 역시 사람이지요. 많은 사람들이 생각하고 말하는 것보다도, 과학은 많은 부분이 사람을 다루는 일입니다. 동료나 학생과 같은 사람들을 다루는 것이 과학에서는 매우 중요합니다. 그들의 성공과 당신

> 의 성공은 떼려야 뗄 수 없기 때문입니다. 과학은 어렵기 때문에 많은 사람들과 함께 해야 한다는 것을 의미합니다.[41]

과학자의 대인 관계 역량에서 노벨상 수상자들에게 공통적으로 발견되는 요인은 의사소통 능력, 팀워크 역량, 네트워크 역량, 그리고 과학 멘토가 있느냐 하는 것이다.

의사소통 역량에는 자신의 과학적 발견을 글이나 말로 명료하고 간략하게 전달해 동료를 설득할 수 있는 역량이 포함된다. 맥클린톡은 학계에서 인정을 받지 못하자 스스로를 고립시키고 홀로 오랜 기간 연구함으로써 그녀의 언어를 동시대 학자들이 이해하는 데 어렵게 만들었다. 그녀의 논문은 자료가 빽빽하게 들어 있어 읽기도 전에 질리게 만들었다고 한다. 간략하고 의미 있게 전달하는 역량이 부족했던 것이다. 특히 공격 본능과 관철력이 부족해 동료를 성공적으로 설득하지 못했다. 상대를 설득하기 위해서는 때로는 단호함이 필요해 보인다.

리제 마이트너는 음악과 물리학 수업에는 적극적으로 참여했다. 하지만 수줍음이 많아 남 앞에 나서는 것을 꺼렸다. 자연히 연구 결과는 공동 연구자인 오토 한이 주로 발표했다. 그녀가 나치즘을 피해 스웨덴에 망명해 있을 때 공동 연구자인 한은 노벨상을 수상했다.

팀워크 역량은 동료와의 차이를 감수하고 함께 연구하여 공동의 결과를 만들어낼 수 있는 역량이다. 여기에는 타인을 배려하고 편안하게 만드는 의사소통 기법도 포함된다. 상당수의 여성 과학자가 남편과 공동 연구를 수행함으로써 팀워크의 어려움을 극복할 수 있었다. 이들이 좋은 성과를 거둘 수 있었던 것은 서로 보완적 관계에서 협력했기 때문이다. 부부가 공동 수상을 한 경우가 아니더라도 대부분의 여성 과학자는 다른 연구자와의 공동 연구로 수상의 영예를 안았다. 요나트도 훌륭한 연구

경력을 가졌지만 노벨상을 수상한 업적은 두 명의 남성 연구자와 공동으로 얻은 결과이다.

노벨상 단독 수상은 맥클린톡과 호지킨 둘뿐이다. 호지킨은 석사 연구생 시절 상냥하지만 명석하게 모든 과학 문제를 이해하고 풀겠다는 굳은 각오를 가져 '친절한 천재'라 불렸다. 호지킨은 좋은 대인 관계를 유지하면서 과학적인 성과를 얻는 것이 동시에 가능하다는 것을 보여준 대표적인 사례라고 할 수 있다. 호지킨은 노벨상을 공동 연구자 없이 단독으로 받았지만 성공적인 연구실 운영으로 많은 연구 조수와 조교의 도움을 받았다.

얄로는 공동 연구자 솔로몬 버슨이 유명을 달리하는 바람에 노벨상을 단독으로 수상했다. 하지만 공동 연구 과정에서는 조수라고 불릴 만큼 동료였던 버슨 위주로 일을 진행했다. 그들은 의학물리학에 학제적 방법이 필요함을 인식하고 2년 안에 훌륭한 동료애를 형성했다. 그 우정은 22년간 지속되었다. 서로의 부족한 점을 가르쳐주고 보충함으로써 상대의 전공 분야에 대해 뛰어난 전문 지식을 갖추게 되었다. 버슨이 운명을 달리했을 때 많은 이들은 얄로가 혼자서는 연구를 수행할 수 없으리라 믿었다. 하지만 그녀는 혼자서도 할 수 있음을 증명했다. 상대의 전공 분야를 충분히 이해하고 있었기에 가능했다.

리제 마이트너와 오토 한도 공동 연구를 성공적으로 수행한 팀이었다. 베르너 하이젠베르크는 두 사람의 스타일을 다음과 같이 평가했다.

> 리제 마이트너는 단지 '무엇'을 묻는 것에 그치지 않고 '왜'까지 물었다. 그녀는 방사능에서 어떤 일이 벌어지는지 이해하고자 했다. 그리고 이 새로운 분야에서 이루어지고 있는 자연 법칙을 찾아내려고 했다. 그녀의 강점은 문제 제기와 실험에 대한 해석이었다. 그러므로 리제 마이

트너가 훗날 공동 연구에서도 문제 제기와 실험의 해석 분야에서 큰 영향을 미쳤으리라 짐작할 수 있으며 한은 무엇보다 꼼꼼한 자세로 실험하는 것을 자신의 책임으로 느꼈을 것으로 짐작된다.[42]

공동 연구를 했더라면 성공했을 가능성이 높았으리라 여겨지는 사례로는 이레네 퀴리와 프랭클린을 들 수 있다. 이레네는 노벨상을 수상한 후 남편과의 공동 연구를 그만두었다. 이유는 밝혀지지 않았지만 다음의 인용문은 이레네의 대인 관계가 편하지 않았음을 시사한다.

초록빛 눈에 짧게 자른 머리, 그리고 몸동작이 어색하고 대인 관계에 익숙지 않은 수줍음 많은 소녀였던 것이다. (중략) 아버지의 성품을 닮은 내면이 외형적으로도 그대로 드러났다. 그러나 붙임성이 없어 어딘지 모르게 모난 구석이 있었다. 그녀는 다른 사람의 태도와 자세를 감지하지 못하거나 아니면 그냥 무시했다. 낯선 사람한테 인사하거나 아니면 그들과 대화를 나누는 것은 그녀에게 항상 문젯거리가 되었다.[43]

이레네는 외교 수완이 없는 정치가에 비유되곤 했다. 미사여구를 전혀 사용할 줄 몰랐고 타인에게 존경을 표하지도 않았으며 시간 낭비를 싫어했다고 한다. 모임이 주제를 벗어나면 일어나 짐을 챙겨 떠나기도 했다. 노벨상 시상식에서 지루하다고 느낀 이레네는 구석에서 책을 읽고 있었다고 한다. 이레네 퀴리는 남편인 프레드릭 졸리오와 함께 공동 연구를 수행하다 노벨상 수상 후 더 이상 공동 연구를 하지 않았다. 그러나 공동 연구를 그만둔 후에 세 번이나 노벨상 수상 기회를 놓치고 만다. 이레네는 남편과 공동 연구를 그만둔 것에 대해 크게 후회했다고 한다.

프랭클린은 농담이나 안부를 묻는 등 잡담을 전혀 하지 않은 것으로 유명하다. 그녀가 함께 공동 연구를 할 동료만 찾았더라도 그녀의 업적이 사장되지는 않았을 것이다. 그녀는 성격이 까다로웠고 공동 연구를 위해 접근한 동료를 모두 물리쳤다.

팀워크를 통해 연구를 성공시킨 경우에도 상대를 배려하는 마음이 부족하면 그 관계가 깨질 수 있다. 레비-몬탈치니는 독재자 같은 아버지를 싫어했지만 아버지의 성격을 그대로 물려받았다는 평을 듣는다. 특히 동료들과 경쟁할 때 이런 특성을 보인다고 한다. 그녀는 지능을 강조하며 어리석음을 용납하지 않았다. 그녀는 논쟁적이고 소유욕이 강하며 격한 감정을 드러내기 때문에 열정적이라고 평가받기도 하지만 다른 한 편으로는 많은 이들의 원망을 들었다. 가령, 노벨상 수상 후, 자신을 지도해 준 이탈리아의 주세페 교수나 미국인 동료인 햄버거에 대해 고마움을 표하지 않아 햄버거와의 관계가 완전히 틀어졌다. 일각에서 햄버거가 수상에서 제외된 것에 대해 논란이 일자 그녀가 기자회견을 자청해 햄버거의 기여가 없다고 주장했기 때문이다. 레비-몬탈치니가 햄버거의 90세 생일에 그와 식사를 하기 위해 찾아갔지만 그는 끝내 그녀를 만나주지 않았다.

오스트롬이 최초로 노벨경제학상을 수상하게 된 것은 그녀의 뛰어난 사교성과 대인 관계의 덕을 보았을 가능성이 있다. 그녀는 자신에겐 엄격하지만 타인에게는 매우 인자한 것으로 유명하다. 직원이나 조교, 동료 교수들의 어려움을 꼼꼼하고 섬세하게 보살펴줄 만큼 타인을 배려하는 마음이 지극하다.

대인 관계 리더십 역량 중에서 다음으로 중요한 것은 네트워크이다. 남성 과학자의 경우도 세계적 과학자로 인정받기 위해서는 학회 활동과 다른 학자와의 네트워크가 매우 중요하다. 여성의 경우에는 남성들의 올드보이 네트워크에 들어가는 것 자체가 어렵다. 따라서 네트워크 역량이 남성보다는 여성에게 더 중요한 요인으로 부각된다. 과학자 네트워크에 들어간다는 것은 이미 주류 과학계로부터 인정받는 것을 의미하기 때문이다.

여성이 남편의 이름이나 혹은 남성의 필명으로 과학 활동에 참여했던 이유는 학회가 처음부터 여성을 배제했기 때문이다. 영국 왕립협회 창설 회원들은 여성을 '지혜의 배신자' 혹은 '악덕과 불경건, 파멸로 몰고 가는 선동자'라 해서 학회가 여성을 멀리해야 한다고 주장했다. 순수한 남성적 정신만이 진정한 지식을 발견할 수 있다는 생각이 17세기 영국 왕립협회와 프랑스 국립과학원Académie des Sciences Française을 지배했다.[44]

마리 퀴리는 다른 평범한 교수들처럼 유명한 프랑스 국립과학원 선거에 나갈 수 있을 것이라 예상했다. 그러나 선거는 한 쪽은 진보주의자, 여권주의자, 다른 쪽은 교권에 반대하는 사람들, 외국인 여성의 출마를 반대하는 국수주의적인 가톨릭과 반유대주의자 사이의 전쟁으로 변해버렸다. 프랑스 국립과학원 선거는 세상을 떠들썩하게 만들어 신문의 먹잇감이 되고 말았다. 1911년 1월 23일, 마리는 투표 결과 한 표 차이로 졌다. 그 뒤 그녀는 다시는 과학원의 회원 자격을 얻으려 하지 않았다. 10년 동안 프랑스 국립과학원의 학회지에 글을 싣는 것도 거절했다. 이처럼 여성에 대해 배타적이었던 프랑스 국립과학원은 68년 후인 1979년에야 수리물리학자 이본 쇼케브뤼아Yvonne Choquet-Bruhat를 첫 여성 회원으로 받아들였다.[45]

어머니와 마찬가지로 이레네 퀴리도 프랑스 국립과학원 가입을 세 번이나 거절당했다. 이레네는 후에 프랑스 원자력위원회의 위원장이었던 남편과 함께 이사로 활동했다. 그러나 사회주의 활동으로 인해 남편은 제명당했고 이레네는 임기가 갱신되지 않았다. 학회 참석차 여행을 할 때에는 방을 구하기도 어려웠다고 한다. 미국은 이레네의 비자 발급을 거부했고 미국의 화학 단체는 이레네의 회원 가입을 거부했다. 마리와 이레네에게는 노벨상위원회를 설득하는 것보다 학회 회원들을 설득하는 것이 더 힘든 일이었던 것으로 보인다.

그 시대 이후의 과학자는 어려움은 있었지만 마리 퀴리 모녀와 같은 심한 차별을 겪지는 않았다. 게르티 코리는 노벨상 수상 뒤 남편인 칼 코리보다 8년 늦게 미국 국립과학원 회원이 되었다. 그녀는 미국 생화학협회, 미국 국립과학원, 미국 화학협회, 미국 철학학회의 회원으로 활동했다.

괴페르트-마이어는 1956년 런던 왕립협회Royal Society에 가입했고 미국 국립과학원 회원으로 활동했다. 괴페르트-마이어는 괴팅겐대학교의 교수였던 아버지 덕분에 어려서부터 자신의 집에서 벌어졌던 파티에서 유명한 과학자와 교류를 이어갈 수 있었다. 그녀는 미국인 남편과 결혼하여 미국에 정착한 뒤에도 파티를 즐겼으며 과학자 동료들과의 우정을 이어갔다. 1940년대 후반부터 1950년대 초에 마이어 부부는 시카고 남부 대저택을 구입하여 이사했다. 그곳에서 집을 멋있게 가꿔놓고 시카고 최고의 과학자들을 위한 사교 파티를 개최했다. 괴페르트-마이어는 시카고 저택에서의 삶이 괴팅겐의 사교계 같다고 느꼈다. 화려하게 장식한 저택에는 온갖 음식이 차려져 있었고, 노래와 춤 그리고 술이 넘쳐났다고 한다.

1, 2세대 여성이 살았던 유럽에서는 공식적인 학회보다는 사적인 파티 등으로 네트워크를 공고히 했다. 당시 남성 과학자들은 부잣집 여성과 결혼하는 것이 꿈이었다고 한다. 그래야 막대한 비용이 드는 연구를 할 수 있었고 보다 중요하게는 파티를 잘 열어줄 수 있는 여성을 원했기 때문이다. 당시 교수 부인들은 주말에 파티를 열어 동료 학자와 대학원생을 초청했다. 그 동네에서 어느 부인이 음식 솜씨가 더 좋은지 경쟁을 하

듯 했다고 한다. 파티를 열어줄 부인이 없던 여성 과학자는 스스로 파티를 열고 손님을 초대해 세미나를 여는 수밖에 없었다.

유럽에서 이민 온 코리 부부도 괴페르트-마이어 부부와 비슷한 삶을 살았다. 부부는 연구실에서 13킬로미터나 떨어진 교외 숲 속에 집이 있었다. 정원 파티를 열어 화가, 음악가, 소설가, 경영인, 과학자 동료를 초대했다. 이 파티에는 항상 미혼 남녀 과학자를 포함시켰다고 한다. 코리 부부는 매일 점심시간에 저명한 연구자를 초청해 1시간짜리 강연을 들으며 점심을 먹는 행사를 개최했다. 때로는 코리 부부의 최근 독서 내용을 공유하기도 했다. 칼 코리는 5개 국어를 구사했고 포도주 애호가였으며, 시를 쓰기도 하고, 첼로를 연주했다. 학술적인 공식 네트워크는 사교와 파티를 통해 견고해졌다.

호지킨은 1937년 옥스퍼드 섬머빌칼리지Oxford Summerville College 회원이 되었고 1947년에는 런던왕립협회에 입회한 세 번째 여성이 되었다. 그녀는 독일 레오폴디나 자연과학자 아카데미Deutsche Akademie der Naturforscher Leopoldina의 회원도 되었다. 얄로는 남성 공동 연구자 버슨보다 3년 늦은 1975년에 미국 국립과학원 회원으로 선출되었다. 그녀는 여성으로서는 최초로 미국 유전학회Genetic Society of America 회장에 선출되기도 했다. 맥클린톡은 여성으로서는 세 번째로 미국 국립과학원 회원으로 선정되었고 미국 유전학회장을 역임했다.

엘리언은 미국 생물학회American Society for Biochemistry and Molecular Biology와 암연구단체 회원이었다. 노벨상 수상 후에는 미국 국립과학원과 런던왕립협회의 가입 승인을 받았으며, 은퇴 후에는 세계보건기구World Health Organization와 미국 암연구협회American Association for Cancer Research의 자문위원 및 듀크대학교 명예 교수로 위촉되어 16년 동안 왕성한 활동을 했다. 뉘슬라인-폴하르트는 미국 국립과학원과 런던

왕립협회의 회원이다. 린다 벅은 미국 과학진흥협회American Association for the Advancement of Science(AAAS) 펠로우이자 미국 국립과학원 회원, 미국 과학발전협회 회원이다. 바레-시누시는 2009년 미국 국립과학원 회원이 되었다.

블랙번은 1991년 미국 인문과학학술원 회원이 되었고, 1992년 런던왕립협회 회원, 1993 미국 국립과학원 외국인 준회원이 되었다. 1993년에 미국 미생물학회 회원, 1998년에는 미국 세포생물학회 회장이 되었다. 2000년에는 미국 과학발전협회 회원이 되었다. 2001년 대통령 직속 생명윤리위원회 위원으로 임명되었으나 부시 대통령에 맞서다 2004년 해임되었다. 그녀의 제자였던 그레이더는 1999년 미국 세포생물학회 회원, 2003년 미국 과학원 회원이 되었다.

아다 요나트는 이스라엘 과학인문학학술원The Israel Academy of Sciences and Humanities 회원이자, 미국 국립과학원, 이스라엘 예술과학원Israel Arts and Science Academy, 미국 인문과학학술원American Academy of Arts and Science, 유럽분자생물학기구 회원이다. 엘리너 오스트롬은 미국정치학회 최초의 여성 회장을 역임했고 미국 국립과학원 회원이다. 2001년에는 『이론정치학』이라는 학술지의 편집장과 미국 국립과학원의 회보PNAS[46] 편집 위원을 역임했다. 이처럼 학자 네트워크에 들어가는 역량은 여성 과학자 리더십 발휘에 핵심적이다.

남성도 그렇겠지만 성공한 여성 과학자 뒤에는 반드시 훌륭한 리더십 멘토가 있었다. 얄로에게는 일리노이대학교에서 물리학을 공부할 때 후원자가 되어준 모리스 골드하버Maurice Goldhaber 부부가 있었다. 맥클린톡이 처음 코넬에서 옥수수 유전자 연구를 시작했을 때 대학 동료들은 그녀의 연구를 이해하지 못했지만 박사학위를 마친 마커스 로즈Marcus Rose는 단번에 맥클린톡의 재능을 간파하고 연구에 참여해주기를 원했다. 그는 석사도 받지 않은 맥클린톡이 수행하던 연구의 중요성을 대학 측에 설명하고 젊은 남성 과학자와 박사학위를 가진 교수들과 함께 연구를 하도록 허락했다. 그는 그 후에도 오랫동안 그녀의 연구를 지지하고 도와주었다. 박사학위 지도교수이자 코넬대 세포학자인 레스터 샤프 Lester Sharpe 교수도 잊을 수 없는 멘토였다. 그는 맥클린톡이 자유롭게 연구하도록 허락하여 좋은 성과를 이끌어냈다.

레비-몬탈치니에게는 이탈리아에서 지도교수였던 주세페 레비 Giuseppe Levi가 있다. 그는 학생이 자발적으로 연구에 참여하는 것을 독려했다. 그는 그녀에게 게으름에 대한 경멸과 인생의 고난에 대처하는 방법을 가르쳤다. 파시스트 점령기에 그는 시골에서 레비-몬탈치니를 도와 함께 연구를 진행했다. 빅터 햄버거는 파시즘이 세력을 키워 자유로운 연구가 어려웠던 이탈리아에서 레비-몬탈치니가 미국으로 넘어올 수 있도록 기회를 준 사람이다. 다혈질이었던 아버지와 주세페 레비 교수와는 다르게 햄버거는 온순하고 조용하며, 경쟁보다 협력을 중시 여기는 사람이었다. 비록 후에 돌이킬 수 없는 관계가 되었지만 레비-몬탈치니와 햄버거는 의학과 생물이라는 서로 다른 학문적 배경 덕분에 좋은 팀워크를 발휘할 수 있었다.

엘리언에게는 그녀의 보스이자 노벨상 공동 수상자인 히칭스가 있다. 히칭스는 여성이 과학을 연구하는 것에 대한 선입견을 가지고 있지 않아 엘리언이 최대한 많은 것을 배우도록 도움을 주었고 엘리언이 박사학위를 가지지 않은 것에 대해서도 차별하지 않았다. 엘리언이 주도한 논문을 학술지에 게재할 때에는 통상적으로 남성의 이름이 먼저 쓰이는 관례를 깨고 엘리언의 이름을 첫 번째로 적는 것을 허용하기도 했다. 히칭스는 시행착오를 통해 신약을 검증하는 기존의 신약 개발 방법을 고집하지 않고 세포 성장 원리에 기초한 논리적, 과학적 방법을 이용하여 신약을 검증하도록 가르쳤다.

뉘슬라인-폴하르트에게는 프리드리히 본회퍼Friedrich Bonhoeffer가 있다. 그는 자신이 속한 학문 영역에 지루해진 그녀에게 박테리아 유전학 연구를 권유했다. 에릭 비샤우스Eric F. Wieschaus는 스위스 바젤에 있는 발터 게링 연구소에서 처음 만난 뒤 1979년 하이델베르크 존켄드류 실험실에서 공동 프로젝트를 수행했다. 그는 그녀에게 초파리 배아 기술을 가르쳤다. 파스퇴르 연구소를 운영했던 장 클로드 셔먼Jean-Claude Sherman은 대학 졸업 후 연구소를 찾고 있던 프랑수아즈 바레-시누시에게 인턴 일자리를 제공해주고 연구하며 대학원을 마칠 수 있도록 도와주었다.

블랙번은 예일대 박사후 과정 시절에 염색체 구조와 기능에 가장 큰 공헌을 한 조세프 갈Joseph Gall 박사로부터 많은 지도를 받았다. 그녀는 갈 박사로부터 학생을 존중하는 태도로 대하는 것을 배웠다. 각 대학원생이 과학에 접근하는 방식이 다르고 다양하다는 것을 기억하는 것, 사람에 대한 진실한 태도로 관심을 가지고 개인의 관심과 가치를 알고 가능성을 믿고 조언을 해주는 것이 성공의 가장 중요한 요인이었다고 말한다. 그녀의 고등학교 수학 교사는 그녀가 수학 시간에 어려운 대수학 문제를 직관과 창의적인 과정을 이용해 풀었던 것을 관심 있게 지켜보고 멜번대학교 생화학 교수에게 추천해주었다. 고등학교 시절 화학 교사는 과학을 재미있고 흥미롭게 가르쳐줘 과학에 대한 그녀의 열정을 강하게 만들었다. 대학에서의 베리 데이빗슨Barrie Davidson과 테오 도파이드Theo Dopheide 교수도 잊을 수 없는 멘토로 기억했다. 대학 교수는 그녀에게 영국으로의 유학을 권장해 그녀가 더 높은 수준으로 도약할 수 있게 했다.

그레이더는 베아트리스 스위니Beatrice Sweeney 교수의 충고로 여러 분야의 과학 실험을 경험한 뒤 '한번에 느낌이 오는' 자신의 분야를 일찍 찾을 수 있었다. 스위니 교수는 어머니의 옛 동료이기도 했다. 그녀가 스위니 교수를 처음 만난 것은 고3때 여러 대학을 방문하고 있을 때였다. 스위니 교수는 해변가를 산책하며 바다동물과 생물에 대해 멋진 이야기를 들려주었다. 그녀는 거기에 매료되어 대학에서 해양생태학을 전공하게 되었다. 스위니 교수는 그레이더가 대학 1학년 때부터 실험에 참여하게 해주었다. 그러나 생태학 실험이 별로 마음에 와 닿지 않은 대신 생리학 실험에 빠지게 되면서 자신의 분야를 찾게 되었다.

호지킨은 부모의 친구였던 조셉 박사A. F. Joseph와 고등학교 화학 교사였던 브루어F. M. Bruer를 멘토로 꼽았다. 엘리너 오스트롬은 대학원 시절 빈센트 오스트롬Vincent Ostrom 교수의 강의를 듣고 나서 그 교수와 데이트를 하게 되었다. 빈센트는 그녀의 두 번째 남편이자 멘토이다.

이처럼 성공한 여성 과학자의 뒤에는 이들의 소질을 일찍부터 알아보고 격려해주고 더 나은 길로 인도해준 멘토가 있었다. 특히 고등학교 교사를 멘토로 기억하는 사람이 많은 점이 흥미로웠다. 노벨상 수상자의 경우는 한국 과학자의 경우와는 달리 학교와 교사의 영향이 매우 높은 수준에서 발견된다. 필자가 행한 다른 연구에서 확인된 것이지만 천재는 학교에서 길러지지 않는다. 부모나 멘토에 의해 발견될 뿐이다. 이들은 멘토에 의해 불필요한 시행착오를 줄이고 더 나은 길로 안내된다. 이들 중 다수가 고등학교 교사를 멘토로 기억한다는 점이 바로 성공의 열쇠였는지 모른다. 그들의 소질이 비교적 일찍 체계적으로 발견되었기 때문이다.

여성 과학자의 조직 리더십 역량

조직 리더십 역량에는 적임자를 채용하고, 함께 수평적인 의사 결정을 내리며, 다양한 사람의 개성을 이해하고 존중하며, 창의적인 조직 문화를 조성하고, 추종자에게 적극적으로 연구에 참여할 동기를 만들어주는 것 등이 포함된다. 특히 글로벌 리더의 경우에는 글로벌 마인드를 가질 필요가 있다. 글로벌 마인드란 다양한 국가의 문화에 대한 체계적인 이해를 뜻한다.

리더가 얼마나 좋은 사람을 채용하느냐에 따라 그들의 연구 결과가 달라질 수 있다. 뛰어난 여성 과학자들은 원하든 원치 않든 연구를 위해 조직의 장으로 활동하는 경우가 많았다. 요즘처럼 협업이 일상화된 환경에서는 연구자는 동료 조수, 조교의 도움으로 연구를 수행한다. 교수의 경우는 제자의 논문 지도와 일자리를 알아봐 주는 등 조직의 장으로서의 역할을 수행해야 한다. 연구소에 근무하는 연구원인 경우에도 조직의 위계 조직 속에서 일원이 되어 연구를 수행하게 된다.

마리 퀴리는 남편의 연구실장으로 연구를 시작했지만 후에는 라듐연구소를 설립하여 연구소장으로 활동했다. 자신의 연구소에 프레드릭 졸리오를 연구원으로 채용했는데 이는 매우 성공적인 충원이었다. 그는 장래 이레네 퀴리와 결혼하고 공동 연구로 노벨상을 수상한다. 이 연구소는 후에 이레네 퀴리가 소장직을 이어받는다. 특히 이레네는 차관을 역임했으므로 거대한 관료 조직을 이끌어볼 기회를 가졌다. 이레네가 조직 리더십을 익혔더라면 업무 수행에 큰 도움이 되었을 것이다.

얄로는 버슨과 팀워크를 이뤄 서로를 보완하는 관계에서 성공적으로 연구를 수행했다. 얄로는 논리적이고 신속하고 정확했으며, 버슨은 광범위하고 포괄적인 이해를 했다고 한다. 두 사람은 수많은 연구원과 조교를 거느렸다. 호지킨은 제2차 세계대전 이후 자신의 연구실에 다국적, 여러 전문 분야의 전문 여성을 모아 연구 모임을 구성했다. 그녀는 연구원을 가족 구성원처럼 여기고 단호하면서도 온화한 부모처럼 리더십을 발휘했다고 한다.

캐롤 그레이더를 발견한 것도 지도교수인 블랙번의 조직 리더십 역량에 기인한다. 그러한 지도교수를 만나서인지 그레이더의 리더십도 남다른데, 그녀는 연구생들을 어떻게 대해야 하는지 알고 있었다. "학생들은 모두 학습 속도가 다르다. 내 연구소에서 일하는 학생들은 독립적일수록 좋다. 현명한 사람들과 매일매일 협동을 하는 것처럼 느껴져 재미있다."[47]라고 말한다.

오스트롬은 연구원과 직원을 모두 워크숍(연구소 이름)의 참여자로 평등하게 대해주었다. 자신도 리더가 아니라 한 참여자일 뿐이라고 정의한다. 인격적으로 존경받는 성품을 가졌지만, 학업이나 연구에 소홀한 학생에 대해서는 엄격하게 지도한 것으로 유명하다. 그녀의 제자 중에는 중도하차하고 학교를 떠난 학생이 많을 만큼 엄격했다. 그녀가 남편과 함께 연구소의 이름을 워크숍이라고 지은 것은 목공소에서 가구를 만드는 취미를 가지며 함께 일하는 것의 중요성과 장인 정신을 깨달았기 때문이다. 오스트롬 부부는 인디애나대학교에 처음 둥지를 튼 이후에 자신이 집에서 쓸 가구를 손수 만들었다. 이들은 가구 만드는 방법을 스승으로부터 도제식으로 전수받았다. 스승은 원칙만을 알려주고 제자는 스스로 직접 가구를 만들었다. 이러한 도제 정신을 살린 것이 바로 워크숍이다.

노벨상 수상을 놓친 우젠슝은 학회에 갔다 오는 길에 공항에서 집으로 직접 가지 않고 택시를 타고 학교 연구소에 들러 집으로 갔다고 한다. 연구소에 불이 켜 있는지 보기 위해서라고 한다. 그녀는 조교들이 일요일에 쉬는 것도 못 마땅해했다. 그녀에게서 동양적 리더의 근면성을 엿볼 수 있는데 미국 학생에게 이런 식의 통제-명령식의 리더십은 오히려 비효과적일 수 있다.

글로벌 조직을 이끌기 위해서는 글로벌 마인드가 필요하다. 글로벌 마인드는 각국의 다양한 문화를 체계적으로 이해하는 방법을 의미한다. 가령, 서구의 연구자라면 수평적 문화, 직접적인 의사소통 등에 익숙하지만 제3세계의 연구자라면 수직적 문화, 간접적 의사소통에 익숙하다. 이처럼 서로 다른 문화적 차이는 예기치 않은 갈등을 유발할 수 있다. 글로벌 리더가 글로벌 문화를 체계적으로 이해하는 이론적 틀이라고 할 수 있는 글로벌 마인드셋mindset을 가지고 있다면 조직 내의 갈등 원인을 이해하고 미리 예방하거나 해결할 수 있을 것이다.

여성 과학자의 조직 리더십에 대한 자세한 자료를 찾을 수 없어 효과성을 입증하기는 어렵다. 하지만 앞으로 과학자는 조직 리더십을 발휘할 기회를 점점 더 많이 갖게 될 것이다. 어떤 조직 리더십이 더 효과적이고 효율적인지 과학자의 바람직한 조직 리더십에 대한 사례 연구가 더 필요하다고 생각된다.

3 여성 과학자의 리더십은 어떻게 다른가?

여성 과학자 리더는 남성과 어떻게 다른가? 일반적인 여성 리더십과 남성 리더십의 차이는 다음 장에서 논의된다. 따라서 여기에서는 노벨상 수상자들이 여성이었기 때문에 겪었던 특징을 중심으로 살펴보았다. 여성 과학자에게 있어서 결혼은 어떤 영향을 미칠까? 자녀 양육은 어떻게 했을까? 여성 과학자는 결혼과 일의 균형을 어떻게 맞추었을까? 여성 과학자는 성차별 의식이나 여권 의식을 지니고 있었는가? 있다면 여권 의식을 어떤 식으로 실천했는가? 여성 과학자는 후배 여성에게 어떤 조언을 남겼는지 살펴보겠다.

과학자의 결혼은 축배일까, 독배일까?

3세대 여성 과학자부터는 일과 결혼을 양립하는 것이 자연스럽게 받아들여진다. 하지만 1, 2세대 여성 과학자는 결혼을 포기하고 과학을 택하는 경우가 종종 발견된다. 노벨상 수상자 중 독신은 바바라 맥클린톡, 리타 레비-몬탈치니, 거트루드 엘리언 세 명이다. 비수상자 가운데는 다섯 명 중 세 명(리제 마이트너, 에미 뇌터, 로잘린드 프랭클린)이 독신이었다. 이 자료는 결혼이 수상에 유리하다고 말해주는 것 같다. 실제로 대부분의 수상 여성은 남편이 같은 분야 혹은 유사 분야에서 연구하는 공동연구자였다. 최소한 전공은 달라도 대학이나 연구소에서 일하는 학자로서 부인의 입장을 이해하는 사람이었다.

여성 과학자는 부부가 함께 노벨상을 수상한 경우가 많았다. 결혼이 여성 과학자의 연구에 결정적으로 중요한 역할을 했음을 시사한다. 이 때문에 남편의 업적을 공유하는 게 아닌가 하는 오해를 받기도 했다. 하지만 퀴리 부부가 노벨상을 수상한 연구 주제는 마리 퀴리가 혼자서 시작한 것이었다. 남편 피에르 퀴리가 마리 퀴리의 연구 문제를 도와 공동작업을 함으로써 좋은 성과를 얻을 수 있었다. 남편 피에르가 갑작스럽게 세상을 떠난 후에 마리 퀴리는 단독 연구로 화학상을 추가로 수상하면서 남편 덕분에 상을 탔다는 세간의 의혹을 불식시켰다. 피에르 퀴리는 남편이라기보다는 과학적 연구 팀원과 같았다. 피에르는 마리에게 어머니나 아내로서의 희생을 전혀 요구하지 않았다.

> 피에르는 마리에게 과학적 연구를 포기하고 가정생활과 어머니로서 자신을 희생해야 한다는 것을 결코 요구하지 않았다. 오히려 그 반대였다. 마리가 1897년 9월 12일 그들의 첫 딸 이레네를 낳은 후, 그의 의견에 따라 아이와 많은 시간을 보냈을 때 (그는) 심한 질투심까지 보였다.[48]

노벨상을 단독 수상할 것이라는 계획을 미리 알게 된 피에르는 마리와의 공동 수상을 고집했다. 피에르는 아내가 한 일만큼 명예를 얻을 수 있도록 최선을 다했다.

이레네 퀴리 또한 남편 프레드릭 졸리오과 공동으로 노벨상을 수상했다. 남편 졸리오는 이레네 퀴리보다 세 살 연하의 물리학자였다. 둘은 정반대의 성격을 가져 사생활이나 학술적인 면에서 서로 보완이 되어 조화를 이루었다. 프레드릭 졸리오는 민첩하고 다각도로 생각하는 반면 이레네는 차분히 사고하고 확신을 가지고 논리적인 결론을 구하는 성격이었다. 1931년 그들은 핵변환 현상에 관한 공동 연구를 시작했다. 1903년 피에르와 마리 퀴리가 그랬듯이 노벨상을 받은 작업은 분업으로 이루어졌다. 물리학자 프레드릭 졸리오는 인공적으로 만들어진 라듐 동위원소의 화학적 증명을 맡았고, 화학자인 이레네는 알루미늄 은박지에 알파 광선을 쏘아 새로운 방사능 유형을 발견했다.

1935년에 그들은 인공 방사능 성분 생산으로 노벨 화학상을 공동 수상했다. 이것은 퀴리 가족이 얻은 세 번째 노벨상이었다. 이레네는 노벨상 수상 후 남편과의 공동 연구를 종료한 뒤 정치에 관심을 두었다. 그러나 공동 연구를 그만둔 까닭에 후속 발표를 하지 못해 세 번이나 노벨상 수상 기회를 놓치게 된다. 대표적으로 리제 마이트너와 오토한의 실험과 동일한 실험을 진행하다 중단한 것을 이레네는 평생 후회했다.

게르티 코리도 의학자이자 생리학자인 남편과 공동 수상했다. 게르티는 대학 입학 첫 해에 칼 코리를 만났다. 둘은 성격의 부족한 면을 서로 채워주었다. 그들은 이미 대학 시절 '피의 구성 요소'에 대한 공동 연구 논문을 발표했다. 이들도 성격이나 연구의 장점이 보완적이어서 혼자 일할 때보다는 팀이 될 때 훨씬 강했다. 그러나 그들의 파트너십도 어려움에 부닥친 일이 있었다. 인근에 있던 대학에서 칼 코리에게 좋은 조건으로 스카웃을 제안했던 것이다. 그러나 그 대학은 칼에게 아내와의 공동 연구를 포기해야 한다는 조건을 내걸었다. 칼은 그럴 수 없다고 이 제안을 거절했다. 이후 게르티는 남편과 함께 연구하려는 자신의 소망 때문에 남편의 앞길을 막았다는 죄책감에 끝내 눈물을 쏟고 말았다. 칼은 아내 게르티와의 공동 연구에 대해 이렇게 밝혔다.

> 노벨상을 아내와 함께 받았다는 사실에 깊이 만족한다. 협력 관계는 30년 전부터 시작되었고 지금도 유지되고 있다. 우리의 노력은 서로를 보완하는 일이었다. 둘 중 하나가 없었다면 이런 결과를 내지 못했을 것이다.[49]

독일인인 마리아 괴페르트-마이어는 미국인 화학자 겸 물리학자 조셉 에드워드 마이어Joseph Edward Myer를 만나 결혼하고 미국에 정착했다. 약혼 후 괴페르트-마이어가 물리학 공부를 포기하려 하자 남편은 마리아가 학업을 계속하도록 권유했다. 그는 "과학을 계속하면 가정부를 고용해주겠지만 과학을 그만두면 스스로 요리를 배워야 한다"는 조건을 내걸었다. 그녀는 남편을 '이해심 많은 파트너'라고 표현한다. 그녀는 노벨상 수상식 연설에서 "남편의 도움 없이는 스톡홀름에 오지 못했을 것"이라고 자신의 소감을 발표했다.

괴페르트-마이어는 여성 과학자의 결혼에 대해 알기 쉽게 정의했다.

> 결혼한 여성 과학자에게는 착한 아이뿐 아니라 "이해심 많은 파트너"가 필요하다. 자연과학에서 성공적으로 일할 수 있는 여성에게 맞는 남편은 과학자이다.[50]

로잘린 얄로는 여덟 살 때 마리 퀴리의 전기를 읽은 후 자신도 이와 같은 길을 가겠다는 야무진 꿈을 꿨다. 위대한 과학자와 현모양처라는 두 마리 토끼를 동시에 잡겠다는 8살 소녀의 결심은 그녀가 초등학교 선생님이 되길 바라던 부모에게는 무모하게 보였다. 그러나 그녀는 '마리 퀴리처럼 남자들도 이루지 못한 대단한 일을 하는 사람이 되겠다'고 장담하며 자신은 좋은 아내와 좋은 어머니까지 될 수 있다는 자신감을 보였다. 어린 시절부터 확고한 의지와 자신감을 가졌던 그녀는 자신이 꿈 꾼 대로 대학원 시절 물리학도인 아론 얄로Aaron Yalow를 만나 결혼했다. 아론은 부인이 전업주부가 될 수 없다는 것은 인정했으나 그렇다고 그녀의 커리어를 위해 집안일을 분담하지도 않았다. 로잘린 얄로도 가정에 대해 보수적인 생각을 지니고 있어 가사는 아내의 몫이라고 생각했다. 그녀는 남편의 자발적 협조가 없다면 집안일에 대해 강요할 수는 없다는 생각을 가지고 있었다. 그녀의 생각이 이랬기에 보수적인 남편과 별 무리 없이 결혼 생활을 유지할 수 있었던 것으로 보인다.

모든 여성 수상자들의 남편이 과학자는 아니었다. 호지킨이나 바레-시누시, 버넬처럼 남편이 다른 분야에 종사하는 경우도 있었다. 호지킨은 퀘이커 교도이며 문화인류학자인 토마스 리오넬 호지킨Thomas Lionel Hodgkin과 결혼하여 함께 사회, 정치 활동에 참여하고 정치 투쟁을 했다. 남편은 과학자는 아니었지만 호지킨의 일을 이해하고 전적으로 지원했다. "어떤 결혼에서든 한 사람이 다른 사람보다 결혼에 더 헌신하기 마련"이라며 남편은 자신이 도로시를 보호해야 한다는 것을 분명히 했다.

바레-시누시는 미국 박사 과정 유학 중에 만난 장 클로드 바레Jean Claude Barré와 1978년 결혼했다. 남편은 국영 라디오 방송국에서 근무했고, 프랑수아즈의 과학에 대한 열정을 이해하고 존중하는 사람이었다. 그녀가 과학을 할 때 가장 행복해한다는 사실을 이해하고 그녀의 행복을 위해 일하는 것을 존중해야 한다고 굳게 믿었다. 남편이 질환으로 인하여 투병하던 중 프랑수아즈가 그의 곁에서 병상을 지키느라 연구소를 비우는 모습을 자주 보게 되자 남편은 행복해하지 않았다고 한다. 과학 분야에 대한 지식이 없는 비과학자 남편과의 생활이 어렵지 않았는지에 대한 질문에 그녀는 과학과 관련되지 않은 분야에서 근무하는 남편과 이야기하는 시간을 통해 과학 외의 세계를 토론할 수 있었다고 회상한다. 또한 라디오 방송국에서 근무하는 친구들과의 교류를 통해 과학자가 아닌 다른 사람들은 어떤 고민을 가지고 살아가는지 알게 되어 좋았다는 것이다. 프랑수아즈의 남편은 그녀가 노벨상 후보자로 선정되던 해에 안타깝게도 세상을 떠났다.

캐롤 그레이더는 조지워싱턴대학교의 교수이자 과학사학자인 나다니엘 컴포트Nathaniel Comfort와 결혼했다. 결혼 초기 그들은 직장으로 인해 떨어져서 지내야 했다. 하지만 그레이더는 1997년 남편이 일하고 있던 조지워싱턴대학교와 가까운 존스홉킨스대학교에 일자리를 구해 함께 지낼 수 있게 되었다.

엘리너 오스트롬은 대학 동기였던 첫 남편과 대학 졸업 후 결혼했다. 첫 남편이 하버드 로스쿨에 입학하자 엘리너는 사무보조일을 하면서 남편의 학업을 뒷바라지했다. 남편이 로스쿨을 졸업하고 취업하자 그녀는 박사학위를 따고 싶다는 의향을 밝혔다. 남편이 이를 지지하지 않자 그녀는 과감하게 이혼을 택한다. 엘리너는 대학원 시절 교수였던 정치학자 빈센트 오스트롬Vincent Ostrom을 만나 재혼했다. 90세인 빈센트는 지금도 생존해 엘리너의 가장 큰 후원자 역할을 하고 있다.

노벨상 수상을 놓친 과학자 중에는 우젠슝이 유일하게 평탄한 결혼 생활을 했다. 우젠슝은 같은 물리학자인 위안자류袁家와 버클리에서 만나 결혼하고 함께 공부했다. 두 사람은 자신들의 연구에 심취했으며 상대방의 학문적 관심을 존중했다. 두 사람은 배우자가 직업에서 성공하는 것을 중요하게 여기고 방해가 될 만한 것을 과감하게 피해갔다고 한다. 이들은 결혼 직후부터 수백 킬로 떨어진 곳에 직장을 잡아 학문을 위해 떨어져 지내는 것을 오랜 세월 감수해야 했다.

여성 과학자 중 독신을 택한 사람도 만족스러운 삶을 살았다. 맥클린톡은 결혼이 필요하다는 생각을 해본 적이 없다고 말한다. 남성과 친밀

하고 감성적 관계를 갖기에는 자신이 너무 독립적이라고 생각했다. 엘리언은 약혼자가 있었지만 약혼자가 갑작스럽게 병으로 사망한 후 새로운 사람을 만날 엄두를 내지 못했다. 리제 마이트너와 에미 뇌터도 독신이었다. 둘은 여성적이라기보다는 중성으로 학문과 결혼한 채 살아갔다.

레비-몬탈치니와 프랭클린은 어린 시절부터 부모의 관계가 '권위적인 아버지와 순종적인 어머니'라는 역할로 나누어지는 것을 보면서 그런 부부 관계를 거부하고자 했다. 레비-몬탈치니는 어머니로서의 역할에 매력을 느끼지 못했다고 말한다. 자신의 삶을 바꾸어 다른 사람의 필요를 충족해줄 자신이 없었다는 것이다. 프랭클린도 지배적인 남편과 복종적인 아내를 보며 결혼에 대해 일찍부터 부정적인 생각을 가지고 있었다. 프랭클린은 행복한 결혼 생활은 할 수 있었겠지만 아이를 원하지 않는다고 말하기도 했다. 보모에게 아이를 맡기기에는 아이를 너무 사랑하고, 전업 주부 어머니가 되는 것은 과학에 대한 애정이 허락하지 않는다는 것이다.

뉘슬라인-폴하르트는 폴커 뉘슬라인Folker Nüsslein을 프랑크푸르트대학교 연구소 파티에서 만난 뒤 1967년 결혼했다. 그녀는 주부로 살거나 아이를 낳고 싶지 않았다. 그녀에겐 학업이 우선이기 때문이었다. 하지만 서독의 사회적 분위기를 고려할 때, 여성의 적극적 사회 참여는 드물었다. 직업을 가진 주부로서 살림을 해나가기가 어려웠다. 집안일은 여자의 몫이었기 때문이다. 진취적인 생각을 가졌던 그녀는 결국 남편과의 이혼을 택한다. 뉘슬라인-폴하르트는 수년 뒤 막스플랑크 학회의 여성 과학자를 위한 강연에서 남녀의 불공평한 관계에 대해 다음과 같이 말했다.

> 남성은 여성보다 무시당하는 것을 참지 못하는데 여기에는 사회적 압

력이 개입한다. 남성이 하루 종일 일하는 것은 정상적인 것으로 간주되지만, 여성이 하루 종일 일하면 남편이 불쌍하게 여겨진다. 남성은 부인이 자기보다 성공하면 참으려 들지 않지만 반대의 경우 문제가 생기지 않는다.[51]

오스트롬도 대학원 진학을 위해 첫 남편과 이혼한다. 그녀는 "남녀 간에 때때로 관계가 지속되지 않는다는 것을 인정하고 서로 갈 길을 가는 것이 현명한 방법일 수도 있다"고 말한다. 뉘슬라인-폴하르트와 오스트롬은 결혼과 일이 충돌했을 때 관계 유지보다 자신이 사랑하는 일을 우선적으로 선택함으로써 오늘의 영광을 얻을 수 있었다.

반면 버넬은 공무원이었던 약혼자와 결혼한 뒤에 일정한 직업을 갖지 못했다. 순환 근무를 다니는 남편을 따라 전국을 돌아다녀야 했기 때문이다. 아들이 태어나자 버넬은 아이와 더 많은 시간을 보내기 위해 임시직을 택한다. 그녀는 대학원 시절 노벨상 수상에 필적할 만한 연구 업적을 내고도 결혼과 육아로 인하여 연구를 지속할 수 없었다. 그러나 아이가 소아 당뇨로 투병하고 남편과의 갈등도 커져 결국 그녀는 가정을 지킬 수 없었다. 그녀는 이혼 후 정식 교수에 임용된다. 버넬은 자신의 연구를 포기하고 가정을 택했지만 결국은 다시 자신의 자리로 돌아오게 되었다. 그 후 버넬은 런던칼리지, 왕립천문대 등에서 활발한 연구를 펼쳤으며 개방대학교Open University에서 물리학과 교수, 배스대학교University of Bath에서 자연과학대 학장, 왕립천문학회 회장 등을 지냈다.

이처럼 여성 과학자의 결혼 생활은 그녀의 연구와 진로에 결정적인 영향을 미친 것으로 드러났다. 같은 분야의 연구자를 만나 공동 연구를 한 여성 과학자의 경우에는 결혼 생활도 하고 노벨상도 공동 수상했다. 독신을 택한 사람도 일부 있었지만 과학적 성공을 거두는 데에는 아무런 문제가 없었다. 부부가 공동 연구를 하지 않더라도 같은 분야의 연구자와 결혼하고 서로의 영역을 존중했을 경우에도 문제가 없었다. 다른 분야의 배우자와 결혼을 한 경우에도 서로를 존중하고 배려했을 때에는 큰 문제없이 과학적 성공을 거둘 수 있었다. 그러나 분야가 같더라도 서로의 역할에 대한 기대가 맞지 않았을 때, 혹은 분야가 달라 서로 이해가 부족했을 때에는 과감히 이혼을 택하기도 했다. 일부 과학자는 불행한 결혼보다는 이혼을 택함으로써 자신의 연구에서 성공을 거두기도 했다. 따라서 결혼은 하느냐 마느냐의 문제가 아니라 어떤 사람과 어떤 결혼 생활을 영위하느냐가 중요한 것으로 보인다. 이해심이 많은 남편과의 결혼은 축배가 되지만 이해가 부족한 남편과의 결혼은 독배가 되기도 한다.

자녀 양육, 어떻게 했을까?

결혼한 여성 과학자들은 자녀를 두었을까? 두었다면 몇이나 두었을까? 이들은 자녀 양육을 어떻게 했을까? 일과 가정의 균형은 어떻게 맞추었을까? 결혼한 여성 과학자들은 대체로 자녀를 가졌고 또 잘 키운 것으로 나타난다. 호지킨은 2남 1녀, 마리 퀴리 부부는 2녀, 이레네 졸리오-퀴리 부부와 로잘린 얄로는 각각 1남 1녀, 게르티 코리와 우젠슝, 조슬린 벨 버넬은 각 1명의 자녀를 두었다.

마리와 피에르 퀴리 부부는 딸을 둘 두었다. 장녀인 이레네 졸리오-퀴리는 노벨상을 수상한 화학자이며, 둘째 딸 이브 퀴리는 천부적 재능을 가진 피아노 연주자 겸 마리 퀴리의 자서전을 펴낸 작가이다. 자녀의 양육은 할아버지가 맡았다. 마리 퀴리는 자녀 양육을 위해 대학 동료 교수와 함께 전문 교육팀을 만들어 큰딸의 유년 시절 교육에 큰 도움을 주었다.

큰딸이 초등학교를 졸업하고 고등학교에 가야 할 즈음 마리 퀴리는 자신의 생각대로 공부를 가르치려고 노력했다. 그래서 그녀는 같은 또래의 자녀를 가진 대학의 동료들을 설득하여 일종의 교육집단을 만들어 열 명의 아이들을 가르쳤다. 여기에 저명한 교수들이 각자 과제를 나누어 자신들의 후예를 기른다는 의미에서 현대 이론들을 가르쳤다. 마리 퀴리는 여기서 물리학을 가르쳤고 폴 랑게벵은 수학을, 장 페링은 화학을 가르쳤다. 그리고 문학은 페링 여사와 샤방 여사가 맡았다. 이렇게 해서 아이들은 2년간 여러 가지의 전문 분야를 배우게 되었는데 주로 대학 수준의 자연과학에 치중했다. 그 후 그들은 부모들의 임무가 너무 무거워지자 다시 정규 학교로 가야만 했다.[52]

장녀인 이레네는 어머니의 실험실 조교로 연구를 시작했다. 아버지 피에르 퀴리의 사망 후에는 어머니의 말벗 역할도 하며 마리 퀴리의 연구 동료로서 늘 교감을 나누었다.

이레네도 프레드릭 졸리오와의 사이에 1남 1녀를 두었다. 이레네가 결핵에 걸려 몸이 쇠약한 상태에서 임신을 하자 의사는 아이를 낳아서는 안 된다고 충고했다. 그러나 그녀는 의사의 만류에도 불구하고 둘째를 낳았고 그 후로 20년 동안 결핵으로 고생했다. 큰 아들 폴은 프랑스 국립과학연구센터에서 일하는 생화학자가 되었고 둘째인 헬렌도 오르세이 핵연구소의 핵물리학자가 되었다. 헬렌은 할머니인 마리 퀴리와 염문설이 돌았던 동료 폴 랑게벵의 아들과 결혼해 할머니 대의 인연을 이어갔다. 이레네는 되도록 많은 시간을 아이들과 함께 보냈다. 그녀는 여성으로서의 자신의 역할은 일과 아이들이라고 단정했다.

내게 만일 아이들이 없었다면 내가 아무리 중요한 실험을 해냈다 하더

라도 그것으로는 만족할 수 없었을 것이라는 사실을 이제 알게 되었어요.[53]

코리 부부는 외아들 칼 토마스를 두었다. 그는 시그마-알드리치라는 제약회사 사장 자리까지 오르게 되었는데 이 회사는 예전부터 게르티와 칼이 연구용 약품을 공급받던 곳이었다. 이 부부는 평일에는 종일 근무했으나 토요일에는 반나절만 일하고 저녁과 주말 시간은 가능한 한 일 이야기를 하지 않고 집에서 쉬면서 아이와 함께 시간을 보냈다. 코리 부부는 가정부를 고용해 가사 일을 덜었다. 부부는 야외 활동을 많이 하고 가족과 시간을 많이 보냈다. 코리는 저녁 시간에는 소리 내어 미국 문학 작품을 읽었고 위인전과 역사물을 탐독했다.

괴페르트-마이어 부부에게는 1녀 1남이 있었는데, 큰딸 마리아 앤 웬첼은 천문학자가 되었고 아들인 피터 콘라드 마이어는 경제학 교수가 되었다. 괴페르트-마이어는 남편의 약속대로 시간제 파출부를 고용했는데 그녀는 이런 비용을 여성으로서 독립적인 경제 능력을 쌓기 위한 일종의 보험이라고 생각했다. 하지만 그녀는 전업주부였던 어머니로부터 사랑받는 외동딸로 자란 경험 때문에 양육과 연구를 병행하는 데 어려움을 느꼈다고 고백했다.

> 자녀 양육과 직업 활동을 병행하는 것에 대한 심리적 압박이 간단한 것은 아니나 아이들이 크면 이러한 연관성을 이해하고 어머니가 과학자라는 사실에 긍지를 느낄 것이다.[54]

호지킨은 문화인류학자인 토마스 리오넬 호지킨과의 사이에 3남매를 두었다. 큰아들 루크는 알제리대학교의 수학 교수가 되었고 둘째 딸 엘리자베스는 잠비아 여학교의 교사가 되었다. 그리고 셋째 아들인 토비는 인도의 식물유전학자가 되었다. 자녀 양육은 주로 시어머니와 남편이 맡아주었지만, 그녀 역시 자녀 양육을 위해 노력을 다했다. 그녀는 점심을 먹기 위해 집까지 걸어가 아이들과 함께 시간을 보내고 5시에는 집에 돌아가 식구와 저녁을 함께 먹었다. 야근을 좋아하지 않았고, 야근을 하지 않는 것에 대해 과학 연구에 소홀하다는 죄책감을 느끼지는 않았다고 한다. 그녀는 가족과 시간을 보내는 것을 당연하게 생각했다. 그녀는 여성이 진정으로 자연과학에 전념하고자 한다면 가사보다는 자녀들을 더 보살펴야 한다고 주장한다.

얄로는 1남 1녀를 두었는데 아들인 벤자민은 박사학위를 받은 뒤 뉴욕주립대학교 컴퓨터 센터의 관리자가 되었고 딸인 에라나는 탁아소를 설립하는 캘리포니아 회사의 관리자가 되었다. 얄로는 보모에게 육아를 맡겼지만 아이들이 문제를 대면하고 스스로 해결할 수 있도록 격려했다. 그녀는 과학 연구에 있어서는 공격적이었지만 자신의 중요한 가치관에 위배되는 관습을 제외한 기존의 관습에 대해서는 반기를 들지 않았다. 따라서 여자가 집안일에 대한 책임을 져야 한다는 것을 받아들이고 집안일을 전혀 하지 않는 남편과의 갈등을 줄일 수 있었다. 이런 경험 때문에 그녀는 퇴임 후 어느 강연에서 미국은 일하는 여성의 육아 지원 문제에 더욱 신경을 써야 된다고 역설했다.

엘리자베스 블랙번은 가족과 일에 대한 의무가 양자택일이 아닌 시간 분배라고 강조한다. 그녀는 출산 후 남편과 협의 하에 가족과 일 두 가지에만 전념하기로 했기 때문에 나머지 활동은 중단할 수밖에 없었다. 그녀는 예전처럼 근사한 식당에서 외식을 하거나 극장에서 영화를 볼 수도 제대로 여름 휴가를 떠날 수도 없었다. 하지만 가족과 일을 사랑했으므로 행복할 수 있었다고 고백한다. 그녀는 교수로 임용되던 해에 임신 사실을 알게 되었고 이듬해에 아들 벤자민을 출산했다. 그때가 38세였다. 노벨상 수상 당시 아들은 22세의 대학생이 되었다.

블랙번은 아이를 가짐으로써 예전만큼 연구에 집중할 수는 없지만 오로지 자녀 양육을 위해 희생하는 것은 아니라고 말한다. 장기적 시각에서 보면 직업적 경험에서 잃는 부분은 많지 않다는 것이다. 현재 상황에 따라 우선순위를 정해놓고 집중한다면 자녀와 함께하는 시간이 매우 중요하다고 역설한다. 자녀 양육에 대한 시간을 투자하는 것이 중요함을 일하는 여성들에게 일깨우기 위해 "가정과 일의 균형 맞추기: 가능한 방법"[55]이라는 온라인 기사를 내기도 했다.

캐롤 그레이더는 수상 기자 회견에 당시 13세의 아들(찰스)과 10세의 딸(그웬)과 함께 나와 사진을 찍었다. 그녀는 둘째 딸을 임신했을 때 여성 교직원을 대표하여 탁아소 설립을 주장해 아이들을 데리고 출근할 수 있게 되었다. 그녀는 주변 상황을 최대한 안정적인 상태로 유지해놓아야 한 가지에만 집중할 수 있다고 한다. 그녀가 연구 중에 아이들이 잘 있는지 확인하기 위해 전화를 하는 일은 없지만 항상 핸드폰을 옆에 둔다고 한다. 그래야 자녀에 대한 걱정을 잊고 연구에 전념할 수 있기 때문이다. 그녀는 육아를 위해 베이비시터를 고용했다.

요나트는 딸 해지트 요나트Hagit Yonath를 박사 과정 시절에 낳았다. 딸은 셰바 메디컬센터의 의사가 되었다. 그녀는 많은 자녀를 낳고 싶었지만, 첫째를 낳은 뒤 유산을 하고 다시 아이를 낳지 못하게 되었다고 한다. 그렇지 않았다면 4-5명은 낳고 싶었다고 말한다. 그녀는 특별히 가정과 일의 균형에 대해 고민하거나 계획을 세우지는 않았다고 한다.

> 그냥 일이 닥쳤을 뿐이고 그게 내가 살아가는 방식이다. 만약 정상적인 어머니상이라는 것이 존재한다면 나는 그들이 소위 말하는 정상적인 어

머니상이 아닐 것이다. 그럼에도 불구하고 지금까지 내가 딸, 손녀와 좋은 관계를 맺고 지내는 것이 기쁠 따름이다. 그러므로 문제를 다른 관점에서 살펴볼 필요가 있다. 내가 만약 자녀를 위해 모든 것을 희생하고 자녀에게 필요한 것을 모두 충족시켜주어야겠다는 마음을 먹었다면 일과 육아를 병행하기 힘들었겠지만, 나는 커리어와 자녀에 대한 최소한의 역할을 적절히 조화시켰다.[56]

요나트는 여성은 자신이 복 받은 존재라는 사실을 깨달아야 한다고 주장한다. 여성 과학자는 잠시 자리를 비워야 할 상황이 생기면 '아이들에게 엄마가 필요한 상황이라 잠시 연구실을 비워야 한다'고 말할 수 있지만 남성 과학자가 그런 이유를 들어 연구실을 비우는 것은 매우 어려울 것이기 때문이다.

우젠슝도 외아들인 빈센트의 양육을 위해 보모를 고용했고 실험이 끝난 후 되도록 빨리 집에 갈 수 있도록 실험실 가까운 곳으로 집을 이사했다. 남편과 함께 물리학자 부부 사이에서 자라난 아들 빈센트는 어머니가 교수로 재직했던 컬럼비아에서 박사학위를 받은 뒤 유능한 물리학자가 되었다. 그러나 1940~50년대에 우젠슝으로부터 지도를 받았던 학생들은 초등학교 1학년인 빈센트를 4년간 기숙학교 생활을 하도록 한 것에 대해 빈센트가 어머니로부터 충분한 관심을 받지 못한다고 생각하기도 했다.

남편과 이혼한 후 아이를 홀로 양육했던 버넬은 아이가 커가면서 학교생활 패턴이 달라질 때마다 자신의 연구 패턴을 바꿀 정도로 자녀 교육을 중요시했다. 하지만 아이의 등하교길에 동행하면서 연구에 대한 구상을 할 정도로 자신의 연구 주제에도 소홀히 하지 않았다. 하지만 그녀가 시간제로 일했기 때문에 남자 동료들에게 자신의 일에 대해 진지하게 생각지 않은 사람으로 평가받는 것을 아쉽게 여겼다. 하지만 그것이 꼭 나쁜 것은 아니었다.

> 아이를 키우기 위해 18년 동안 하루에 반나절씩 시간제로만 일했습니다. 그런 생활 덕분에 오히려 저에게 주어진 시간 동안 효과적으로 연구에 몰두할 수 있었다고 생각합니다.[57]

바레-시누시와 오스트롬은 자녀가 없다. 바레-시누시는 결혼식 당일에도 연구실에서 실험에 매진하던 중 남편의 전화를 받고 결혼식장으로 달려갈 정도로 연구에 빠져 있었다. 바레-시누시는 실험 연구도 가족의 일부라고 말한다. 오스트롬은 필자와의 인터뷰에서 가족을 꾸리지 않겠다는 명확한 결심을 가지고 있었다고 말했다. 그녀가 젊었을 때에는 연구와 자녀 양육을 양립하는 것이 매우 어려웠기 때문이라는 것이다.

많은 여성 과학자들이 자녀를 낳았다. 보모나 시부모, 남편의 도움으로 양육을 했다. 이들은 자녀 양육에도 성공한 것으로 보인다. 자녀를 자신의 커리어에 방해물이라고 생각하기보다는 가족도 연구의 일부분이라고 생각했다. 가능하면 연구실 가까이에 살면서 자녀를 보호하려고 애썼다. 가사는 등한시하더라도 자녀의 양육과 교육에 대해서는 각별했다. 이들은 수퍼우먼이 되려고 노력하기보다는 우선순위를 정해 연구와 가정의 균형을 맞췄다. 오스트롬은 양자를 양립할 자신이 없어 의도적으로 자녀를 갖지 않았다. 하지만 자신의 선택이었기에 후회하는 모습은 찾을 수 없었다.

성정체성, 과학자에게도 필요할까?

여성이 자신감이 부족한 이유는 생존을 위해 의도적으로 겸손하기 때문이기도 하지만 정체성이 위협을 받기 때문일 수 있다. 여성 과학자들은 자신의 성정체성에 대해 어떤 생각을 가지고 있을까? 성공한 여성은 여왕벌증후군Queen Bee Syndrome을 보인다고 한다. 즉, 자신들은 성공했기 때문에 다른 여성이 경험하는 성차별 문제를 일반화하기 꺼린다는 것이다. 오히려 여성도 유능하면 얼마든지 성공할 수 있다고 믿기에 여성의 문제를 능력이 부족한 여성의 문제로 간주한다는 것이다. 실제로 여권 의식이 투철한 여성은 주류 사회로부터 거부감을 받기 때문에 주류에 편입되는 것이 어려울 수도 있다. 성공한 여성 과학자들은 어느 수준에서 성평등 의식과 자신의 성정체성을 유지했을까?

성공한 여성 과학자들은 자신들이 많은 차별을 경험했기 때문인지 대체로 여성적 정체성에 대해 문제의식을 지니고 있었다. 후배 여성에 대한 격려를 아끼지 않았다. 마리 퀴리는 여성 교육의 필요성을 역설했고 철저한 남녀 평등 의식을 실천했다. 이레네 퀴리는 여러 여권 단체에 참여했다. 그녀는 '여성에게도 가장 소중한 권리인 교육의 기회가 주어져야 하고, 직업 현장에서 얻은 경험으로 남성과 동등한 입장에서 일할 수 있어야 한다'고 주장했다. 그녀는 은퇴 후 여성 평화운동을 했다. 어느 여성 저널리스트가 그녀에게 자신이 선택한 길이 여성이 해내기에 너무 고된 것이 아니냐는 질문을 던지자 이렇게 답했다.

> 전혀요. 저는 남성과 여성의 과학적 능력은 같다고 믿습니다. 하지만 여성 과학자는 통속적인 책임을 포기해야 하지요. (가족에 대한 책임은) 그것이 연구에 부담을 주지 않는 조건이라면 상관없습니다. 제 인생에

있어서 최고의 관심은 과학이니까요.[58]

코리도 연구실에서 성차별을 없애기 위해 노력했다. 그녀는 일하는 어머니를 지지했으며 연구실에 여성을 고용하려고 노력했다. 괴페르트-마이어도 노벨상 수상 후 여성들의 자연과학 연구를 독려했다.

> 자연과학은 원래 여성들에게 가장 적합한 분야입니다. 특히 물리학이나 화학이 그러합니다. 내 경우 물리는 다른 전공 과목보다 훨씬 재미있었습니다. 여성들이 이 분야에서 남성들보다 뒤떨어지고 중요한 기여를 할 수 없으리라고 믿을 이유는 전혀 없습니다.[59]

그녀는 자녀 출산 및 양육으로 인해 불가피하게 몇 년 간 과학 연구 활동을 하지 못하는 상황일 때라도 자신의 연구 분야에 계속 관심을 둔다면 언제라도 다시 일을 시작할 수 있을 것이라고 주장한다. 아이들은 금방 자라고, 또 아이들이 집을 떠나 독립한 뒤에는 여성도 자신의 연구 분야에서 다시 보람찬 삶을 누릴 수 있다는 것이다.

호지킨도 "진정 화학이나 물리학 공부에 관심이 있는 여학생이라면 당당히 이 전공을 택해야 한다. 점점 더 많은 여학생들이 아주 어려운 생물학을 공부하고 있다. 여성이 자연과학에 발을 내리지 못할 것이라는 걱정은 하지 않는다"[60]고 말했다.

> 나는 남자들이 하는 분야가 따로 있다고 생각하지 않는다. 많은 젊은 여성들이 남성들과 똑같이 힘든 일을 하고 있다. 게다가 힘든 작업이 꼭 과학자로 하여금 창조적인 아이디어를 가질 수 있도록 해주는 것도 아니다. 그리고 과학자로서 대단한 업적을 이룬 남성들도 여러 가지 행정적

인 업무 처리에 많은 시간을 소비해야 한다. 이 시간은 여성이 자녀와 가족에게 바치는 시간에 비유할 수 있을 것이다.[61]

맥클린톡은 노벨상을 수상한 뒤, 자신의 연구를 지원해주었던 카네기 재단이 마련한 강연회에서 '우리 여성들은 뭉쳐야 한다'고 말하기도 했다. 뉘슬라인-폴하르트도 과학 분야에서 여성이 홀대받는다는 것을 자각하고 과학을 하는 여성들이 직면하는 문제에 대해 친구들과 토론하기도 했다. 그녀 자신은 여권주의 사상에 익숙했고 친근하게 느꼈으나, 다른 여권주의자들은 그녀를 외부인인 것처럼 취급하는 데 섭섭함을 표했다. 독일의 여권주의자들은 녹색당과 연합하여 반과학적인 태도를 보이기 때문에 자신의 성공에 대해 냉담했다고 느낀 것이다. 린다 벅은 수상 소감문에서 자신의 노벨상 수상을 계기로 여성 과학자들에게 기회의 문은 어느 곳에나 열려 있으니 꿈을 좇으라는 메시지를 전달하기도 했다.

그러나 여성 과학자들이 성차별 문제를 인식한다고 해서 해결 방법에 대해 공감대가 형성되는 것은 아니다. 여성운동가들은 여성 차별을 어느 정도 극복하기 위해서는 여성 과학자 할당제와 같은 적극적 조치를 도입해야 한다고 주장한다. 그러나 여성 과학자들은 여성 차별 문제를 인식하고 있고 또 이를 위한 해결책이 필요하다고 하면서도 할당제의 도입에는 반대한다.

바레-시누시는 자신의 연구 분야인 HIV의 치료를 위한 방향을 제안하며 이는 사회적인 요인으로서 생의학적 요인 단독으로 해결될 수 있는 문제는 아니라고 주장한다. 그녀는 사회적 관점과 과학적 관점을 가진 여러 분야의 전문가들의 화합을 통한 통합적 접근으로만 이러한 문제를 해결할 수 있다고 말했다. 또한 그녀는 여성 과학자에 대한 대우가 나아져야 한다고 생각했다. 그러나 "나는 여권주의자가 아닌 평등주의자이다. 능력과 자질에 따라 높은 자리에 기용되어야 하는 것이지 여성이기 때문에 균형을 맞추기 위해서 기용되는 것은 불합리하다"[62]고 주장했다.

얄로는 "지금도 여성이 같은 수준의 성공을 위해서는 일하는 남자보다 더 노력해야 한다"고 주장한다.

> 지금도 여성들이 같은 수준의 성공을 위해 일하는 남성들보다 더 노력을 많이 해야 한다. 차별의 문제는 차별 그 자체가 아니라 차별을 당하는 사람들이 자신을 2급이라고 생각하는 것이다. 차별하는 사람에 문제가 있었지 내게는 문제가 없다.[63]

얄로도 여성에게 동등한 대우, 동등한 기회를 주어야 한다고 주장하지만 방법에 있어서는 여성운동가와 생각을 달리했다. 과학 분야 여성 할당제는 여성의 경쟁력을 떨어뜨린다는 비난을 제공하는 구실을 할 뿐이라는 것이다. 이런 생각 때문에 그녀는 1961년 연방여성상과 1978년 올해의 여성상의 수상을 거절하며 다음과 같이 그 이유를 밝혔다.

> 당신이 가진 능력과 그 힘의 원천에 대한 믿음을 가져야 한다. 여성이라는 이유로 자신을 고립시킬 필요가 없다. 보호받을 필요도 없다. 그것이 내가 무언가에 공격적으로 접근하는 이유이다.[64]

요나트는 개인으로서나 학자로서 한 번도 나 자신이 '여자'라고 생각하지 않았다고 고백한다. 연구를 하는 동안 엄청난 경쟁을 견뎌야 했지만 이것은 그녀가 여자이기 때문은 아니라는 것이다. 그녀는 "내가 남자였더라도 마찬가지였을 것"이라고 말한다. 뿐만 아니라 요나트는 여성으로서의 차별을 전혀 느끼지 못했다고 주장하기도 한다. 요나트가 보수적인 이스라엘의 학자라는 점을 고려한다면 오히려 성의식을 자각할 기회를 갖지 못했기 때문이 아닌가 추측된다.

레비-몬탈치니도 학문 세계에서 여자이기 때문에 겪은 문제는 전혀 없었다고 말한다.

> 여성이 학자의 길에 들어서서도 충분히 여자로서의 정체성을 지킬 수 있다. 그러기 위해서는 올바른 파트너를 선택하는 일과 자신이 하는 일에 온전히 전념하는 것이 가장 중요하다. 내가 그랬듯이 끝까지 용기를 잃지 않고 자기 일에 몰두하는 것이 중요하다.[65]

오스트롬도 최대한 여성과 소수자에게 기회를 주려 노력하고 여성에 대한 차별에 민감하다. 그렇지만 세상은 그녀가 젊었을 때와는 많이 바뀌었고 더 빠른 속도로 변할 것이라고 말한다. 앞으로는 여성이 원하기만 한다면 얼마든지 많은 기회가 열려 있다는 것이다.

3세대 여성 과학자에게 있어서는 새로운 자각을 발견할 수 있다. 즉, 과학에서의 여성 문제를 다룰 때 단지 여성 과학자에 대한 성차별 문제에서 한 걸음 더 나아가 여성 리더십이 과학적 연구에 새로운 대안이 될 수도 있음에 주목하기도 한다. 하지만 과학의 객관성을 믿기에 과학에 여성 의식이 도입되는 것에 대해 부정적인 생각을 갖기도 한다.

블랙번은 "과학 연구 기관은 여성 리더십을 받아들이는 데 더 유연해져야 한다"고 주장한다.

> 여성들은 과학 연구를 하는 것이 하루 16시간씩 일주일 내내 일해야 하는 것으로 생각하고 있으며 이는 사실일 경우가 많다. 그리고 이것은 가족을 구성하는 것과는 병행할 수 없기 때문에 여성들이 '과학 연구를

하고 싶지 않다'라고 말하는 것이 어리석은 결정은 아니다. 하지만 사실상 꼭 그러한 방법으로 과학 연구를 해야 할 필요는 없다. (중략) 나에게도 가족을 꾸릴 권리가 있고 내가 아이를 갖는다고 해서 과학자로서 실패하는 것은 아니라고 생각할 필요가 있다. 물론 이는 어려울 것이고, 항상 매우 어려운 일이었고 자녀 유무와 관계없이 앞으로도 계속 어려운 과제로 남을 것이다. 자녀 양육과 과학은 같은 범주에서 다룰 만한 요소가 아니기 때문이다. 하지만 쉽지 않은 만큼 그에 대한 보상도 클 것이다. 가족을 갖는다는 건 매우 보람 있는 일이다. 과학 또한 그러하다.[66]

우젠슝은 과학계 내 여성의 위상에 대해 매우 관심이 많았다. 하지만 그녀는 한 학회에서 여성적 관점으로 접근하는 과학에 대해서는 부정적인 의견을 내비쳤다. 그녀가 생물학자가 아닌 물리학자였기에 이런 생각을 토로했던 것으로 보인다.

남성은 과학과 기술 분야에서 언제나 지배자였다. 우리가 살고 있는 환경을 보아라. (중략) 여성적 관점으로 보는 것도 교육과 사회과학의 어떤 분야에서는 이득이 될 수도 있지만, 객관성을 따지는 물리학적, 수학적 과학에서는 아니다. 작은 원자와 핵이나 수학적 기호나 DNA 분자가 남성이나 여성에 대한 선호가 있는지 의심스럽다.[67]

그녀는 과학계의 여성 문제가 왜 풀리지 않는지에 대해 다음과 같이 말했다.

열린 사고를 하는 사람이 여성이 과학과 기술에 지적 능력이 전혀 없다는 잘못된 생각을 믿는지 의심스럽다. 그리고 사회적, 경제적 요인은 여성이 과학, 기술 분야에 참여하지 못하게 만드는 실질적인 방해물이라고 생각하지 않으며, 어떤 발전을 막는 주요 방해물은 언제나 의심할 여지없이 전통이었고 지금도 그러하다.[68]

결론적으로 대부분의 여성 과학자는 자신들의 경험 때문인지, 성차별 문제가 존재한다는 것을 인지하고 있었다. 이들은 모두 성정체성에 대해 고민했던 것으로 보인다. 여성의 교육과 참여를 위해 적극 활동하기도 했다. 하지만 여성 과학자의 할당제를 도입하는 것에 대해서는 부정적인 인식이 꽤 있었다. 급진적인 여권주의자의 인식과는 거리가 있는 것이다.

차세대 과학자에게 들려주는 조언

마리 퀴리

저는 과학이 위대한 아름다움을 지녔다고 생각하는 사람 중에 하나입니다. 연구소에서 자신의 분야를 개척하는 사람들은 그저 단순한 기술자가 아닙니다. 그들은 자신에게 감명을 주는 자연 현상을 대할 때면, 마치 요정 이야기에 흠뻑 빠진 천진난만한 어린 아이와 같으니까요.[69]

이레네 졸리오-퀴리

과학은 인간의 삶을 증진시키고 고통을 줄일 수 있는 모든 발전의 기초다.[70]

게르티 코리

일에 대한 사랑과 일에 몰두하는 것은 내게 행복하게 살아갈 수 있는 토대로 여겨진다. 한 연구자가 일생 동안 잊혀지지 않는 순간이 있다면 그것은 수년간 힘겹게 끌고 나온 연구 끝에 문득 자연의 신비의 베일이 벗겨져 지금까지 캄캄하고 혼란스럽게만 보였던 것이 밝은 불빛 아래 아름다운 모습으로 드러나는 그런 순간들이다.[71]

마리아 괴페르트-마이어

진정 과학을 사랑한다면 주위 시선에 구애받지 말고 하고 싶은 것을 계속 해라. 노벨상 수상은 당신을 감동시키는 하나의 사건에 불과하며 그것으로 인해 당신의 인생을 바꿀 만한 일이 일어나는 것은 아니다.[72]

도로시 M.C. 호지킨

진정 화학이나 물리 공부에 관심이 있는 여학생이라면 당당히 이 전공을 택해야 한다.[73]

로잘린 얄로

현재 미국에는 반지성적, 반과학적 반기술적 강력한 운동이 있는데, 인류가 살아남고 지구에서 번영할 것이라는 믿음을 가지려면 우리는 과학을 통해 지속적인 혁명에 의존해야 한다.[74]

바바라 맥클린톡

당신에게 대중적인 인정은 필요하지 않다. 당신의 실험이 언젠가는 좋은 결과로 끝날 것이라는 것을 믿고 조금 기다려야 한다. 당신이 생각한 것을 실험으로 옮긴다는 것은 정말 기쁜 일이다. 그것보다 더 좋은 일은 없을 것이다. 나는 내 일에 몰두하고 있었고 너무나 깊은 만족을 주었기에 그만두는 것을 생각한 적은 없었다. 너무 좋은 시간을 보냈고 더 나은

시간을 보낼 수 있으리라는 건 상상할 수 없다. 나의 인생은 매우 만족스럽고 흥미로웠다.[75]

리타 레비-몬탈치니

아무것도 두려워하지 말라. 미래에 대해서 두려워하지 말라. 만약 뭔가를 한다면, 대충 하지 말고 그 일에 자신을 완전히 던져라. 그리고 누구와 삶을 함께 나눌 것인지 분명하게 결정하라. 그리하여 그대가 원한다면 아내요 어머니이면서 동시에 여성 과학자도 될 수 있다.[76]

거트루드 엘리언

젊은이들이 자연과학이라는 것에 대해 두려워 뒷걸음질 치는 것을 보면, 나는 이런 경향을 뒤집어버리고 싶은 거의 사도와 같은 열정을 느낀다. 목표가 수고할 가치가 있고 이를 성취하려는 노력에 만족한다면 보상은 확실히 따르게 마련이다.[77]

크리스티안네 뉘슬라인-폴하르트

정말로 관심 있는 일을 하라. 관심 있게 일을 추진하면 성공할 것이다.[78]

린다 벅

당신이 정말로 푹 빠져 있는 일을 하고 싶다면 그것을 이해하는 일만 하면 된다. 그것에 대해 이해하는 순간 당신은 진정한 기쁨을 누리게 될 것이다. 바로 그곳에서 위대한 발견이 시작된다.[79]

엘리자베스 블랙번

젊은 여성들은 자녀 양육과 커리어 중 한 가지만 선택해야 하는 것으로 생각하는 것 같다. 그러나 가족에 대한 의무는 항상 바쁘기만 한 것은 아니라는 것이다. 자녀의 출산부터 독립까지의 기간 중 시간을 어떻게 분배하는가에 초점을 맞춘다면 당신의 커리어를 희생할 필요가 없다. 주변의 지원이 필요한 것은 당연하다. 과학적 분석력을 이용해 당신이 가진 문제를 어떻게 해결할 것인지 고민해보아라.[80]

캐롤 그레이더

미래에는 여성 과학자들의 연구 환경이 달라지기를 진심으로 바란다. 그렇지만 과학자적 사고로 생각을 해볼 때 여성 과학자 세 명의 노벨상 수상은 단지 하나의 이벤트에 지나지 않는다. 하나의 사건을 보고 그것이 요즘 경향이라고 말하지는 않겠다. 단지 그렇게 되기를 바랄 뿐이다. 내가 노벨상 수상 후 존스홉킨스에서 마련한 기자 회견에서 했던 일 중 하나는 두 아이를 동행한 것이었다. 신문 기사에 나와 아이들이 함께 찍힌 사진이 나왔다. 지난 수 세기 동안 얼마나 많은 내 또래의 남성 과학자들이 노벨상을 수상했는가. 그들의 사진에서 아이들을 찾을 수 있었는가. 그렇다. 이것이 큰 차이점이다. 그것이 바로 내가 하고 싶은 이야기이다.[81]

아다 E. 요나트

여성은 전체 인구의 절반을 차지하고 있다. 세계는 여성이 과학 분야에 종사하는 것을 독려하지 않음으로써 그 절반의 두뇌력을 잃어가고 있다. 여성은 격려받을 때 위대한 일을 해낼 수 있다. 나는 여성이 관심 있고 호기심을 충족시켜주는 분야의 일을 할 기회를 갖기를 바란다. 그리고 세

계가 이에 대해 열린 자세를 갖기를 바란다.[82]

엘리너 오스트롬

자신이 진정으로 관심 있는 연구 문제를 택하라. 그것을 추구하다 보면 좋은 결과가 있을 것이다.[83]

한국 여성 과학자의 리더십

II

여러 제약에도 불구하고 한국에는 많은 여성 과학기술인 리더들이 성공적으로 활동하고 있다. 무엇이 그들을 성공으로 이끌었을까? 이들의 성공 요인은 그렇지 못한 사람들에게는 장애 요인이 될 것이다. 동전의 양면이라고도 할 수 있는 여성 과학기술인의 성공 요인과 장애 요인을 경험적으로 살펴봄으로써 차세대 여성 과학기술인 리더십 함양을 위한 교훈을 찾아보자.

한국 과학기술인에 대한 연구도 노벨상 수상자와 유사하게 진행되었다.[1] 생애사는 어린 시절, 학위 과정, 전문인 시절, 가정생활, 미래 등의 생애 주기로 나누어 분석되었다. 어린 시절 중에는 부모님과의 관계, 형제 관계, 집안에 남녀 차별의 분위기가 있었는지, 문과나 예술 방면에도 소질이나 재능이 있었는지, 어린 시절 꿈은 무엇이었는지, 과학에 처음 호기심을 갖게 된 계기나 과학을 전공하게 된 계기는 무엇인지, 어린 시절의 취미나 성격적 특징은 어땠는지 등을 살펴보았다.

학위 과정과 관련해서는 출신 대학과 학과, 대학원 교육을 어디에서 받았는지, 중간에 전공을 변경했는지, 학창 시절 리더십 경험이 있었는지, 누가 과학 전공에서 멘토 역할을 했는지, 멘토가 어떤 역할을 했는지, 전문 과학기술인이 되는 데 가장 소중했던 경험은 무엇이었는지 등을 살펴보았다. 전문인 시절과 관련해서는 현직, 리더로서의 경력, 스스로 생각하는 성공 요인, 가장 어려웠던 점, 가치관 등을 살펴보고 포기하고 싶은 순간이 있었는지, 리더로서의 멘토가 있었는지 등도 알아보았다.

여성은 전문인으로 성공해도 일과 가정생활을 양립시키지 못하면 불행을 느낄 정도로 가정생활에 큰 무게를 둔다고 한다. 가정생활과 관련해서는 현재 자녀와의 관계가 어떠한지, 자녀는 누가 돌봐주는지, 남편의 직업이 무엇인지(여성 과학기술인과 같은 분야에 있는지), 남편의 도움이 전문인으로서의 성공에 얼마나 중요했는지, 자녀 양육에 대한 철학은 어떠하며 가정과 일을 양립하는 데에서 오는 어려움은 무엇이었는지 등을 살펴보았다. 여성성에 대한 자각이나 여권 의식이 있었는지 그것이 전문직이나 리더십에 어떤 영향을 미쳤는지에 대해서도 연구했다. 저자들의 미래에 대한 생각을 알아보기 위해 향후 꿈이나 계획, 후배 여성 과학기술인이 성공하기 위해 필요한 자질이나 준비해야 할 것 등에 대한 조언도 정리해보았다.

한국과학문화재단이 펴낸 47인의 남녀 과학기술인에 대한 자서전 『과학기술인! 우리의 자랑』은 비교적 대중적으로 널리 알려진 원로 과학기술인들의 이야기를 담고 있다. 이 책은 좌절과 도전을 가감 없이 담아내 관련 서적 가운데 가장 흥미진진하고 독자에게 많은 영감을 준다. 특히 이 책은 성공한 38명의 남성들의 이야기에 9명의 여성이 어깨를 나란히 하고 있어 남녀 과학자를 비교할 수 있는 매우 소중한 자료다. 다른 책에서 다룬 여성 과학자들의 연배가 비교적 낮은 데 비해, 이 책은 비슷한 연배의 성공한 남녀 과학자를 담고 있어 성별 비교에 매우 유용하게 사용되었다. 이 책뿐만 아니라 남성 과학기술인에 대한 자서전을 참고하여 남녀 과학자 비교를 시도했다.

이 책에 사용된 표본은 모두 126명의 여성 과학기술인과 80명의 남성 과학기술인이다. 남성의 연령이 여성에 비해 많다. 정확한 연령을 확인할 수 없는 경우도 많았고 확인이 되어도 책을 썼을 때의 나이와 현재가 차이가 있어 정확한 분포를 아는 것은 불가능하다. 2008년 현재 연령을 기준으로 여성은 30대 4명, 40대 22명, 50대 43명, 60대 15명, 70대 5명, 타계한 분이 1명이었다. 남성은 40대 11명, 50대 26명, 60대 16명, 70대 12, 80대 9명, 90대 1명, 타계한 분이 4명이었다. 남성은 업적이 분명하게 드러난 고연령자가 많이 포함되었고 상대적으로 정보 찾기도 용이해 대부분 연령을 파악할 수 있었다. 남녀 표본은 구성에서 차이가 있기는 하지만 이러한 점을 감안해 비교한다면 여성 과학자가 되는 데 필요한 성공 및 장애 요인이 좀 더 분명해지리라 생각한다.

한국의 여성 과학기술인 연구는 노벨상 수상자에 대한 전기와는 달리 짧은 개인적 기술에 의존하고 있어 정보가 한정된다. 따라서 리더십 다섯 차원에 대한 정보를 모두 포함하고 있지 않다. 분석도 제한적으로 이루어질 수밖에 없었다. 그러나 표본의 수가 많고 남성 과학자와의 비교도 가능하기 때문에 일반화에는 더 유리한 측면도 있다. 이 책에서는 남녀 비교에 초점을 맞추어 리더십과 관련하여 의미 있는 유사성과 다른 점을 분석하고자 한다. 한국 과학자에 관련된 부분은 대체로 과학자 본인의 생각이나 경험 등을 소개한 자료들을 직접 인용하는 방식으로 살펴보았다.

1
여성과 남성 과학기술인의 공통점

높은 교육 수준

연구에 포함된 남녀 과학기술인은 남녀 공히 높은 교육 수준을 보여준다는 특징이 있다. 학력이 나오지 않는 사람을 제외한 표본 205명 중에서 170명(82.9%)이 박사학위 소지자였으며 20명(9.8%)이 석사학위 소지자, 14명(6.8%)이 학사학위 소지자였다. 남성만 보면 전체 80명 중, 74명(92.5%)이 박사학위 소지자였으며 2명(2.5%)이 석사학위 소지자, 4명(5%)이 학사학위 소지자로 나타났다. 이는 공학 분야가 적어도 석사학위가 있어야 안정된 일자리를 얻을 수 있다는 최순자의 연구 결과와도 일치한다.[2] 과학기술 분야에서 제대로 된 전문성을 발휘하기 위해서는 석·박사학위가 필요함을 알 수 있다.

이들의 출신 대학을 살펴보았다. 우리 사회가 학벌 사회라 소위 SKY(서울대, 고려대, 연세대) 대학에 들어가기 위해 학생들이 어려서부터 목숨을 걸고 공부하는 경향이 있다. 하지만 전체 표본 중 34.3%만이 이들 대학을 졸업해 대학에 상관없이 얼마든지 훌륭한 과학기술인으로 성공할 수 있음을 발견했다. 이를 성별로 살펴보면 남성의 경우는 80명 중 47명이 서울대 출신으로 절반 이상을 차지했고, 연세대 출신은 모두 8명이었다. 출신 대학이 명기되지 않은 과학자가 소수 있기는 해도 고려대 출신 과학기술인이 한 명도 선정되지 않은 점이 특이하다. 여성의 경우는 비 SKY대학 출신이 64.5%를 차지했다. 이러한 차이는 남녀 표본의 크기와 연령의 차이에서 비롯된다고 생각된다. 특히 젊은 세대로 갈수록 지방대나 비SKY대를 나와서 세계적인 과학기술인으로 성공한 경우가 많다. 과학기술 분야는 다른 분야와 달리 학벌보다는 연구의 수월성이 객관적으로 인정받기 때문인 것으로 보인다. 이 결과는 세속적인 학벌보다는 전공과 적성이 더 중요하다는 사실을 다시 한 번 일깨워 준다.

박사학위 소지자의 학위 수여 국가는 미국이 전체의 49%로 압도적으로 많은 가운데 그 뒤로 46명(22.5%)이 한국이었으며 소수의 과학자들이 일본(7명), 독일(4명), 영국(4명), 캐나다(4명), 러시아(1명)에 분포되어 있다. 그 이유는 미국 대학의 과학기술 경쟁력이 가장 우수하기도 하고 장학 혜택이 많기 때문인 것으로 해석된다. 한국에서 학위를 한 토종 과학기술인들이 다수 포함된 것은 우리나라 과학기술계의 달라진 위상을 보여주고 있다.

열정과 높은 만족감

남녀를 불문하고 여기에 소개된 과학기술인들이 가장 공통적으로 언급한 요인은 자신의 삶과 직업에 대한 높은 만족도라고 할 수 있다. 성공적인 삶을 살았다 하더라도 가지 않은 길에 대한 후회나 아쉬움을 전혀 찾을 수 없는 것이 눈길을 끈다. 상당수 과학자가 다시 태어나도 같은 길을 걸을 것이라는 확신에 찬 모습을 보여주었다. 과학기술인의 앞날에 대해서도 매우 긍정적으로 전망하는 데에서도 공감대가 형성되어 있었다.

이들이 자신의 일에 대해 높은 만족감을 드러내는 이유는 남의 눈을 의식하지 않고 자신이 잘할 수 있고, 열정을 쏟을 수 있는 일을 택했기 때문일 것이다. KAIST 기계공학과 교수 박수경은 후배에게 이렇게 조언한다.

> '시대적 흐름과 유행'이라는 코드보다 더 우선시해야 할 진로선택의 고려요소는 내 마음속의 목소리에 귀 기울이는 것이라고 말하고 싶다.[3]

원자력환경기술원 책임연구원 박세문도 자신의 성공 비결이 일을 포기하지 않는 열정에 있다고 말한다. 통신소프트웨어 연구개발 기업인 (주)모두텍의 대표이사 박경숙도 '일하는 재미'를 자신의 성공 요인으로 지적한다. 한양대 영양학과 교수 이상선은 열정이 있어야 성공하는 이유를 다음과 같이 설명한다.

> 사람은 누구나 자기가 좋아하는 것을 할 때 가장 효율이 높다고 생각한다. 아무리 힘든 일이라도 좋아서 할 때에는 힘든 줄을 모른다. 당연히 억지로 하는 사람보다 좋아서 하는 사람이 일을 훨씬 더 잘할 수 있다.[4]

이러한 태도는 남녀 과학기술인에게서 공히 발견된다. 이화여대 석좌교수인 최재천도 "좋아하는 일에 집중해야 한다"고 말한다. 포항공대 생명공학과 교수 황인환도 "재미있는 것을 하고 살자"는 것이 자신의 좌우명이라고 말한다. 연세대 천문우주과학과 교수 윤석진은 "학문에 대한 열정과 호기심을 평생 유지하고 싶다"는 희망사항을 피력한 바 있다.[5]

호기심과 창의력, 도전 정신

남녀 과학기술인에게서 공통적으로 발견되는 또 하나의 특징은 어려서부터 호기심이나 질문이 많았다는 점이다. 스스로 문제를 찾아 해결한 사람도 많았지만 부모님이 친절하게 답해줌으로써 호기심을 키워주었고 이것이 훌륭한 과학자가 되는 데 큰 도움이 되었다고 회상한다. 창의성의 중요성과 필요성을 강조하는 점에서도 남녀 공통적이다. 모든 성공한 사람에게서 발견되는 특성이기도 하지만 과학기술인은 새로운 것에 과감히 도전하는 사람이다.

가령, 아주대 수학과 교수인 고계원은 수학하는 사람들은 "어렸을 때부터 주위에서 일어나는 일의 기본적인 원리를 이해하거나, 패턴을 찾아내는 데 관심이 많다"고 말한다.

> 나도 어렸을 때부터 혼자 질문을 하거나 원리를 이해하고 싶어 했다. 수학 밖에서도 그랬다. 중학교 때는 사람들이 '착하다'라고 말하는 게 무슨 의미인지 오랫동안 생각해보기도 했다.[6]

식품의약품 안전청장을 역임한 김정숙은 "나는 새로운 시도를 하는 데 주저하지 않았고 새로운 분야에 대한 도전을 즐겁게 받아들였다"고 회상한다. 한국 최초의 출연 연구기관 여성 기관장이 된 표준과학연구원장 정광화는 과학을 공부한 계기를 "자연에 대한 호기심과 경외감으로 그것을 탐구하고 싶었다"고 말한다. 동신대 한약재산업학과 교수 김선민도 호기심이 많은 것을 자신의 성격적 특성으로 간주한다.

평촌 신도시를 설계한 건축가이자 현역 민주당 국회의원인 김진애는 직업에서의 성공이 호기심을 유지하는 것이라고 할 정도로 호기심의 중요성을 다음과 같이 강조한다.

> 99퍼센트 정도의 사람들은 자기가 택하는 전공의 속성이 어떤 것인지 잘 모른 채 호기심과 끌림과 동경에 의해 선택한다. 관건은, 자신의 전공에 입문해서 배우고 실무에 나서서 일하고 자라는 과정에서 얼마나 호기심을 잃지 않느냐, 처음 접했을 때의 그 두근두근거림과 설렘을 간직하느냐, 이력이 붙어도 항상 새로운 자세로 자신의 일을 대하느냐에 달려 있는 것 아닐까? 최고의 방식은 역시 끊임없이 '새로운 일'을 통해 '새로운 문제'에 부딪혀보는 것이다.[7]

남성 과학자도 이 점에서 여성 과학자와 차이가 없다. 서울대학교 융합과학기술대학원장 안철수는 어린 시절을 "매사에 호기심이 많았고 혼자서 뭔가를 만들기를 좋아했다"고 회고한다. 조류학자 윤무부도 어린 시절을 이렇게 기억한다. "모든 것이 궁금했던 나는 호기심이 발동하면 무조건 질문을 퍼부었다. 그때마다 아버지는 아주 쉽고도 재미있게 자연의 이야기를 들려주셨다." 물리학자인 임지순은 "초등학교 때도 달이 지구 주위를 돌거나 밀물과 썰물이 생기는 것을 이상하게 여기고, 곰곰이 생각한 끝에 나름대로 설명의 근거를 찾아냈던 것이 기억난다"고 할 정도로 호기심이 생기면 스스로 문제를 탐구했다. 고려대 화학과 교수 진정일도 자신의 성격상 특징을 '호기심'이 많은 것이라고 말한다.[8]

조선공학자인 민계식은 어린 시절을 이렇게 기억한다.

> 특히 진흙이나 나무로 장난감과 모형을 만들거나 여러 가지 물건을 만드는 것을 좋아했다. 유치원 시절에는 대청마루 벽에 걸려 있던 벽시계를 비롯하여 형이나 누이 방에 있던 괘종시계를 뜯어보고 다시 맞추지를

못해 난감한 적이 몇 번 있었지만 부모님으로부터 꾸중을 들었던 기억은 없다.[9]

SK텔레콤 부회장과 과학기술부 장관을 역임한 서정욱도 호기심으로 가득한 어린 시절을 보냈고 이를 허용하는 가정 분위기에서 자랐다.

> 친가 외가를 통틀어 첫 손자였기에 누릴 수 있는 특전이었다. 사실 지금으로 치면 고급 가전제품들로 당시에는 흔하지 않던 시계, 유성기, 카메라, 활동사진기, 라디오, 전축 등을 놀잇감처럼 마음대로 만질 수 있었다는 것이 내게는 큰 행운이었다. 분에 넘치는 놀잇감들 때문에 나는 자연스럽게 과학의 세계에 원초적인 호기심을 갖게 되었다. 시계는 어떤 원리로 돌아가는가. 전파는 어떻게 날아오고 날아가는가. 소리는 어떤 장치로 녹음되고 재생되는가. 이런 궁금증은 나로 하여금 닥치는 대로 물건을 분해하게 만들었다. (중략) 한 번은 촛불을 켜놓고 공작을 하다 밥 먹으러 방을 비운 사이에 불이 난 적도 있었다. 그러나 어른들은 크게 꾸짖지 않고 적절한 주의만 주셨다.[10]

이처럼 남녀 과학자의 공통점은 어려서부터 호기심이 많았고 또 그 호기심을 격려해주던 부모님이 있었다는 점이다. 새로운 것에 대한 도전정신도 남달랐다. 노벨상 수상자의 경우에서도 발견되었듯이 이러한 특성을 키우는 데 있어서 부모의 역할은 결정적으로 중요했다.

다양한 취미와 재능

한국의 성공한 여성 과학기술인 중에는 스스로를 조용한 모범생, 혹은 소심한 공부벌레라고 칭한 사람이 남성에 비해 많았다. 하지만 이들이 반드시 이과 성향이 두드러져서 이과를 택한 것은 아니었다. 글짓기 대회에서 장원급제를 할 만큼 문과적 소질이 있고, 소설가나 예술가를 꿈꿨던 사람도 적지 않았다(여성 18명, 남성 14명). 이들이 어린 시절 문과를 잘한다는 이유만으로 문과에 진학했다면 성공한 과학기술인이 되지는 못했을 것이다. 이들은 다양한 취미와 재능을 가졌다는 점에서도 노벨상 수상자와 유사했다.

전남대학교 간호대학 교수인 이영숙은 문학소녀였다.

> 고등학교 시절 나는 '전혜린'의 사상과 열정과 우울과 배움에 대한 욕망에 매료되어 그녀의 수필집과 번역서, 그리고 그녀가 언급한 모든 책을 섭렵하다시피 했다. 그리고 세계문학, 헤르만 헤세, 헤밍웨이, 한국여류문학, 한국단편문학, 한국현대문학, 노벨문학상전집, 이어령과 김형석 전집 등을 닥치는 대로 읽으면서 웃고 울고 시를 줄줄 외우며 공감하는 데 시간을 다 보내며 세상의 일상사와는 담을 쌓고 살았다.[11]

문학은 물론이고 음악이나 미술 등 예체능에 소질을 가진 사람도 적지 않았다. KAIST 교수인 신현정은 미술대회에 나간 적도 있고 서울여자대학교 생명공학부 교수 이연희는 원래 미대를 지원했었다고 한다. 노무현 대통령의 과학기술보좌관을 역임한 순천대 자연과학대학 생명과학과 교수 박기영은 어린 시절의 꿈을 이렇게 회상한다.

> 어렸을 때는 낭만과 정열을 갖고 자연의 아름다움을 화폭에 담아내는 화가가 되고 싶었다. 초등학교 때부터 미술대회에 참가해 여러 번 수상했고, 중고등학교 때에는 그림 전시회가 개최될 때마다 출품할 정도여서

> 미술반 선생님들도 미술 전공을 권했다. 고등학교 때 전시회에 출품했던 유화 그림은 지금도 집에 걸어 놓고 있다.[12]

포항공대 생명과학과 교수 황인환과 같은 대학 환경공학부 교수 홍석봉은 학창 시절 음악을 좋아했다고 한다. 경희대 전자정보학과 교수 김상준은 대학 시절 교내 밴드에서 기타리스트로 활동하기도 했다.

이렇게 성공한 과학기술인이 남녀 공히 다양한 재능과 취미를 가졌던 것이 과학 연구에 어떤 도움이 되었을까. 서울여자대학교 생명공학부 교수 이연희는 다양한 분야의 관심이 오히려 창의성에 도움이 된다고 말한다.

> 좋아하는 전공을 깊이 있게 파고드는 것도 중요하지만 그에 못지않게 다른 분야도 공부하는 것이 창조적인 생각에 도움이 된다.[13]

뒤늦게 만난 멘토

한국의 남녀 과학자의 경우에도 과학에 관심을 갖게 된 계기는 어린 시절에 이루어졌다. 노벨상 수상자처럼 부모나 친척, 교사, 학교의 영향, 개인적인 호기심 등이 가장 큰 영향을 미쳤다. 그러나 과학에 직접적인 관심을 갖게 된 경험은 연배가 높은 과학자들의 경우에는 남녀의 사회화 과정이 다르게 나타났다. 여성의 경우는 과학 분야에서 멘토를 학위 과정에서 뒤늦게 만나는 경우가 많았다. 이 때문에 자신의 소질을 늦게 발견하고 자신감도 늦게야 얻게 된다. 과학자로서 가장 소중한 경험과 관련해서는 국제 학회 참석 경험과 연구 프로젝트를 언급한 사람이 가장 많았다.

반면 남성 과학자의 경우에는 연배가 높은 세대의 경우에도 초중고교 시절부터 놀이나 실험에서 혹은 과학대회 참가 등을 통해 일찍 재능을 발견한 경우가 적지 않았다. 대학교 이전에 과학에 관심을 갖게 되었다고 언급한 남성 과학기술인은 80명 중 16명(20%)이었다. 위인전이나 과학 관련 서적, 잡지 등을 읽고 영향을 받은 경우가 5명, 중고교 시절의 과학 실험이나 모형 만들기 대회 등에서 입상한 것을 꼽은 사람이 7명, 히로시마 원폭 투하나 아폴로 달 착륙 등 역사적 사건을 꼽은 사람이 4명이었다.

여성도 젊은 세대의 경우는 남성과 마찬가지로 어렸을 때 일찍 과학적 경험에 노출되었다. 대학 이전에 과학에 관심을 갖게 되었다며 어린 시절을 언급한 여성 과학기술인은 126명 중 29명(23%)이다. 여성의 비율이 남성에 비해 결코 낮지 않은 이유는 여성 과학자의 평균 연령이 낮기 때문이다. 여성의 경우는 부모의 영향, 가족이나 친척의 영향, 가족이나 자신의 병이나 신체에 대한 관심에서 비롯된 경우가 주로 언급되었다. 그 외에 책이나 위인전 등을 통해서 과학에 관심을 갖게 된 경우가 많았다. 학교에서의 수업이나 교사, 수학이나 이과 과목을 잘해서 관심을 갖게 된 경우나 중학교 때 초청 강사의 영향, 과학 경시대회 등 가족 이외의 직접 경험은 모두 9명이 언급했다.

한국과학문화재단 인터넷 사업실장인 조향숙(45세)은 초등학교 6학년 과학실험대회에 참가하면서 과학에 흥미를 갖게 되었다고 말한다. 자서전을 쓸 당시 40대 중반이었던 서울대학교 자연과학대학 수리과학부 교수 강혜정도 중학교 때 수학을 잘해서 관심을 갖게 되었다고 말한다. 물리학자이며 당시 연구자원관리단장이었던 민병주도 남성처럼 비교적 어린 시절에 소질을 발견한 경우이다.

초등학교 4학년 때 처음 주산을 배웠는데 재미가 있어 열심히 했더니 배운 지 1년도 안 되어 3급자격증을 땄다. 3급자격증만 있어도 은행에 취직할 수 있던 시절이고 보면 제법 주산을 잘했던 모양이다. 주산을 잘해서 암산도 남보다 잘했던 것 같고, 그래서인지 계속 주산을 배우고 싶었지만 학원 다니는 걸 싫어하신 어머니의 강요로 그만둬야만 했다. 초등학교 시절에는 기계를 만지는 것도 좋아해서 6학년 때는 집에 있던 자전거의 브레이크를 분해해서 다시 조립하기도 하고, 사소한 고장은 직접 고치기도 하는 등 기계에 친숙했던 기억이 난다.[14]

이화여대 화학과 교수 전길자는 어렸을 때 학교에서 과학에 흥미를 발견한 소수의 여성 과학자 중 하나이다. 전길자는 "5남매 중 셋째로 태어나 성장하면서 가족에게도 큰 관심의 대상이 되지 못했기에 나 스스로도 자신의 존재를 크게 인식하지 못한 채 매사에 소극적인 소녀로 성장했다"고 고백한다.[15] 앞에서 부모의 영향을 많이 받았다고 고백한 여성 과학자의 경우는 딸 부잣집에서 태어났거나 고명딸인 경우가 많았다. 반면, 전길자는 가정에서 지지와 격려를 받지 못한 반면 학교에서 그 소질을 발견하게 된다.

고등학교 1학년 과학실습 시간에 있었던 화학실험은 내 일생을 걸 만한 '새로운 세계와의 운명적인 만남'을 만들어주었다. 금속나트륨(Na)을 물에 넣었더니 그 금속이 물 위에서 춤추듯 돌아다니다 없어지면서 무색의 물이 붉게 변해갔다. 마술과도 같은 그 현상에 나는 매료되고 말았고, 이러한 자연현상을 연구하는 분야가 화학이라는 것을 알게 된 나는 고등학교 시절 내내 화학과 물리 공부에 심취했다.[16]

한국과학문화재단 홍보미디어실장 조숙경도 학교에서의 경험이 중요했다.

> 그것은 새로 부임해 오신 과학선생님 때문이었는데, 선생님은 단순히 총각이라는 것 말고도 사춘기 소녀의 마음을 사로잡기에 충분한 여러 가지 요소를 가지고 있었다. 선생님께 잘 보이고 싶었던 나는 구할 수 있는 모든 문제지를 구입하여 예습을 해가곤 했다. 그런 나에게 선생님은 여러 가지 실험의 기회를 만들어주셨고, 퀴리부인의 정열을 이야기해주셨다.[17]

그러나 여성의 경우는 과학 실험이나 모형 만들기 대회 참여 등의 구체적인 경험을 한 경우는 극히 드물었다. 그에 비해 한국과학문화재단 인터넷 사업실장 조향숙의 경우는 일반 여성들과 달랐다. 그녀는 6학년 때 담임선생님인 사공인헌 선생님을 만나면서 당시 학교 대표로 군에서 개최하는 과학실험대회를 준비하며 직접적인 경험을 쌓았던 것이다.

하지만 한국의 과학기술인은 남녀 모두 어린 시절부터 과학에 관심을 갖게 된 경우가 노벨상 수상자에 비해 턱없이 적었다. 과학 공부에 있어서 멘토로서 구체적인 안내를 하거나 조기 교육을 시키는 경우는 그리 많지 않았다. 한국 과학자들은 대부분 과학 분야에서의 멘토를 뒤늦게 만났다는 공통점이 있다. 이들이 아인슈타인처럼 좀 더 일찍 멘토를 만났다면 결과는 많이 달라졌을지 모른다. 소수의 과학기술인이 친척이나 부모님을 과학 공부의 멘토라고 언급했지만 상당수 사람들이 석사 혹은 박사 과정의 지도교수를 멘토로 기억했다. 중고교 교사를 과학의 멘토로 언급한 경우는 네 명에 불과했다. 이는 우리 학교의 과학 교육을 개선하기 위해 얼마나 많은 노력이 필요한지를 말해준다. 다수의 여성 노벨상 수상자들은 학교에서의 과학 수업을 너무나 흥미진진했다고 기억하며 과학 교사를 중요한 멘토로 꼽았다는 점에서 한국의 현실과 차이를 보였다.

전공에 관련된 폭 좁은 이해

한국에서는 학부에서의 전공을 그대로 유지하지 않으면 나중에 박사 학위를 받고도 직장을 잡는 데 어려움을 겪는다. 동종 교배를 인정하지 않는 외국의 경우와 달리 우리는 대부분 자신이 학부를 졸업한 대학의 교수가 된다. 이 때문에 한국에서는 전공을 바꾸는 것이 커리어에 있어 치명적인 약점으로 간주되기도 한다. 이러한 불이익을 소문으로 들은 학생들은 뒤늦게 발견한 흥미 있는 연구 주제보다는 원래의 학과를 고집하려는 경향이 있다.

(주)뉴랄시스템즈 대표이사 이영란도 학제적 연구 문제를 가지고 벽에 부닥친 경험을 다음과 같이 들려준다.

> 1980년대 한국에는 인간의 고위 뇌기능에 대한 연구가 거의 없었고 연구자료도 많지 않았다. 내 생각을 주변에 이야기하면 "사람의 머리를 컴퓨터로 분석하셔야겠네" "그게 무슨 공학도 아니고 의학도 아니고……" "학계의 계보를 벗어나므로 학교에 자리잡을 생각은 하지 마" 등의 핀잔을 받았다. 유학하는 동안에도 괜히 첨단 병에 걸렸거나 약간 어리석은 계산을 하고 있다는 식의 취급을 받고, 안전하게 정통(?) 학문에서 학위를 받은 후에 새로운 걸 해도 늦지 않다는 조언도 들었다.[18]

반면 노벨상 수상 여성 과학자의 경우에는 전공을 옮겨 다니거나 인접 학문을 폭넓게 공부하는 경우를 흔히 목격할 수 있었다. 미국 대학원에서는 대학원생을 충원할 때 학부에서 다른 전공을 한 학생을 우대하는 경향이 있다. 특히 이과 훈련을 받은 학생을 사회과학 분야에서 반긴다. 다양한 시각을 가진 학생이 기존 학문에 새로운 시각을 제공할 수 있다고 믿기 때문이다. 그렇다면 실제로 한국의 성공한 과학자들의 경우는 어떻게 나타날까. 한 우물만 판 사람이 유리할까 다양한 학문적 분야를 포괄한 경우가 유리할까.

남녀를 불문하고 대체로 대학에 남은 과학자는 초기의 전공을 그대로 유지하는 경향이 있고 산업체나 응용 분야에서 성공한 과학기술인은 전공을 바꾼 경우가 많았다. 전공을 바꾼 경우 대학 교수로 남기 어려워 산업체를 택하게 되었을 수도 있을 것이고 산업체나 응용 분야를 염두에 두고 전공을 바꾼 경우도 있을 것이다. 분명한 사실은 전공을 바꾼 경우는 대학보다는 연구원에 정착하는 경우가 많다. 학위 소지자들이 연구원보다는 대학을 선호한다는 점을 감안한다면 한국 대학이 말로는 융합을 외치면서도 전공을 폭넓게 공부한 사람에 대해 얼마나 배타적이고 닫혀 있는지를 여실히 보여준다고 생각된다.

남성 과학자의 경우 80명 중 32명(40%)이 전공을 바꾸거나 인접 분야로 관심 영역을 확대하여 연구했다. 여성 과학자의 경우는 126명 중 33명이 전공을 바꾸거나 인접 분야를 연구했다(26.2%). 남성이 여성에 비해 전공을 바꾸는 모험을 더 감행한 것으로 나타난다. 이는 여성이 스스로 자신을 소극적, 내성적, 모범생이라고 평한 것과 관련이 있어 보인다.

노벨상 수상자와 비교하면 한국 과학기술인의 전공 변경은 그 수가 작은 편이다. 하지만 한국 학계의 배타성을 감안한다면 놀랄 정도로 큰 숫자라고 생각된다. 식품영양학에서 의학, 생물학에서 의학, 약학이나 화학에서 생화학으로 변경하는 등 변경의 폭이 그리 크지는 않지만 인접 학문을 연구한 과학기술인이 적지 않았다.

대학 진학 시, 전공이나 진로 지도가 부족한 우리의 현실을 감안하면 전공 변경에 대한 학생들의 욕구는 앞으로 더 높아질 것으로 보인다. 또한 과학기술의 급격한 발전, 학문의 통섭과 융합의 추세는 새로운 전공을 탄생시키고 차세대는 다양한 전공에 대해 보다 높은 관심을 갖게 될 것으로 보인다. 이 연구의 결과는 전공을 변경하고도 성공한 과학자들이 생각보다 많다는 점을 보여준다. 그럼에도 불구하고 우리 대학은 갈 길이 멀다. 더 많이 변해야 한다. 다양하고 폭넓은 분야를 공부한 사람에게 개방되어야 한다. 한국 대학의 동종 교배 현상, 유사한 학과 간의 담쌓기 등 학문의 폐쇄성은 앞으로도 한국 대학의 경쟁력을 저해하는 가장 큰 요인이 될 것이다. 대학이 보다 개방적이고 유연할 때 차세대 인재에게 다양한 기회를 제공하게 될 것이다.

2
여성과 남성 과학기술인의 차이점

겸손함과 자신감

남녀 과학자의 전기를 담은 책에서 가장 두드러지게 나타나는 남녀의 차이는 자신감에 있었다. 여성은 겸손하거나 자신감이 부족한 반면, 남성은 매우 자신만만하게 자신을 드러냈다. 오랜 사회화의 결과에 의해 여성들이 의도적으로 스스로를 겸손하게 표현했는지 몰라도 이 정도 성공한 여성들조차도 자신들의 능력을 뒤늦게야 깨닫는 경우가 많았다. 자신감은 리더십의 시작이라고 할 정도로 개인 리더십의 근간을 이룬다. 자기 자신에 대한 믿음이 부족한 사람이 대인 관계에서 성공하기는 어렵다. 미국의 한 연구는 다양한 인종으로 구성된 8학년(우리로 치면 중2) 여학생의 희망 직업에 영향을 미치는 요인을 조사했다. 이 중, 과학기술직을 택하는 여학생의 가장 큰 특징은 자신감이 있다는 것이었다.[19] 그만큼 자신감은 도전 의식의 기초가 되므로 리더십의 필수 요소로 간주된다.

남성들과 어깨를 나란히 할 정도로 뛰어난 여성 과학자들조차 자신감을 아주 뒤늦게 갖게 되었다는 고백은 앞의 여성 노벨상 수상자의 경우와 매우 유사하다. 노벨상 수상자들이 훨씬 더 이전 세대임을 감안한다면 노벨상 수상자들의 자신감 결여 혹은 겸손한 태도는 그들의 생존 전략이었을지 모른다. 한국의 여성 과학기술인은 연배가 그보다는 훨씬 젊지만 우리의 문화가 선진국에 비해 여성 문제에서 훨씬 보수적인 것을 감안하면 이해가 된다. 한국 여성의 자신감 결여도 여성 노벨상 수상자와 비슷한 이유에서 비롯되었다고 볼 수 있는 것이다.

한국여성수리과학회 초대 회장을 지낸 수학자 고계원은 박사학위를 받고 나서도 '나도 수학자'라는 인식을 가지지 못했다고 고백한다.

> 첫 번째 계기는 졸업한 지 얼마 안 되었을 때였다. 학위는 받았지만 첫 아이를 기르느라 바빴고, 둘째아이를 낳으면 좋겠다고 생각하던 때였다. 내 논문을 읽은 어떤 교수가 자기 학교에서 열리는 미국수학회에 와서 발표해 달라고 초청했다. 처음으로 그런 제안을 받고 내가 뭐 발표할 게 있나 당황스러워서 생각해보겠다며 전화를 끊었다. (중략) 내가 하는 수학에 그렇게 많은 사람들이 관심을 보인다는 것과 그들의 질문들에 내가 대답해줄 수 있다는 것에 내심 놀라웠다. (중략)
>
> 두 번째 계기는 미국에서 새로운 학교의 교수로 부임한 지 1년쯤 지났을 때였다. 복도에서 과 원로교수가 나를 불러 미국 국립과학연구재단(NSF)에 연구비 신청을 했느냐고 물었다. 나는 물론 안 했다고 말하면서 "나 같은 사람은 신청해도 받지 못할 것이다"고 대답했다. (중략) 최소한 의무는 다했다고 생각하고 지원서를 냈다는 사실조차 잊어버리고 있었는데, 이듬해 봄 NSF에서 지원서가 통과되었다는 연락이 와서 깜짝 놀랐었다.
>
> 그때부터 내가 수학을 하는 전문가라는 생각을 조금씩 했던 것 같다. 하지만 둘째아이가 겨우 두 살이었고, 나는 아직 자신감으로부터 멀리 있

었으며, 무얼 해야 하는지도 전혀 모르고 있었다. 한참 후에야 그들이 나에게 수학적인 신뢰를 가지고 있었으며, 어느 정도의 가능성을 믿고 그렇게 강력하게 말했다는 것을 알았다.[20]

김대중 정부에서 최장수 장관을 역임한 김명자는 "내게는 환경부를 이끌어갈 자신이 있었다"고 기술할 정도로 다른 여성 과학자보다는 자신감을 표현한 편이다. 그럼에도 불구하고 초등학교 때 전교 어린이회장 선거에 출마했다 꼴찌를 한 이후 "그 뒤 나는 어디에서도 출마라는 것은 꿈도 꾸지 않는다"라고 말한다. 실패에도 불구하고 끊임없이 도전하는 남성과 대조적이다.[21]

약학자인 김영중 또한 확실한 목표를 향한 끝없는 도전 가운데 정상의 자리에 우뚝 선 남성과는 매우 대조적이다. 어찌어찌 하다 보니 이 자리에 왔다는 여성이 의외로 많은데 그녀도 그중 한 명이었다.

> 어려서부터 평생을 학문에 종사하겠다는 커다란 포부를 가졌던 것은 아니었다. 더구나 약학자가 되겠다는 생각은 꿈에도 없었다. (중략) 막연하나마 선진 학문과 자유로운 홀로서기에 대한 동경을 품고 있던 나는 졸업여행을 못 가는 대신 유학시험을 치르기로 했다. 운 좋게도 한 번에 두 과목 모두 합격했고, 막연한 동경이었던 유학이 현실로 바짝 다가왔다.[22]

국내 최초로 생명공학 기술을 이용해 인간 단백질을 생산한 나도선도 자신이 없기는 마찬가지였다. 그녀의 활발한 정치 참여나 사회생활을 보면 의외라는 반응을 보이는 사람도 많을 것이다.

> 사실 나는 박사과정 공부를 제대로 해낼 수 있을지 자신이 '하나도'

> 없었다. 나이도 많고, 실력도 부족하고, 영어도 서툴고, 집안일은 물론 아이까지 돌보아야 되는 환경 등 무엇 하나 시원한 것이 없었기 때문이었다. 처음 1년간 오직 해내고야 말겠다는 집념 하나로 열심히 공부한 끝에 박사학위 논문제출 자격시험을 통과하고서야 약간의 자신감이 생겼다. (중략) 한국을 떠나올 때와 비교하면 자신감과 의욕 넘치는 새로운 사람으로 태어난 것 같았고, 지도교수로부터 '최근 10년 만의 가장 우수한 학생'이라는 추천서도 받아 날아갈 것 같은 기분이었다.[23]

이 연구의 중간 보고 워크숍에서 그녀는 마음속으로도 자신감이 없는 것은 아니라고 말했다. 글의 내용이 완전히 과장된 것은 아니지만 가능하면 겸손해 보이려고 노력한다는 것이다.

다른 여성에 비해 자신감과 확신에 차 보이는 건축가 김진애의 글은 자신을 드러내는 데 매우 인색하다. 개인의 자서전적 이야기를 이미 출간했기 때문인지 몰라도 자신의 성장에 대한 이야기보다는 주로 전문인으로서 경험, 건축가라는 전문직에 대한 이야기가 짧게 들어 있을 뿐이다. 남성 과학자들이 어린 시절부터 현재까지 자신들의 주요 성취를 자세하고도 자랑스럽게 설명하는 것과는 대비가 된다.

여성 과학기술 리더십 함양에 선구자 역할을 해온 이화여대 수학과 교수 이혜숙도 겸손하기는 마찬가지다.

> 박사학위를 받았지만 수학이라는 큰 숲은 보이지 않았고 내가 이룬 것은 너무 작았다. 위대한 수학자들이 찾아낸 광맥에서 떨어진 부스러기를 찾는 느낌이었다. 수학의 무게에 콱 눌려서 학생 때보다 부담이 더 컸다.[24]

표준과학연구원장 정광화 또한 '장' 자리에 대한 야심이 없고 나서기 싫어하는 여성 과학자의 특성을 그대로 드러낸다.

> 나는 원래 욕심이 없어 어지간하면 양보해버린다. 다른 사람 돕는 것을 좋아하지만 나서기는 싫어하고 특별히 지도력을 발휘한 적도 없어서 나는 초중고 시절에도 반장을 해본 적이 없다. (중략) 회장직을 맡을 때는 대한여성과학기술인회를 친목단체 정도로 가볍게 생각했다. 하지만 당시 여성과학기술인에 대해 높아진 정부의 관심에 부응하고, 더불어 맡은 일을 최상으로 하는 성격 때문에 열심히 일을 벌이고 활동하다보니 어느새 나는 여성과학자를 대표하는 사람 가운데 하나가 되어 있었다. 내 선택이나 행동이 개인의 선택이나 행동 이상이 된 것이다.
>
> 그래서 현재의 나 자신에 대해 스스로가 더 놀라고 낯설어하고 있다. 하지만 이러한 생각은 내가 물리학이라는 다소 비여성적인 학문을 전공하고 전문직 여성이라는 흔치 않은 길을 걸어왔음에도 나 스스로가 여성에 대한 편견에서 그리 자유롭지 못했다는 것을 의미하는지도 모른다. 다른 사람이나 사회가 내게 요구한 여성의 지도력 한계를 스스로에게 부과한 것이 아닌가 하는 생각도 든다.[25]

경북대 의과대학 교수 이원정도 여성의 부족한 부분 중 하나를 자신감 부족에서 찾고 있다.

> 반면에 매우 아쉽게 느낀 점도 몇 가지 있다. 첫 번째는 여성들의 자신감 부족이다. 우리 사회에는 유능한 여성인력이 많으나 능력을 발휘할 기회가 워낙 적어서 남성중심사회에서 적당히 포기하면서 살아왔다. (중략) 두 번째는 조직 속에서 서로 협력하면서 문제를 함께 해결해나가는

능력의 부족이다.[26]

이처럼 자신감 없고 가능하면 나서지 않으려 하고 뒤에서 남을 돕는 데 익숙한 여성과 달리 남성은 자신감이나 자신에 대한 평가에 있어서 거리낌이 없다. 이공계 출신으로는 드물게 연세대 총장과 대통령 비서실장, 과학기술부 부총리를 지낸 김우식은 스스로의 성취에 대해 이렇게 말한다.

> 단신으로 서울에 올라온 시골 학생이 자신이 다닌 대학의 총장까지 이르게 된 힘은 아마도 하늘의 도움은 물론이고, 스스로에 대한 믿음과 주어진 일에 대한 적극적이고 정성스런 노력의 소산이었을 것이다.[27]

석사학위를 받고 일찍이 산업 현장에 투신해 LG화학 대표이사를 역임한 노기호도 일과 자신에 대해 자신감을 드러냈다.

> 나만이 알고 있는 전문지식을 문과 출신 사원에게 한껏 뽐내며 가르칠 때의 기분, 내가 아니면 불가능했을 새로운 제품을 개발했을 때의 기분, 획기적인 공정 혁신으로 엄청난 원가를 절감했을 때의 기분은 정말 이공계 출신이 아니고는 맛볼 수 없는 희열이다. (중략) 그 정도의 대규모 프로젝트에서 중추적 역할을 맡아 일을 진행하고 있다는 것에 나는 큰 자부심을 느꼈다. (중략) 나는 이공계 출신으로서 할 만한 것은 다 이루었다고 본다. 다만 당초의 희망대로 강단에 서서 후진을 가르칠 수 있다면 더 이상 바람은 없다. (중략) 나의 희망인 후진 교육도 곧 기회가 오리라고 믿는다.[28]

해양공학 박사이자 (주)대우조선공업의 전무를 지낸 민계식은 어려서부터 뚜렷한 목표와 전략을 가지고 성공한 사람이다.

> 그 전기를 읽은 후부터 에디슨은 내 인생의 목표가 되었다. 그러니까 나는 아인슈타인 같은 위대한 이론적 과학자보다는 에디슨 같은 실용적 발명가가 되기를 꿈꾸어 온 것이다. 이러한 내 결심은 평생 변한 적이 없으며 그래서 어릴 때부터 공학을 전공하기로 결심했다. (중략) 또한 그즈음에 우리나라에서도 대규모 조선산업을 시작했다는 소식을 듣고, 공부를 마치고 귀국하면 우리나라 조선공업을 세계 제일로 성장 발전시키기 위해 온몸을 불사르겠다는 굳은 결심을 하게 되었다.[29]
>
> 세상을 보람 있고 성공적으로 살기 위해서는 우선 어떤 일을 하겠다는 결의와 얼마만큼 하겠다는 목표를 정하는 것이 중요하다.[30]

KAIST 교수이면서 '티맥스소프트' 창업에 성공한 박대연은 "이 모든 기술적 기반을 확보해 2010년경에는 기술력으로 세계 3대 소프트웨어 기업 반열에 당당히 서고자 하는 것이 회사와 내가 가진 비전"이라며 자신감을 드러내고 있다. 비교적 젊은 사업가 휴맥스의 사장 변대규도 일등을 지향하고 그것을 자신 있게 공개한다는 점에서 차이가 없다. "현재 휴맥스는 세 가지 분야에서 세계적인 회사가 되려는 중기 목표를 세우고 뜻을 펼치고 있다. (중략) 갈 길은 멀지만 지금 휴맥스는 명실상부한 글로벌 기업으로의 도약을 준비하고 있다."[31]

남성들은 남의 입을 빌려 자신을 높이 평가하는 데 주저함이 없다.

> "사람들은 나의 연구업적이 노벨상 수상 대상이지만 국력의 한계로 외면받았다고들 한다."[32]

“사람들은 괴짜, 낙천주의자, 돈키호테라고도 하고, 한국의 빌 게이츠라며 조금은 과분한 별명으로 부르기도 한다.”[33]

여성은 자신을 이런 식으로 드러내는 사람도 없지만, 아무리 원대한 목표를 가지고 있다 하더라도 그런 목표를 공개적으로 선언하는 것조차 부담을 느낀다. 남성의 경우는 거의 유일하게 안철수만이 자신감이 없었다고 회고하고 있다.

어린 시절 나는 사람들 앞에서 말도 잘 못했고 사람 만나는 것도 별로 좋아하지 않았다. 성적이 엄청나게 뛰어나다거나 운동에 소질이 있는 것도 아니어서 자신감도 별로 없는 내성적인 성격의 평범한 아이였다.[34]

앞의 여성 과학자들과는 반대로 끊임없는 도전 정신으로 한국 최초의 여성 청장이 된 식품의약품안전청장 김정숙은 남성들처럼 자신을 당당하게 드러내지는 않지만 그렇다고 자신감의 결여를 표현하지도 않는다. 그는 모든 식구들의 반대에도 불구하고 홀로 유학을 강행했을 정도로 불굴의 도전 정신을 보여주었다. 하지만 그것이 그녀에게는 독이 되었다는 일화가 있다.

내 인생의 가장 큰 시련은 미국에서 직장생활을 하다가 귀국한 후에 시작되었다. 직장을 쉽게 구할 수가 없었는데, 그 까닭은 여자라는 것과 너무 좋은 대학에서 근무한 경력 등 여러 가지가 있었다. 이제 생각해보면 미국식 사고에 익숙해져 있던 나는 한국적인 눈으로 보면 너무 미국적인 사람이었다. 한국생활의 새로운 환경에 적응하는 것이 참 힘들었다. 그러다가 보건복지부 산하 출연연구기관에 취직했는데 겪어보지 않은 사람은 도저히 이해하기 어려운 많은 일들이 있었다. 내가 그 순간들을 극복할 수 있었던 유일한 방법은, 내가 태어나고 살았던 한국에서 적응하지 못하고 미국으로 돌아간다면 나는 영원한 실패자가 될 수밖에 없다고 나 자신을 설득하면서 인내하는 길뿐이었다.[35].

여성 과학자들의 자신감 부족이 반드시 나이든 세대에만 해당되는 것은 아니었다. 비교적 연령대가 낮은 세대라고 할 수 있는 포항공대 수학과 교수 최영주도 2008년 초에 개최된 한 여성 과학자 간담회에서 이렇게 고백한 바 있다.

> 나도 내 능력이 어느 정도인지 몰라 자신감이 없었다. 유학을 가서도 내가 잘할 수 있을지 불안했다. 그러나 미국 유학 시절 지도교수가 나를 믿어주고 격려함으로써 비로소 자신감을 갖게 되었다.

이처럼 여성이 자신감이 부족한 이유는 정체성의 혼란과 직결된다고 생각된다. 아무리 남녀 차별이 없는 가정에서 전폭적인 지원을 받고 자랐다 하더라도 사회적으로 적지 않은 차별에 직면했을 것이다. 이에 따라 여성과 과학기술인이라는 서로 다른 두 개의 정체성 사이에서 갈등을 경험했으리라 생각된다.

수학자 고계원은 그 경험을 이렇게 고백한다.

> 미국이든 한국이든 여성수학자들은 다른 사람이 인정해주기 전까지는 스스로를 과소평가하는 경향이 많다. 아마도 수학계가 너무나 오랫동안 남성들이 지배해 왔던 전문적인 직업이고, 또 너무나 오랫동안 '여성은 수학적 재능이 없다' 는 말을 많이 들어와서 그런 것 같다. (중략) 내가 수

학을 잘하긴 했지만 한국의 교육환경상 수학을 직업으로 삼는다는 생각을 하지 못했고, 대학원에 갔어도 특별한 목표를 갖지 않았다. 주위에 여자가 없는 것이 그냥 당연한 것이라고 생각했다. (중략) 내가 살고 있는, 혹은 경험해 온 사회로부터 독립적이 되는 데 정말 오랜 시간이 걸린 것 같다. 늦게 깨달아가며, 여성들이 수학계에서 겪는 어려움을 알게 되었던 것이다.[36]

역시 자신감을 뒤늦게 갖게 된 표준연구원장 정광화는 자신의 성정체성에 대해 이렇게 고백했다.

당시에는 나 스스로 여성이라는 것 자체를 부정했다. 결혼은 여성에게 '인생의 무덤'이라 생각하고 평생 혼자 물리학만 연구하며 살겠노라고 다짐했다.

처음 출연연구기관에 왔을 때만 해도 10년이 넘는 기간 동안 여성과학자라고는 나를 포함해서 둘뿐이었다. 그때는 우리 사회의 여성 비하가 매우 심했다. 나는 절대로 직접 전화를 받지 않았는데, 여자 목소리가 들리면 상대방이 어김없이 반말을 해서 하루 종일 불쾌했기 때문이었다. 초기 유치과학자들은 나이순으로 돌아가면서 보직을 맡았지만 내 차례가 되자 중단되었다. 나 또한 육아와 가정일 때문에, 그리고 내 지도력을 스스로 의심했기 때문에 보직을 주지 않은 것에 전혀 불만은 없었다.[37]

식품의약품안전청장 김정숙은 비교적 자신감을 갖고 살아온 과학자임에도 불구하고 오히려 이렇게 고백한다.

> 30여 년 전 대학 시절에는 인간으로 살 것인가 여자로 살 것인가 하는 고민도 많이 했고, 한때는 제멋대로 철학논제를 놓고 친구들과 토론도 했다. 여자이기 전에 한 인간으로 살겠다고 마음을 정한 후에도 순탄하고 햇빛이 빛나는 멋있는 삶만 있었던 것은 아니었다.[38]

반면에 비교적 담담하게 자신감을 표출한 화학과 교수 출신 김명자의 경우는 맏딸로서 아버지의 기대를 받고 자란 때문인지 여성에 대한 정체성을 분명하게 가지고 이를 무기로 활용하여 성공한 경우다.

> 과학 전공의 여성이라는 것이 행정의 기본 시각과 접근방법에 있어 나의 무기였다. 행정 특성상 사회 각 부문 이해당사자 간의 파트너십을 중시하고 조화와 협조를 이끌어내는 것이 성패를 가른다 해도 지나친 말이 아니다. 바로 거기에 여성적인 감수성과 치밀함이 요체가 될 수 있다고 믿는다. 그렇다고 감성에 치우쳐서는 안 된다. 과학의 방법론에서 터득한 냉철한 논리와 합리성이 바탕이 될 때 그 감성은 강점이 될 수 있다.[39]

리더가 되는 데 있어서 자신감의 중요성은 아무리 강조해도 지나침이 없다. 최초의 여성 건축가인 지순은 여성이 일을 하기 위해서는 자신감을 잃지 않는 것이 가장 중요하다며 출산과 양육으로 일에서 잠시 떠나 있는 여성에게 다음과 같은 당부를 남긴다.

> 일하던 분야에서 떠나 있으면 고립감을 느끼고 자신감을 잃게 된다. 하지만 자신감은 아주 중요하다. 탈락이란 현장에서 잠시 떠나 있는 상태가 아니라 자신감을 잃어버린 상태이다. 그러니 무엇보다 자신감을 잃지 않도록 잘 관리해야 한다.[40]

한국전자통신연구원의 박사 연구원인 도이미의 성공 비결도 자신감에 있었다.

> 아무 생각 없이 도전한 나는 시험에서 고득점을 얻게 되었고, 그 기회를 통해 '서울의 명문중학교 학생들도 별것 아니구나'라는 생각을 하게 되었다. 이것은 나에게 싹튼 매우 중요한 자신감이었다. 비록 작은 자신감이었지만 지금 와 생각해 보니 그것은 지금까지 나를 지탱한 기반이었다.[41]

한국의 한 여성 과학자는 이러한 필자의 발견에 대해 이 연구의 중간 발표를 하는 워크숍에서 이렇게 말했다. "내가 자신감이 없어서 그렇게 행동하는 것은 아니다. 속으로는 나도 자신이 있다. 하지만 여성이 겉으로 자신 있다는 것을 비치는 순간 별로 호감을 받지 못하기 때문에 가능하면 드러내지 않으려고 한다."

이들은 실제로 내면적으로도 자신감이 없는 것은 아니라는 것이다. 그랬다면 이들이 이만큼 성공하기는 어려웠을 것이다. 그러나 남성의 거부감을 불러일으키지 않기 위해서 가능하면 겸손하게 행동하려고 노력한다는 것이다. 겸손한 표현이 그녀들의 삶의 일부분인 것은 분명해 보인다. 만일 그렇게 살지 않았다면 오늘날 그녀들은 존재하지 않을 것이라는 반응을 보였다. 다른 한편으로는 자신들의 잠재력을 뒤늦게 깨달은 것 또한 사실이라는 점을 인정하기도 했다. 이는 노벨상 수상 과학자의 경우에도, 여성에게 공통적으로 발견되는 현상이다.

부모와 가정의 영향

여성 노벨상 수상자의 경우에 가정 환경과 부모의 역할이 매우 중요한 것으로 나타났다. 앞에서 언급했던 미국 8학년 여학생의 희망 직업에 영향을 미치는 요인 연구에서도 과학기술직을 희망한 학생은 사회경제적 배경과 부모의 기대가 높은 것으로 발견되었다. 한국의 남녀 과학기술인도 어린 시절의 경험을 중요하게 언급하고 있다. 실제로 성공한 많은 과학기술인들의 경험으로부터 과학과 관련된 매우 중요한 경험이 어린 시절에 이루어졌음을 알 수 있었다. 사회화 연구에서 많은 학자들은 사춘기(10대) 시절의 경험이 일생의 가치관이나 태도를 결정한다고 주장한다. 더 나아가서 부모는 이들이 과학을 공부하거나 직업을 선택하는 데 있어서도 가장 큰 영향을 행사한 것으로 밝혀졌다. 이 점에서는 남녀 차이가 없다.

부모와 가정 환경과 관련해서 가장 눈에 띄는 남녀 차이라면 여성은 과학자가 되는 데 있어서 부모님의 영향을 비교적 빈번히 언급하는 특징이 있다는 점이다. 여성은 126명 중 43명(34%)이 부모의 영향을 언급한 데 비해, 남성은 80명 중 7명(8.8%)이 부모의 영향이나 가르침, 이해심 등에 대해 언급하고 있다. 남성의 경우 부모 영향을 언급한 비율이 여성에 비해 낮은 이유 중 하나는 3명이 이미 작고해 가족이나 제자가 대필하여 어린 시절 이야기가 생략되었기 때문이다. 이런 점을 감안한다 하더라도 부모로부터 받은 영향은 여성이 남성에 비해 압도적인 것이 사실이다. 여성 과학자의 경우 부모의 영향(43명)과 비교할 때, 물리나 수학과 같은 과목을 좋아해서 이과 전공을 택한 경우가 6명, 책이나 신문, 강의, 혹은 유명인을 통한 간접적인 영향을 든 사람은 11명이었다. 남성의 경우는 전체 80명 중, 과학기술인이 되는 데 부모로부터 영향을 받은 경우는 7명, 친척 2명, 교사 1명, 위인전 1명으로 나타났다.

성공한 여성 과학기술인에 대해서는 부모 및 가정 환경과 관련하여 드러난 특징을 다음의 다섯 가지로 정리할 수 있다.

첫째, 과학에 관심을 갖게 되는 데 영향을 미친 사람으로 가장 많은 사람이 부모를 꼽았다. 부모의 영향은 남성에 비해 여성에게서 훨씬 더 강하게 나타났다. 부모님의 격려가 공부를 계속하는 데 가장 큰 영향을 미쳤다는 여성 과학기술인 중에서 부모를 모두 언급한 경우가 17명, 아버지의 영향을 언급한 경우가 18명, 어머니를 언급한 경우가 8명으로 나타났다. 아버지를 언급한 경우는 주로 이과 전공을 선택하도록 직접적인 영향을 주거나 공부를 잘하도록 독려한 경우가 많았다. 어머니의 경우는 전문인으로 혹은 독립적으로 살아가라는 충고를 들었거나 공부를 잘하도록 격려했다고 회고했다. 이과나 과학을 전공하도록 부모님이 직접 영향을 미쳤다고 언급한 경우도 17건 있었다. 여성 노벨상 수상자가 조부모의 영향을 많이 받은 것과는 다르게 한국의 여성 과학자 중 조부모의 영향을 언급한 사람은 두 명 정도 있었다.

서울시 의사회 부회장을 지낸 박금자는 부모의 영향을 다음과 같이 밝히고 있다.

> 부모님은 "여성들도 직업을 가지고, 특히 전문가가 되어야 한다"는 확실한 가치관을 가진 분들이었다. 고등학교 1학년 때 나는 스스로 전문가의 길을 가기로 진로를 선택했다. 즉 의사의 길을 인생의 목표로 정했고 거창하게 노벨의학상을 꿈꾸었던 소녀였다.[42]

특히 '성공한 여성은 아버지가 만든다'는 말이 나올 정도로 어려서부터 아버지가 멘토 역할을 한 경우가 많았다(김명자, 김현진, 김희, 전혜정, 이혜지, 박세문, 강선영, 김현숙, 서현주, 김선희, 김완순, 백양순, 신혜자, 이연희, 이윤실, 이현숙, 장선영, 최영선, 유명희, 김조자 등등). 환경부 장관을 지낸 김명자는 아버지가 삶의 반 이상을 차지할 정도로 강한 동일시 현상을 보이고 있다. "맏딸에 대한 아버지의 크나큰 기대는 내 삶의 나침반이 되었다"고 회상한다. 학과의 선택에도 계속 공부를 하는 데에도 아버지의 영향을 직접 받았을 정도로 그녀는 착한 딸 모범생이었다.

LG전자기술원 정보기술연구소 책임연구원 전혜정의 경우는 아버지가 조립 키트를 사다주며 과학기술 분야의 관심을 독려했다. 삼성물산 건설부문에 근무하는 이혜지는 아버지가 과학고 진학을 권유했으며, 서울시립대 환경공학과 교수인 김선희는 아버지가 환경공학을 전공하도록 독려했다.

호서대 수학과 교수인 김완순도 아버지의 지지와 영향을 받았다.

> 나는 영문학을 전공한 아버지의 차녀로 태어났다. 아버지는 아름다움에 대한 감수성과 열광이 남보다 유별났던 분으로 기억된다. 밤을 새워 책을 읽고 새벽에 방에서 나오는 아버지를 보며 나도 열심히 공부하여 대학교수가 되고 싶다고 막연히 미래를 그려보곤 했다. 자유로운 사고를 지닌 아버지의 논리적 달변은 상대방의 지적 호기심을 자극하고 즐거움을 주었다. 아버지는 언제나 절대적으로 내 편이 되어주었고, 전공을 정하는 데도 전적으로 내 의견을 존중해주었다.[43]

(주)엔원 대표이사인 백양순도 아버지가 과학 멘토였다.

> 내가 IT를 접하게 된 것은 아버지의 영향이 컸다. 포병부대에서 군대생

활을 한 아버지는 내가 초등학교 때부터 공전식 전화기에 대해 여러 가지를 가르쳐주셨다.[44]

서울시립대 환경공학과 교수인 김선희의 전공 선택에 결정적인 영향을 미친 사람도 아버지였다.

"아버님, 고맙습니다." 나는 종종 아버님께 감사의 말씀을 드린다. 내가 대학교에 입학할 당시 아버님께서는 고등학교에서 교편을 잡고 계셨는데, 수학 선생님을 꿈꾸며 교육계열에 지원했다가 낙방한 큰딸을 위해 예언자 역할을 해주셨다. "10년 뒤에는 환경전문가의 역할이 커질 테니, 수학 선생님에 미련 갖지 말고, 환경공학을 전공하거라."[45]

동서대 응용생명공학부 교수인 신혜자의 아버지도 교육을 중시 여겼다.

교육의 중요성을 알고 계시던 아버지의 권유로 13살의 어린 나이에 고향을 떠나 부산으로 그리고 나중에는 미국으로의 외로운 유학이 시작되었다.[46]

울산대 의과대학 교수인 나도선은 자신이 부모에게서 받은 사랑을 자녀에게 물려주려고 노력했다고 고백하는데 그 방법은 다음과 같다.

아무리 바빠도 나는 하루 30분 이상은 아이들과 대화를 나누려고 노력했다. 특히 아이들의 얘기를 들으면서 중간중간 한마디씩 질문을 던져 스스로 결론을 내도록 한 것이 아이들의 정신을 살찌운 것 같다.[47]

이처럼 딸에 대한 아버지의 영향은 여성 정치인에서도 똑같이 발견된다. 당시 시대적 상황으로 전업주부였던 어머니보다는 사회생활을 했던 아버지가 멘토의 역할을 잘 수행했기 때문인 것으로 보인다. 노벨상 수상자의 경우, 남성은 아버지가 멘토의 역할을 주로 했고, 여성의 경우는 어머니가 멘토의 역할을 한 경우가 많았다. 그 경우에는 어머니가 직업을 가지고 있는 경우가 많았기 때문이다. 즉, 어머니가 직업이 있으면 딸은 어머니의 영향을 많이 받고, 어머니가 전업주부일 경우에는 아버지가 멘토의 역할을 하는 것으로 나타났다. 한국 여성 과학자의 경우에도 아버지 다음으로는 어머니의 영향으로 전문가가 되겠다고 결심한 경우가 많았다. 이 외에 삼촌이나 친척 등 그 분야의 전문가가 어려서부터 멘토 역할을 대신한 경우도 있었다.

둘째, 이 책에 소개된 여성 과학기술인들의 가정 환경은 대체로 중산층 이상이다. 여성 과학자 중에서 어려운 환경에서 자랐다고 고백한 사람은 두 명이었다.[48] 반면 남성의 경우는 생계가 곤란할 정도의 밑바닥에서부터 공부를 해낸 경우가 다수 있었다. 이러한 현상은 세계 여성 정치지도자에 대한 연구에서도 유사하게 발견된다. 세계의 여성 수상과 대통령의 경우에도 밑바닥에서부터 치고 올라와 성공한 여성은 거의 없었다. 남편의 망명으로 얼떨결에 몇 개월간 집권을 했던 이사벨 페론을 제외하고는 여성 지도자는 대부분 중상층 이상의 가정에서 성장했다.

어려운 환경을 뚫고 성공한 여성 과학자의 경우, 좀 더 좋은 환경이 주어졌다면 지금보다 훨씬 더 많은 업적을 낼 수 있지 않았을까 추측해본다. 남성과 달리 여성에게는 어디에서 출발하느냐가 매우 중요해 보인다. 어려운 가정 형편은 미래의 가장인 남학생에게는 오히려 성공 욕구를 자극해 뭔가를 이루는 원동력으로 작용한다. 어려운 환경에서 남학생에 대한 온 가족의 지원이 눈물겹다. 반면, 여학생의 경우는 시작도 해보기 전에 좌절하고 포기하게 만들기 때문인지 밑바닥에서 성공한 여성이 드물다.

아모레 퍼시픽 여성과학대상을 비롯하여 여러 차례 과학 분야 수상 경력이 있는 인하대 화공학과 교수 최순자는 어려운 환경에도 불구하고 오뚝이처럼 일어나 성공한 과학자 대열에 합류하게 되었다. 그녀는 어린 시절을 이렇게 회상한다.

> 어린 시절부터 지금까지 내 인생을 요약하자면 "개천에서 난 용"이라고 표현하는 것이 가장 적절할 것이다. (중략) 속된 말로 나는 찢어질 정도로 가난했다. 기본적으로 교육을 받을 기회가 차단되다 보니 초등학교 2학년 때까지 한글을 읽지 못했다. 게다가 초등학교 2,3학년 때는 집에서 3킬로미터가 넘는 거리에 있는 학교를 걸어다녀야 했다.[49]

처녀 가장이 된 그녀의 환경적 조건이 남성들과 비슷한 삶을 살아오도록 만든 동기가 아닐까 추측해본다. 그녀는 '가난에 찌들었던 초등학교 시절'이라고 기억할 만큼 생활이 어려웠고 생계를 위해 직업전선에 나섰다. 그녀의 유일한 멘토는 위인전 속의 인물이었다. 그녀는 "많이 배우거나 잘 사는 사람들의 집에서 공통으로 볼 수 있는 책장의 책을 보며, 그들처럼 되기 위해서 책을 읽어야 한다고 결심했다"고 말한다. 그녀는 '집안에서 유일하게 대학을 나온' 사람이었기에 직업에 매달렸고 '집안의 유일한 남자였던 오빠'가 간경화 투병 후 세상을 떠나자 가장이 되어 자연스럽게 남성적인 삶을 살게 되었다고 생각된다.

한국전자통신연구원의 도이미 연구원은 어린 시절을 이렇게 회고한다.

> 유복하지는 않았지만 그리 부족하지도 않았던 가정에 찬 바람이 분 것

은 어머니께서 암으로 돌아가신 초등학교 2학년 때였다. 어머니와 손잡고 교회로 향하던 가벼운 발걸음의 기억이 채 사라지기도 전에 어머니는 나의 두 손을 꼭 잡은 채 "아버지 말씀 잘 듣고, 공부 잘하고, 교회에 잘 나가라"는 세 마디를 남기시고 하얀 눈이 펑펑 내렸던 추운 겨울날 나를 떠나가셨다. (중략) 한참 예민한 시기인 언니 오빠들은 새엄마와의 마찰을 이기지 못하고 공장으로 군대로 뿔뿔이 흩어져버렸다. 그야말로 나의 가정은 풍비박산 그 자체였다.

유독히도 가난했던 중학교 시절, 가끔 이웃집 아이를 돌봐준 덕에 책가방은 옆집 아줌마로부터 선물받았고, 교복은 동네 이장님이 구해다 주신 것으로, 3년 정도 입어 치마 뒤가 윤이 날 정도로 빤질빤질해진 것이었다.[50]

여성 과학자와는 대조적으로 남성의 경우는 어려웠던 환경이 오히려 공부를 열심히 하도록 만드는 자극제가 되었다. 새 박사 윤무부는 어려웠던 가정 형편과 공부를 하게 된 계기를 이렇게 회상하고 있다.

나를 '새 박사'로 만든 것은 가족들의 힘이었다. 당시 우리는 굶지 않으면 그나마 다행이었다. (중략) "둘째형이 책임지고 너를 공부시키겠다는구나. 당장 짐을 싸거라." 중학교 2학년 때의 일이었다.[51]

대한학술원 회장을 지낸 이호왕도 형의 도움으로 공부를 했다. 여성과 달리 남성의 경우는 가정 형편이 어렵더라도 가족들이 협동하여 공부시키는 것을 우선으로 삼았다.

사생결단으로 내 진학을 밀어붙인 현명한 어머니 덕분에 나는 함남중

학교에 진학했다. (중략) 1950년 한국전쟁이 일어나 부산 피난촌에서 서울대학 의대에 다닐 때는 헌병대위이던 작은형이 어렵게 학비를 대주었다.[52]

이처럼 가난한 농군의 아들로 태어났다는 남성 과학기술인은 다섯 명 있었다.

셋째, 여성 과학기술인들은 부모의 격려와 지지를 받고 자랐으며 가정이 화목했다. 부모를 언급한 경우, 부모와의 관계가 불편한 경우는 2명에 불과했다. 거의 모든 경우가 가정이 화목했고 부모의 격려와 지지가 성공에 큰 도움이 되었다고 말하고 있다. 이 자료는 부부간 화목이 자녀의 학습 성취에 긍정적인 영향을 미친다는 최근의 연구 결과를 지지하고 있다. 앞에서 언급한 미국의 8학년의 연구에서도 여학생의 형제, 자매의 수가 적거나 맏딸인 경우 과학기술인이 되고자 하는 성취도가 높은 것으로 나타났다. 딸에 대한 부모의 기대가 높을수록 딸의 성취 동기도 높게 나타나기 때문인 것으로 풀이된다. 남성의 경우는 가정 환경에 대한 언급을 그리 많이 하지 않았기 때문에 부모와의 관계에 대한 정보를 별로 얻을 수 없었다.

넷째, 여성 과학기술인은 대부분 가정에서 남녀 차별을 받지 않았다. 집안에 남녀 차별의 분위기가 있었다고 고백한 사람은 교대에 갈 것을 권유한 것까지를 포함해도 13명에 불과하다. 부모의 각별한 보살핌과 격려, 특히 아버지의 사랑과 기대를 독차지한 사람들이 대부분이었다. 당시의 시대적 배경을 고려할 때 이들의 부모님은 의식이 깨어 있었고, 시대적으로 앞서는 분들이었다.

(주)건설기술네트워크 공동대표이사인 서현주는 3남 1녀 중, 고명딸로 태어나 부모의 사랑을 독차지했고 어머니의 소원을 들으며 자랐다.

> 지금 생각해 보면 어렸을 때부터 여성에 대한 사회적 편견에 부당함을 느끼고 그것을 탈피해 보려고 노력했던 것 같다.
>
> 나는 삼형제 사이에 고명딸로 태어났다. 그 시절은 사내아이를 귀히 여기던 때였으나 딸을 기다리던 차에 태어난 나는 부모님의 사랑을 듬뿍 받고 자랐다. 하지만 유교적인 가풍 때문에 "여성이니까"라는 단서 조항이 늘 따라다녔다. 종갓집 맏며느리로 늘 집안일에 치이시는 어머니는 전문인으로 사회활동을 하고 싶어 하셨지만 그럴 수 없었다. 그래서 "너는 나같이 살지 말고 네 꿈을 훨훨 펼치며 살라"라는 말씀을 자주 하셨다. 그래서 은연중에 여성이라는 사회적인 편견을 타파해 보고 싶은 의지가 싹텄는지도 모르겠다. (중략)
>
> 모두들 한마디씩 했지만 아버지께서는 내 편이 되어 주셨다. 여성도 앞으로는 무엇이든지 할 수 있고, 전문인으로 자기의 직업을 가져야 한다면서 힘을 실어 주셨다.[53]

여성 노벨상 수상자의 사례와 마찬가지로 서현주의 경우도 어머니의 이루지 못한 꿈이 자녀에게 내재화되어 전문직을 택하는 데 영향을 미쳤음을 알 수 있다.

한 가지 흥미로운 점은 부모의 각별한 사랑을 받은 여성 과학자의 경우는 아들이 하나밖에 없는 딸 부잣집에서 자랐거나 고명딸, 맏딸, 막내딸 등이었다는 사실이다. 부모의 관심을 별로 받지 못하는 평범한 위치에 있는 경우는 많지 않았다. 남성의 경우는 형제자매가 많은 가운데 눈에 띄지 않는 둘째, 셋째 등이 다수 있다는 점이 흥미롭다.

의사 출신 (주)메디포스트 대표이사 양윤선은 1남 3녀 중 장녀로 부모의 차별 없는 교육 덕분에 강하게 자랐다고 기억한다.

우리 집은 3녀1남이었는데 남아선호사상이 강했던 시절에도 자라면서 부모님이 딸을 차별했던 기억이 없다. 오히려 우리 집은 딸들의 기를 너무 세워 문제라며 주윗분들이 농담처럼 말하곤 했다. 이런 가정환경 덕분이었는지 아니면 타고난 기질 탓이었는지 나는 여자이기 때문에 특별히 한계를 느낀 적이 없었고 오히려 남들을 주도적으로 이끄는 씩씩한 역할에 익숙했다. 어른이 되어서도 웬만하면 남에게 힘들고 어렵다는 표현을 잘 하지 않아서 항상 씩씩한 척, 즐거운 척, 강한 척 하는 습관이 배어버렸다. 그러다 보니 언제부터인가는 정말 어지간한 일에는 스트레스를 받거나 좌절하지 않았다.[54]

유전학자이자 (주)리젠바이오텍 대표이사 배은희도 1남 4녀 중 둘째로 태어나 남녀 차별 없이 오히려 격려를 받았던 것이 동기 부여가 되었다고 고백한다.

아버지가 2대 독자였기 때문에 아들을 끔찍이도 원하셨겠지만 성장하면서 한순간도 부모님으로부터 딸이라고 차별을 받아본 적이 없다. 따라서 나는 당연히 대학을 졸업하면 직업을 갖고 사회활동을 하는 것으로 내 인생을 정했고, 옆도 돌아보지 않고 전문여성의 길에 합류할 수 있었다. 부모님은 항상 남들 앞에서 자식 자랑을 해서 우리가 송구해했던 기억이 많이 난다. 그때는 왜 그러시는지 이해가 되지 않아 창피하기도 했는데 이제 와 생각해보면 그 칭찬이 크나큰 동기부여로 우리에게 작용했던 것 같다.[55]

국립보건연구원장을 지낸 생물학자 조해월은 1남 7녀의 막내딸로 딸부잣집에 태어났음에도 어머니의 뜻에 의해 공부를 마칠 수 있었다고 회상한다.

내리 여섯 딸을 본 뒤라 얼마나 애타게 아들을 기대했을까. 망연자실한 마음에 부모님은 내가 태어나 머리를 가눌 때까지도 마땅한 이름을 짓지 못했다. 그러던 차에 우연히 집 앞을 지나던 사람이 나를 보고는 "그 녀석 바다 건너 공부할 상이네"라고 말했단다. 그때서야 비로소 나는 '바다를 건너 너른 세상에 나가 크게 되라'는 뜻으로 해월(海越)이란 이름을 얻게 되었다. (중략)

내가 이름에 걸맞게 살아올 수 있었던 것은 무엇보다 어머니의 사랑 때문이었다. (중략) 굶어도 자식들 학교는 보내야 한다며 여덟 남매 모두를 고등교육까지 마치게 해주었고, 배운 만큼 남에게 베풀어야 한다고 늘 당부했다.[56]

서울여자대학교 의과대학 교수 이승주도 딸 부잣집에 태어났다.

딸 부잣집이라는 오명을 씻기 위하여 딸도 아들 못지않게 교육시키겠다는 어머니의 집념은 유교적 사고가 뿌리박힌 아버지와 많은 충돌을 야기했다. 그러나 어머니는 딸에게도 아들과 똑같은 지원을 했다. 딸들의 교육에도 최선을 다했던 어머니는 비교적 과학 성적이 우수했던 나에게 "사주팔자(호랑이띠면 여자의 팔자가 세다고 했다)가 센 너는 남자에게 의존하는 평범한 삶보다는 인생을 스스로 개척할 수 있는 의사가 되었으면 좋겠다"고 권했다.[57]

3남매 중 막내이자 고명딸로 태어난 한국산업기술대학 교수 강은영도 남녀 차별 없는 집안 분위기를 이렇게 전한다.

> 나는 공학을 전공한 아버지와 오빠들 틈에서 자랐기 때문에 공대에 여성이 입학한다는 것에 대해서는 별다른 거부감이 없었다. 부모님은 한 번도 나를 딸이라는 이유로 아들과 차별한 적이 없으셨다.[58]

이렇게 특별한 위치에서 남녀 차별 없이 자란 여성 과학자에 비해 남성 과학자의 경우는 가족 내에서 특별한 위치에 있지 않았다. 김호길은 4남4녀 중 셋째였으며, 안동혁은 9남매의 셋째였고 이태규도 9남매 중 차남이다.

만일 여성이 남성 과학자처럼 많은 형제 자매를 가진 집안의 둘째, 셋째, 넷째 등 평범한 딸로 태어났다면 오늘날과 같은 성취는 없었을지 모른다. 딸 부잣집 부모님의 딸에 대한 기대, 아들만 있는 집안의 고명딸에 대한 각별한 사랑과 기대가 오늘날 그녀들의 성공을 가능하게 했을 것이라는 가설을 세워본다. 오늘날 여성이 전문직에서 약진하는 이유도 자녀의 수가 하나나 둘로 줄어들었기 때문일 것이다. 딸에 대한 부모의 높은 기대와 후원이 딸의 전문직 진출로 나타나는 것이다.

다섯째, 여성 과학기술인은 남성과 다른 점이 또 하나 있는데, 그것은 일부 여성의 경우 과학기술 전공을 택하기 위해 부모의 반대와 싸워야 했던 점이다. 남성의 경우에도 부모님의 기대와 남성의 희망사항이 다른 경우가 없었던 것은 아니지만 여성의 경우 유독 전공 선택에 있어서 부모님의 완강한 반대를 넘어야 하는 부담이 있었다. 여성 건축가 지순은 아버지와의 갈등을 이렇게 고백한다.

> "밤새우는 것 싫다며 의사 마다하더니, 제때 자는 날보다 새우는 날이 더 많구나!" 대문 열기가 무섭게 머리 위로 아버지의 낮은 호통이 떨어졌다. 야식도 거르고 정신없이 일하다 달려왔건만……. 마당에는 밤이 새

카맣게 내려앉아 있었다. 옛날 사람인 아버지는 여자는 해가 저물면 집 안에 있어야 한다고 생각하셨다. 나를 유독 아끼시는 아버지의 마음을 잘 알기에, 난 하고 싶은 말을 삼키며 가만히 있었다. (중략)

식물 육종학자였던 아버지는 내가 의사가 되길 바라셨다. 아버지 당신이 과학자인데다 사촌언니 두 명이 의사인 까닭도 있었지만 "여자직업으로는 의사만한 것이 없다"는 게 아버지의 믿음이었기 때문이다. 게다가 아버지는 그 시대가 그러하듯, 건축은 남성이 하는 일이라고 생각하셨다.[59]

(주)한국전력기술 기계기술처 차장인 이영옥도 어렵게 부모님을 설득했다.

전통적으로 유교적 성향이 가장 강한 도시인 안동이 고향인 나는 직업에서도 여성에게 무난한 교사직을 적극 추천하는 부모님을 설득하는 일이 쉽지 않았다. 전기, 기계 등은 모두 남성이 해야 하고 여성들은 관심조차 가져서는 안 된다고 생각하시는 분들이었다.[60]

부모님의 반대를 설득하는 데 있어서 다른 가족의 지원은 필수였다. 지순은 오빠의 지원이 큰 힘이었다고 회고한다.

내가 서울대학교 공과대학 입학원서를 사왔을 때, 아버지는 화를 내셨다. 그것은 내가 당연히 의사가 될 거라 여기셨던 부모님을 경악케 한 사건이었다. 그때 내 등을 토닥여준 이는 오빠였다. 오빠는 "건축은 과학이기도 하지만 예술이기도 한 좋은 주제이니 현명하게 선택했다"라며 날 격려해 주었던 것이다.[61]

이상 과학기술인들의 어린 시절 가정적 배경을 통해 드러난 몇 가지 공통점을 정리하고 이 결과가 제시하는 정책적 함의를 살펴보자. 부모나 가정의 영향은 남성보다 여성에게 있어서 더 중요한 것으로 드러났다. 여성 과학자의 성공에는 가정의 경제적 배경이 결정적으로 중요하다. 남성은 전쟁 속에서 생사를 넘나들며 공부를 하고, 생계가 어려울 정도의 역경을 딛고 유학을 가고 꿈을 이룬 사람이 적지 않았다. 이에 비해 여성은 대체로 가정 환경이 유복했다는 공통점이 있다. 어린 시절의 고생이 발전의 원동력이 된 여성 과학자의 경우도 2명 있었지만 남성에 비해 여성은 그 수가 매우 적다.

부모님이 성차별 의식이 없었던 점, 혹은 딸에 대한 지지와 사랑이 여성 과학기술인의 성공에 긍정적인 영향을 미친 것으로 나타났다. 소수를 제외하고는 대부분의 여성 과학자들이 진취적인 부모들의 전폭적인 지원을 받고 성장했다. 연배가 높은 경우 여성 과학자는 남성에 비해 멘토를 늦게 만나는 특징이 있다. 하지만 가정에서 부모님이 멘토 역할을 수행했기 때문에 이들이 과학기술인으로 성공할 수 있었다고 본다. 여성 과학기술인의 사회경제적 배경이 대부분 중산층 이상이었기에 부모가 이들의 멘토가 될 수 있었다고 생각된다. 경제적으로 여유가 있고 부모가 많이 배웠기 때문에 가능했던 것이다. 부모가 전공 선택이나 공부를 반대한 경우에는 가족 중에 이들을 지원해주는 형제나 친척이 있었다.

이러한 연구 결과는 인재를 키우는 데 있어서 학교보다는 부모의 역할이 결정적으로 중요하다는 점을 시사한다. 실제로 필자가 수백만 명을 먹여 살리는 외국의 천재들(알베르트 아인슈타인, 리처드 파인만, 빌 게이츠, 스티븐 스필버그, 워렌 버핏, 냅스터를 개발한 숀 패닝, 야후의 창업자 제리 양, 구글의 공동 창업자 래리 페이지와 세르게이 브린 등)을 연구한 결과, 이들이 영재 학교에서 특수 교육을 받았다는 증거는 찾을 수 없었다. 오히려 대부분 공립 고등학교를 다녔다. 이들이 천재성을 드러낸 데에는 부모의 역할이 결정적으로 중요했다.

여기에는 몇 가지 이유가 있다. 첫째는 제도권 교육으로 영재 교육을 하는 데에는 한계가 있기 때문이다. 영재는 키워지지 않는다. 발견될 뿐이다. 둘째는 아이들의 재능이 빨리 발견될수록 성공할 가능성이 높기 때문이다. 부모가 학교보다 아이들의 재능을 빨리 정확히 알아낼 가능성이 가장 높은 것이다. 정부와 학교는 이러한 결과와 관련하여 두 가지 역할을 할 수 있다고 본다. 첫째는 대학이나 학교에서 멘토 혹은 코치로서의 부모 교육을 강화해야 한다는 점이다. 둘째는 부모가 멘토 역할을 하기 어려운 저학력, 저소득층 자녀에 대한 유아 교육 및 조기 교육에 보다 관심을 기울일 필요가 있다는 것이다. 이런 가정의 자녀에게 부모 대신 멘토 역할을 할 대학생이나 전문가를 1대 1로 연결해서 아이들의 소질이 일찍 발견되고 다듬어질 수 있도록 도움을 줘야 할 것이다.

일과 가정생활의 균형

여성 노벨상 수상자에서 살펴본 대로 육아와 가정생활은 여성 과학자에게는 가장 중요한 도전 중의 하나였다. 남녀 과학자의 가장 큰 차이점 중의 하나도 일과 가정에 대한 양립에서 오는 갈등에 대한 태도였다. 남성 과학자의 경우 배우자와 자녀에 대한 언급을 비중 있게 다룬 사람은 한 명도 없었다. 이에 비해 여성 과학자의 5분의 1 정도는 자녀에 대한 언급이나 육아와 결혼생활에서 오는 갈등과 어려움을 비중 있게 다루고 있다(125명 중 25명). 특히 아이들에게 잘 해주지 못해 죄책감이나 미안함을 표현하는 여성 과학기술인이 상당수 있었다.

1세대 여성 과학기술인이라고 할 수 있는 건축가 지순은 여성의 경우 일과 가정생활의 양립이 어려운 이유를 이렇게 설명한다.

> 그 7년이란 기간이 여성에게는 혼기(婚期)에 해당하기 때문이다. 다시 말해 결혼을 하고 아이를 낳고 기르는 과정과 7년의 실무 수련 기간이 정확하게 일치한다는 것이다.[62]

(주)건설기술네트워크 공동대표이사 서현주도 육아와 양육의 어려움을 이렇게 고백한다.

> 결혼 후 아이들을 낳고 가정생활도 병행하면서 여성이 자기 일을 계속한다는 것은 아직까지 우리나라 현실에서 쉽지 않은 일이다. 사회생활을 하면서 가장 힘들었던 것은 육아와 아이들의 교육이었다. 아이들이 어렸을 때는 직장의 업무가 끝나면 무조건 집으로 뛰어갔다. 그것이 아이들을 돌보아주시는 집안 어른에게 내가 해야 할 일이라고 생각했다. 참 고단한 생활이었다. (중략) 엄마의 역할을 제대로 못한다는 자책감은 꽤나 나를 힘들게 했다. 지금도 아이들이 교육을 필요로 하는 시기이기 때문에 늘 갈등과 고민 속에서 직장생활을 하고 있다. (중략) 더더욱 나를 힘들게 했던 것은 엄마의 역할이 크게 요구되는 우리나라의 교육 현실을 완전히 떨쳐버리지도 못하고 그렇다고 열심히 쫓아다니지도 못했던 나의 애매함이었다. 이성적으로는 내 주관대로 아이들을 많이 구속하지 않고 독립적으로 키우겠다고 생각하면서도 한편으로는 내가 현실을 정확하게 파악하지 못하여 혹시 아이들이 불이익을 당하는 것은 아닐까 하는 두려움으로 늘 마음이 불안했다.[63]

이화여대 화학과 교수 전길자도 일하는 엄마의 어려움을 이렇게 토로한다.

> 큰아이의 초등학교 1학년 때 그림일기는 엄마이기에, 여성이기에 더욱 큰 아픔으로 기억에 남는다. 가족을 그린 그림에서 큰아이는 자신을 포함해 할머니, 아빠, 작은 삼촌, 동생, 집안일을 돌보아주는 언니까지 그리고서는 엄마인 나는 자리가 없다는 이유로 얼굴만 그려넣었다. 아이의 마음속에 엄마의 자리를 만들어줄 수 없었던 것이다. 큰아이뿐만이 아니었다. 작은아이는 엄마가 집에 늦게 들어오기 때문에 자기는 항상 엄마 없이 혼자서 '눈물 젖은 밥'을 먹는다고 했다. 외로움 속에 자란 그 아이는 사춘기를 심하게 겪으며 나를 힘들게 했다.[64]

(주)한국전력기술 기계기술처 차장이었던 이영옥도 육아의 어려움에 공감을 표했다.

> 아직도 우리가 만족할 만한 전문 탁아시설을 주위에서 찾아보기가 어렵다. 지금까지 직장생활을 가정생활과 병행하면서 잘 해낼 수 있었던 것은 가족들의 적극적인 이해와 협조 덕분이었다. 그런데 이런 여건이 여의치 않아 유능한 여성인데도 불구하고 중도에서 포기하고 주부로 돌아가는 경우가 많다.[65]

산자부 기술표준원 고분자 섬유과장일 당시, 강혜정도 힘들 때의 어려움을 이렇게 회상한다.

> 그때는 "당분간 쉬며 아이들과 함께하고 싶다"라는 마음 외에 다른 생

각은 없었다. 지쳐 있었던 것이다.[66]

서울시립대 환경공학과 교수 김선희는 일하는 엄마가 겪는 자녀 교육의 어려움을 토로한다.

> 요즘 아이들 실력은 순전히 '어머니 정보전'이란 말이 있는데, 바쁜 엄마 덕분에 우리 아이들 실력은 중간 정도였다. 언젠가는 큰 녀석 개학날 제대로 챙겨주지 못해 지각한 적이 있었는데, 그 사건 이후 큰 녀석은 자기 것은 자기가 챙기는 자립심이 강한 아이로 컸다.[67]

전남대 약학대학 교수 박행순은 아이 때문에 포기하고 싶기도 했지만 아이가 또 성공의 원동력이 되었다고 고백하기도 한다.

> 돈 없고, 시간 없고, 아이들을 제대로 챙겨주지 못하고, 몸은 고달프고, 실험 주제도 힘들었다. (중략) 피곤하고 지친 몸으로 새벽별을 보면서 집에 돌아올 때 그만두고 싶은 생각을 한 적도 있었다. 그때 포기하고 싶었던 가장 큰 이유는 아이들 때문이었고, 포기하지 못한 것 또한 아이들 때문이었다. 엄마가 힘들다고 중간에 그만두면 아이들에게 결코 좋은 본이 될 수 없다고 생각했다.[68]

이들 대다수가 육아와 출산 복지가 제대로 이루어지지 않은 미국이나 한국에서 학위를 했고 한국에서 근무하기 때문에 문제가 더 컸던 것으로 이해된다. 여성 과학기술인의 육성을 위해 양질의 출산 및 육아 지원 정책이 국가적으로 얼마나 중요한 과제인지를 여실히 보여주고 있다. 이는 사실 여성 과학인의 고유의 문제는 아니다. 자녀 출산과 양육은 직업을 가진 여성 모두에게 있어서 가장 큰 장애 요인이다. 그러나 과학기술인이 되기 위해서는 절대적으로 많은 시간의 투자가 요구되기 때문에 문제가 더 심각해 보인다. 과학기술인으로서의 어려움을 토로함에 있어서 남성들은 연구 환경에 대한 불만을 주로 언급한 데 비해 여성은 출산과 육아에 대한 어려움 및 국가의 제도적 지원에 대한 언급이 상당수 있었다.

앞에서 소개한 "결혼한 여성 과학자에게는 착한 아이뿐 아니라 이해심 많은 파트너가 필요하다. 자연과학에서 성공적으로 일할 수 있는 여성에게 맞는 남편은 과학자이다"라는 괴페르트-마이어의 발언은 한국 여성 과학자의 경우에도 여전히 유효하다. 남편의 외조가 여성 과학기술인의 성공에 결정적인 도움을 주었다는 언급도 있고 이에 감사를 표하는 경우도 11명이나 있었다. 여성 과학자의 경우, 배우자가 같은 분야에 종사하는 경우가 적지 않았는데 배우자의 이해가 없었다면 아마도 과학자로서 성공하는 것이 쉽지 않았을 것이다. 건축가 지순의 경우도 부부가 같은 분야에 종사하고 있다.

> 나는 주택영단(주택공사의 전신)에 근무하다가 결혼했다. 같은 과 한 학년 선배였던 남편은 3학년 때부터 후배들을 지도했는데, 제도판 위에 엎드려 도면을 그리고 있는 내가 기특했는지 자료도 많이 가져다주고 구하기 어려운 책도 빌려주곤 했다. 학교 밖에서 만난 것은 주로 빌린 책을 돌려주기 위해서였는데, 만나면 책 이야기며 작품에 대한 견해며, 세상 돌아가는 이야기며, 대화를 참 많이 나누었다.[69]

서울시립대 환경공학과 교수 김선희도 배우자와 같은 길을 가는 사람이었기에 어려움이 덜했다고 고백한다.

논문 디펜스가 어려워지면서 결혼해 버릴까 하는 생각도 했지만, 다행히 논문도 통과되었고, 다음해 봄 결혼도 했다. CC였던 덕에 남편과는 여러 가지 측면에서 공유의 폭이 크고, 의사소통도 원활하다.[70]

고려대 의과대학 교수 김인선도 배우자의 이해심이 결혼과 일을 병행하게 된 가장 큰 이유라고 생각한다.

대학 전임교수가 된 지 2년 후 나는 결혼을 했다. 결혼생활을 하면서도 일에 몰두할 수 있었던 것은 절대적 동반자이고 후원자인 남편 덕분이다. 영문학을 전공한 사려 깊은 남편은 신혼 때부터 내가 시댁의 많은 일로부터 벗어나 비교적 자유롭게 일에 전념할 수 있도록 도와주었고, 내가 하는 모든 일에 항상 세심하게 배려했다. 그가 전공한 학문은 나에게 여러모로 도움이 되었다. 나를 도와주고 이해해주는 남편과 아들을 위해 내가 하는 최소한의 일은 직접 집안일을 챙기는 것뿐이었다. 내가 고맙게 생각하는 또 다른 하나는 남편이 나의 하소연을 묵묵히 들어주면서 조언하는 것만이 아니라, 자신의 일상들을 가능하면 많이 나에게 들려줌으로써 함께하지 않더라도 나를 안심시켜준다는 점이었다.[71]

한 가지 흥미로운 사실은 미국에서 협조적이던 남편이 한국에 돌아오면서 태도가 돌변하여 일과 가정생활 양립의 어려움을 호소하는 여성 과학자가 적지 않다는 점이다.

(주)리젠바이오텍 대표이사 배은희는 변화한 남편의 태도를 이렇게 묘사한다.

미국에서 생활할 때는 남편과 가사를 분담했고 사회적 분위기도 아이

양육을 엄마의 전유물로 보지 않았기에 아이들을 키우면서 여자이기 때문에 더 힘들다는 생각이 들지 않았다. 남성위주의 한국 사회에 부딪히기 시작한 것은 나의 박사후연구원 과정 계획이 남편의 귀국으로 취소되면서 예정보다 일찍 한국에 오면서부터였다. (중략)

아이들 양육에서도 남편은 조금씩 물러서기 시작했고, 남편의 사회활동 시간이 점점 많아지면서 가사에 대한 부담은 전적으로 나의 몫이 되어가고 있었다. 이 시기에 친정엄마의 도움이 없었다면 현재의 나는 없었을지도 모르겠다. 아이들에 대한 죄책감과 사회적인 성취감 사이에서 평형을 유지하도록 나의 역할을 대신해준 엄마에게 진심으로 감사드리고 싶다.[72]

포항공대 수학과 교수인 최영주도 귀국 후 달라진 남편의 태도를 이렇게 말한다.

더욱이 미국에서는 집안일을 잘 돌봐주던 남편이 한국에 돌아오니 180도 변해버렸다. 지금은 고인이 되신 시어머니의 헌신적 사랑 없이 내가 어떻게 아이들을 보살피며 연구를 할 수 있었을까?[73]

한국의 가부장적 문화가 같은 배우자를 이렇게 다른 사람으로 만드는 것 같다. 이는 제도로만 여성 과학자에게 일과 가정을 양립할 여건을 만들어주는 데에는 한계가 있음을 의미한다. 사회의 전체적인 문화가 바뀌지 않는 한, 전문직 여성이 육아와 가사일로부터 해방되는 것은 불가능할 것이다.

한국 사회는 서양과 달리 시집의 이해, 가족의 배려도 배우자에 못지않게 중요하다. 시집의 이해가 부족해 좌절한 여성은 수도 없이 많을 것이다. 지순의 성공에도 시집의 이해는 필수적이었다.

> 재미있는 것은 결혼한 뒤에 오히려 귀가시간이 자유로워졌다는 것이다. 시아버님은 합리적이셨고, 시어머님은 교육을 받은 분은 아니었지만 여자도 배워야 한다는 신념을 가진 분이었다. 당신 아들이랑 같은 일을 하는데 며느리한테만 일찍 들어오라고 요구하는 것이 잘못된 일임을 아셨던 것이다. "어머니, 저 오늘 회의가 있어 늦을 것 같아요" 하고 전화하면 "그래, 일 다 보고 천천히 들어오너라. 걱정 마라"하셨다. 시어머님은 내가 사회활동하는 것을 대단히 자랑스러워하셨다.[74]

여성 과학기술인은 육아를 위해 시부모님, 친정 부모님, 친척, 보모 등의 도움을 받았다고 고백한다.

서울시립대 환경공학과 교수인 김선희는 시어머니와 친정어머니의 도움을 받았다.

> 난 육아에서도 행운아였다. 뒤늦게 아들을 본 시어머님께서는 그 아들이 낳은 손주들이 너무 귀하고 고맙다고 육십평생 하시던 농사일을 미련없이 접고 한걸음에 달려와 주셨다. (중략) 이럴 때마다 어김없이 만사 제치고 외손주를 받아주신 친정어머니께도 늘 감사하게 생각한다.[75]

(주)퓨얼셀파워 대표이사 신미남도 육아에서 도움을 받았기에 오늘날 자신이 있을 수 있었다고 고백한다.

> 육아 전문가를 포함하여 가족과 주변의 도움이 없었더라면 나는 일을

> 지속하지 못했을 것이다. 오늘도 나는 가족과 주변의 도움을 받아가며 살고 있고, 늘 그들의 도움에 감사하며 그에 보답하고자 더욱 열심히 일한다.[76]

이처럼 여성의 경우는 전문인으로서 사회생활을 하기 위해 가족의 지원과 후원이 결정적으로 중요하다는 것을 알 수 있다. 이러한 현상을 한국과학문화재단 홍보미디어실장 조숙경은 다음과 같이 단적으로 표현하고 있다.

> 나는 한 사람의 여성이 사회 진출을 하기 위해서는 또 다른 여성이 희생해야만 하는 전형적인 한국 사회의 시대적 배경 속에서 성장한 것이다.[77]

하지만 이보다 더 중요한 것은 정부의 제도적인 지원일 것이다. 전북대 의대 교수 김선희는 출산의 어려움과 국가의 역할에 대해 이렇게 말한다.

> 남편이 군의관으로 근무하던 1982년에 결혼하여 시댁에서 살기 시작했고 얼마 후 첫 딸을 임신했다. 실험실에는 나와 연구원밖에 없었으므로 미리 쉴 수 있는 상황이 아니었다. 결국 분만 전날까지도 실험하고 다음날 유도분만을 해야 했다. 그때는 1개월이라는 출산휴가도 마음대로 쉴 수 없었다. (중략) 여성이 사회활동을 하면서 가장 힘들어하는 이 문제는 정부와 함께 고민해야 할 큰 과제라고 생각한다.[78]

가족의 이해와 지원이 여성 과학자의 성공에 필수불가결한 요인이지만 이것이 제도적, 문화적으로 정부와 사회에 의해 뒷받침되지 않는다면 과학자라는 직업은 부유층의 전유물이 되고 말 것이다. 가정 내에서의 문화의 변화 또한 제도 못지않게 중요하다.

여성 과학자와의 워크숍에서 이러한 가부장적 문화를 해체하는 데 가장 큰 걸림돌은 여성 과학자 자신이라는 고백이 이어졌다. 반드시 남편이나 시댁의 요구 때문이 아니라 아이가 아프면 아이를 병원에 데려갈 사람은 자신이라고 여성 과학자는 스스로 생각한다는 것이다. 여성 과학자 스스로가 배우자와 동등한 존재임을 깨닫지 못한다면 가사와 육아의 굴레에서 벗어나 전문직으로 성공하기는 어려울 것이다.

멘토와 리더십

학창 시절 리더십 경험을 언급한 경우는 여성은 1명, 남성은 3명이었다. 과학자의 경우에는 남녀 모두 학창 시절부터 리더십 역할을 하는 데 있어서 소극적이었거나 기회가 부족했던 것으로 보인다. 과학자가 된 다음에는 남녀 모두 각 분야에서 자연스럽게 리더의 역할을 하는 경우가 많아졌다.

전문직에서 리더십 멘토의 영향이나 중요성을 언급한 남성 과학자는 모두 11명(13.8%)이었다. 이들은 박사 논문의 '지도 교수'나 직장의 상사, 대학의 총장 등 실제로 오랜 시간 접촉했던 인물을 리더십의 멘토로 생각했다. 반면, 여성 과학기술인은 12명(9.5%)이 리더십 멘토를 언급했다. 이 중에서 박사나 석사 과정 교수를 지적한 경우는 8명이다. 나머지는 학회에서 잠시 만난 전문가, 매스컴이나 책을 통해서 본 유명한 인사 등을 꼽았다. 장기간 직접적인 관계를 맺지 못한 사람을 멘토로 삼는 현상은 오로지 여성에게만 발견된다. 여성의 멘토 중에는 여성도 있고 남성도 있다.

과학기술인으로 살아오면서 아쉬운 점, 개선되어야 할 점을 언급한 것에서도 남녀가 비교된다. 남성의 경우는 모두 28명이 문제점을 지적했는데 연구 환경에 대한 불만이 22명으로 가장 많았고, 실험 교육의 필요성을 지적한 사람이 2명, 법적 지원의 필요성을 언급한 경우가 2명, 산학협력의 필요성을 언급한 경우가 1명, 괴짜를 인정하는 사회적 분위기를 촉구하는 경우가 1명이었다.

이에 비해 여성 과학기술인은 33명이 현 상황에 대한 아쉬움을 토로했다. 롤모델의 부재, 선배나 멘토의 부재, 여성 연구원의 수가 적음을 아쉬워한 경우가 11명, 여성의 정보 및 네트워크의 부족을 언급한 경우가 5명, 육아와 양육에 대한 어려움을 토로한 경우가 4명, 정부의 여성 지원 정책을 촉구하고 사회적 편견과 문화의 어려움을 토로한 경우가 13명이었다. 특히 실무 경험에 대한 필요성을 지적한 경우와 실무 경력 7년을 요구하는 사회적 조건이 여성에게 매우 불리하다는 주장도 있었다. 대부분이 여성의 특수한 환경에서 일어나는 어려움을 지적하고 있다. 여성 과학기술인은 남성으로 태어났다면 전혀 겪을 필요가 없었던 어려움을 호소하고 있는 것이다.

성공적인 과학기술인이 되는 데 가장 필요한 자질에 대해서는 남녀 과학자 중 104명이 조언을 했다. 많은 과학기술인들이 후배 과학기술인을 위해 조언을 아끼지 않은 것으로 보인다. 〈그림 1〉에서 볼 수 있듯이 가장 많이 언급된 것이 노력(23명, 22%), 도전 정신(15명, 14%), 인적 네트워크(14명, 13%), 적극적인 자세(13명, 12.5%), 구체적인 미래 계획(11명, 10.5%) 순이다. 그 외 기타에는 통찰력, 체력, 끈기, 협상, 리더십, 상상력 등이 있었다.

후배 과학자에 대한 조언에서도 흥미로운 남녀 차이를 발견할 수 있

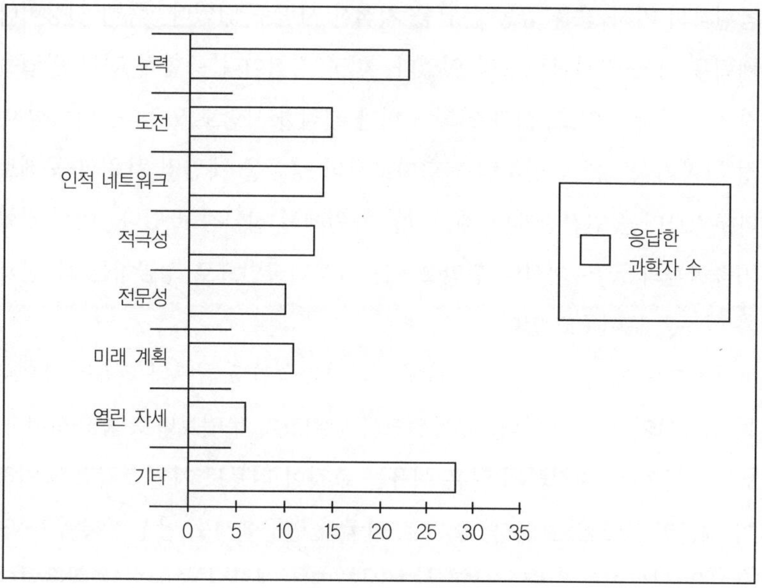

〈그림 1〉 성공적인 과학기술인이 되는 데 필요한 자질

다. 남성의 경우는 주로 개인적 리더십 역량을 키우라고 조언하고 있다. 남성은 노력, 근면, 끈기 등을 지적한 사람이 가장 많았고, 도전 정신을 언급한 경우가 7명 있었다. '한 우물을 파라'는 조언을 해준 사람도 5명 있었고 긍정적 자세를 언급한 사람이 2명 있었다. 그 밖에 통찰력, 현장 경험, 꼼꼼함(사소함), 진실에 대한 추구, 다양한 학문적 관심과 통섭 등을 강조하기도 했다. 팀워크를 강조한 남성 과학기술인은 CEO 출신인 안철수 딱 1명이었다.

이에 비해 여성 과학기술인도 대다수가 여성 개인의 계발과 노력, 근면을 강조한다는 점에서는 남성과 유사하다. 그러나 리더십이나 의사소통 능력, 협상 능력, 네트워크, 인맥 관리, 협력 등 인간관계 차원을 강조한 사람이 20명이나 된다는 점이 차이점이다. 제도적 지원의 필요성과 남편과의 가사 양육 공동 분담을 지적한 사람도 있었다. 특히 건강이나 체력을 강조한 사람도 2명 있었다. 현장 경험이나 종합적 접근 방법을 강조한 사람도 있고, 삶과 일의 조화를 지적한 사람도 있었다. 이처럼 여성 과학기술인은 남성처럼 과학자로서의 성공을 개인적 차원의 문제로 다루기보다는 인간관계나 제도적인 차원에서 접근하고 있다. 여성 과학기술인들의 글은 여성의 힘만으로는 과학기술인으로 성공하는 데 한계가 있음을 보여주고 있다.

안철수도 지적했듯이 21세기에는 과학기술인도 공부나 전문성만으로는 성공하기가 쉽지 않다. 네트워크와 팀워크가 무엇보다도 중요시된다. 남성들이 이를 지적하지 않은 이유는 그것이 너무도 자연스럽고 당연하기 때문인 것으로 보인다. 실제로 미국의 연구에서도 남성의 경우는 연구실을 컨트리클럽처럼 사교와 24시간 일상생활의 중심으로 활용한다는 보고서가 있다.[79] 이에 비해 육아와 가사를 전담해야 하는 여성은 일찍 연구실을 떠나고 학교나 연구소에 없기 때문에 네트워킹에서 자연히 소외된다고 한다. 남성 과학기술인이 리더십을 강조하는 경우에도 주로 팀워크를 강조한다. 그러나 여성은 네트워크에 무게중심을 둔다. 여성에게 있어서 팀워크는 당연한 것이지만 네트워크는 특별한 노력과 시간의 투자가 필요하기 때문이다.

과기부 과학기술혁신본부 생명해양심의관 김정희는 자신의 리더십 경험에서 네트워크의 중요성을 다음과 같이 설파하고 있다.

> 나는 기초의학연구소장 직책을 맡으면서 다섯 번의 심포지엄을 직접 개최했고, 다방면의 발표자들을 섭외하면서 분야별로 다양한 연구자들의 연구 환경과 현장 실정 등을 이해하게 되었으며, 학문 활동을 바탕으로 한 인적 네트워크의 중요성을 실감했다.[80]

대구대 식품생명화학공학부 교수인 최영선도 네트워크의 중요성을 후배들에게 설파한다.

> 자기 분야에서의 연구에 우선 최선을 다해야겠지만, 안목을 넓히고 다양한 경험을 늘리며 좀 더 많은 인적 네트워크를 형성하려는 노력도 중요하다.[81]

그러나 네트워킹이 반드시 전공 분야의 연구 시간을 빼앗는 것은 아니다. 나도선은 활발한 네트워크의 경험을 이렇게 평가한다.

> 학회 임원으로 활동하면서 형성된 인적 네트워크는 나의 학문에도 많은 도움이 되었다. 우선 과학자들과의 인간적 신뢰관계는 최신 정보교환과 공동연구를 가능하게 하여, 혼자서는 해결하기 어려운 문제에 큰 도움을 얻곤 했다. 연구비를 신청하고 심사를 통하여 지원받는 데 있어서도 서로 아이디어를 나누고 협조함으로써 각자의 역량을 배가할 수 있었다.[82]

부산대 대기과학과 교수 하경자도 사회활동 경험이 리더십 향상에 도움이 된다는 데 동의한다.

> 나는 과학문화 확산을 위해 대학생 과학사랑 동아리 '움직이는 실험실'과 이공계 석사와 박사를 마친 젊은이로 구성된 '생 · 과 · 일'이라는 동아리를 지원하고 있다. (중략) 학회에서 나는 이사를 겸한 교육위원장을 맡고 있다. 이 일은 한편으로 사회에 봉사할 시간을 많이 요구하지만 리더십과 대인관계 향상의 경력계발에 도움이 되는 것을 스스로 인지한다.[83]

팀워크의 중요성을 강조한 안철수는 이렇게 말한다.

> 우리나라에서 교육을 받은 사람들은 개인 경쟁력 강화 위주의 공부, 즉 대부분 혼자서 책을 보고 공부하고, 혼자서 시험문제를 푸는 교육을 받아왔다. 그래서 가장 떨어지는 능력 중 하나가 커뮤니케이션 스킬이다. 지금처럼 복잡한 현대사회에서는 혼자서 어떤 일을 할 수 없다. 프로그래머 역시 공동 작업이 요구된다. 또 프로그래머만 작업해서 되는 것이 아니라 마케팅, 영업, 고객 지원, 기술 지원을 통해 고객을 비롯한 모든 사람과도 의사소통을 하면서 일을 해나가야 되는 세상이다. (중략)
>
> 커뮤니케이션 스킬과 팀워크를 향상시키기 위해서는 공동학습과 프로젝트를 통해 경험을 쌓는 길밖에 없다. 또 자기 전문분야 지식뿐만 아니라 다른 분야에 대한 이해의 폭도 넓히면서 포용력을 가지려는 노력들을 해야만 한다. 특히 자기 혼자 지식만 많이 가지면 전문가라는 생각은 버려야 한다.[84]

이화여대 석좌교수 이서구도 자신의 지도교수를 예로 들어 팀워크의 중요성을 다음과 같이 설파하고 있다.

> 스테이트만 박사는 실험실장으로서 자신의 첫 번째 임무는 연구자들이 서로 격의 없이 묻고 대답하고, 필요하면 공동연구를 할 수 있도록 분위기를 만드는 것이라고 항상 강조하곤 했다. 일주일에 세 번씩 있는 세미나는 물론 그 외에도 많은 파티 등을 열어 연구원들이 만날 수 있는 기회 마련에 애를 쓰셨다.[85]

대한학술원 회장을 지낸 이호왕도 이렇게 이야기한다.

연구비를 받았다고 독불장군처럼 혼자 해서는 안 되고, 여러 사람과 함께 연구를 할 줄 알아야 한다. 같이 일할 사람들을 잘 다스리고 화목하게 공동연구할 수 있는 분위기를 만들 수 있는 사람이 되어야 한다.[86]

산자부 기술표준원 고분자 섬유과장이었던 강혜정은 여성 과학자의 리더십의 중요성을 다음과 같이 쓰고 있다.

내가 느낀 것은 공직 사회에서 인정받으려면 업무 능력 이외에 '논리적인 표현 능력'이 있어야 한다는 것이다. (중략) 이공계 출신의 이러한 문제는 비단 우리나라만의 문제만은 아닌가 보다. 미국의 기업들이 공대 출신 직원들에게 털어놓은 불만 중 하나가 "능력은 뛰어난데 도무지 말을 못한다"는 것이라고 한다. (중략) 여성 과장으로서 풀어나가야 할 애로 사항에 대해 한 가지만 더 언급하자면 '직원통솔력'의 문제이다.[87]

요약하면 남성은 개인 리더십 역량을 강조하고 여성은 대인 관계 역량을 상대적으로 더 중요시 여기는 경향이 있다. 그중에서도 네트워크에 무게를 싣는다. 반면 리더십의 중요성을 인지하는 소수의 남성 과학자도 네트워크보다는 팀워크를 강조한다. 이러한 결과는 여성이 남성 위주의 과학자 네트워크로부터 얼마나 배제되어 있는지 잘 말해준다. 더욱이 가사와 육아로 인해 절대적인 시간이 부족한 여성은 더욱 더 네트워크로부터 소외되는 경향이 있다. 여성은 남성과 다른 의사소통 방식을 사용하기 때문에 혹은 소수자라는 이유로 한결 더 소외를 당하게 된다. 여성이 과학기술인으로 성공하기 위해서는 연구의 수월성은 당연한 것이고 리더십 역량도 갖추어야 한다는 것을 알 수 있다.

성정체성과 여권 의식

앞에서 살펴본 대로 여성 과학기술인들은 대체로 자신감이 부족한 것으로 드러났는데 이는 성정체성과 직접 관련이 있어 보인다. 즉, 여성으로 태어난 것을 자랑스러워하기보다는 여성성을 부정하거나 혹은 여성으로서 받는 차별을 부당하다고 생각하기 때문이다. 이런 이유로 여성 과학기술인들은 남성과는 달리 일이나 직장에서의 차별을 경험했다. 여기에는 웃지 못할 에피소드도 적지 않다.

가령, 지순은 여성으로서 받은 차별에 대해 이렇게 말한다.

> 그동안 여성 건축가들은 건축계에서 주변부에 머물러 있었다. 여성 건축가에게는 주거관련 프로젝트에 국한되어 업무가 주어지는 게 다반사였고 중요한 프로젝트는 남성 건축가에게 돌아가곤 했다.[88]

(주)청석엔지니어링 교통계획부 상무 김설주의 에피소드는 우리 사회가 얼마나 편견과 스테레오타입으로부터 벗어나지 못하는지를 보여준다.

> 한번은 회사에서 참여하는 프로젝트 참여자 명단에 이름과 주민등록번호를 적어서 제출했는데 주민등록번호 뒷자리가 1로 시작하는 명단 속에 2로 시작하는 번호가 있으니까 오자로 생각하여 1로 바꾸어 놓은 적이 있었다. 이러한 경우를 어떻게 말로 다 표현할 수 있을까. (중략)
>
> 직장마다 여성을 싫어하고 기피하는 이유가 몇 가지 있는데 가장 큰 이유 중 하나는 비용이 많이 든다는 것이다. 같이 입사한 여성과 남성의 월

급은 같은데 여성은 야근을 덜하고, 출장 가면 독방을 써야 하고, 집안일로 조퇴하고, 입사하여 몇 년 훈련시킨 뒤 일을 맡길 만하다 싶으면 결혼한다고 퇴사하고, 생리휴가에 출산휴가까지 등등이 그 구체적인 내용이다.[89]

서울대 요업공학과 교수를 역임한 박순자도 직장에서 여성으로서의 어려움을 이렇게 토로한다.

더불어 다른 어려움도 있었다. 입사 동기 중 자신만 보직에서 제외, 과장으로 승진하지 못하고 있음을 문득 자각하게 된 것이었다. "으레 내가 과장이 될 순서였는데…… 안 됐지요." (중략) 간부는 외부에서 접대를 받기도 하고 접대를 하기도 한다. 그러니 여성은 간부로 적합하지 않다. 이것이 그가 나중에 과장이 된 이후에 들은 이유였다.[90]

(주)모든넷 대표이사 신순희도 여성 사업가의 어려움을 고백한다.

그러나 일만 어려운 것이 아니었다. 직장생활과 달리 여성 대표라는 명함을 보고 남편의 부도로 회사 대표직을 맡은 것이 아닌가라는 의심의 눈도 있었고, 여성 대표와 일을 하면 오해를 받는다는 그런 사고로 대하다 보니 일이 쉽게 진행되지 않을 때도 있었다. 더욱이 나에게는 여성이라는 것만이 아니라 신체에 대한 장애도 커다란 장벽이었다.[91]

(주)한국전력기술 기계기술처 차장 이영옥은 일에서뿐만 아니라 공부에서도 여성은 장애를 넘어야 한다는 사실을 다음과 같은 일화에서 생생히 전하고 있다.

물론 여고를 졸업하고 난 후 대학에 입학했을 때 공학공부가 쉬웠던 것은 아니다. 1,2학년의 기초공통과목은 아무런 문제없이 잘 지나갔지만 3학년이 되어 자동차공학, 기계공작법, 기계공작실습, 기계요소설계, 기계제도 등 단순 수학이나 과학적 상식으로는 알 수 없는 용어와 이해하기 어려운 교과목을 공부해야 했을 때는 포기하고 싶기도 했다. 평소 기계에 대한 관심이 부족했고 가정가사만 배운 여학생이 주조, 연삭, 자동차 엔진 등 생소한 분야를 접하게 되니 적응이 어려웠던 것이다. 또 다른 남학생들은 중학교, 고등학교 때 다 배워서 안다고 생각하니 혼자만 모른다는 열등감에 더욱더 공학에 대한 자신감을 잃어갔다. 하지만 이것은 잘못된 판단이었다. 남학생도 전반적인 일반상식만을 배운 것이지 자세한 내용을 배운 것은 아니었기 때문이다. 다만 대체로 여학생들보다 기계에 대한 관심이 더 많았던 것이 차이점이라면 차이점이었다.[92]

이영옥의 일화는 우리 사회의 성차별 의식을 단적으로 보여준다.

입사 초기에는 우리 부서의 업무 중 중요도가 떨어지는 일들이 나에게 배정되었다. 세월이 흘러 능력을 인정받고 나서야 나에 대한 상위자들의 의식이 바뀌고 점차 중요도가 높은 일을 맡게 되었다. (중략) "담당 엔지니어를 보내야지 여직원을 보내 어쩌자는 거야?" 하는 것이었다. 그래서 "제가 담당 엔지니어인데요?" 했더니 기술적으로 어려운 토의를 해야 하는데 할 수 있냐는 듯이 물어보았다. 그래서 일단 바로 답변이 가능하면 이 자리에서 하고 어려우면 회사에 돌아가서 답변을 준비하여 보내겠다고 하고 회의를 시작했다. (중략) 그런데 한 유명업체 직원들의 기술자문을 위해 한 미팅에 들어갔더니 "나는 커피", "나도 부탁해요" 하는 것이었다. 이유인즉슨 그때 당시 기계 분야에 여성 엔지니어가 거의 없었기 때문에 그들은 나를 업무보조 여직원으로 착각했던 것이다. 나중에 내가 누구인지를 알고 그들은 당황하여 어쩔 줄 몰라 했다. (중략) 입사 초기 때 직장 내의 호칭 문제로 윗사람과 얼굴을 붉힌 일이 있다. 남성직원들은 "○○○씨"이면서 나를 부를 때는 항상 "미스 리"였다. 몇 번 웃으면서 "이영옥 씨"로 불러달라고 요청했지만 계속 습관적으로 "미스 리"로 불렀다. 그래서 회의 시간에 정식으로 호칭 문제에 대해 이의를 제기하고 만약 앞으로 정식으로 부르지 않으면 대답을 하지 않겠다고 하여 몇 개월 만에 호칭 문제를 해결했다. (중략) 외국 출장이나 국내 출장 때가 되면 항상 듣는 질문이 "혼자 갈 수 있느냐, 여성 혼자서 문제 해결이 어렵지 않겠느냐"였다. 이렇게 당연히 남성직원이 가야 한다는 식으로 분위기가 흘러갈 때가 많았다.[93]

여성이 차별을 받는 것은 반드시 사회적이고 구조적인 데에만 문제가 있는 것은 아니다. 여성은 여성 스스로에게도 문제가 있음을 지적하기도 한다. 산자부 공무원이었던 강혜정은 여성의 정보 부족을 지적하고 있다.

우수한 여성인력들이 이공계에 많이 진학하고 있음에도 이처럼 공직진출이 낮은 것은 기술직 채용규모가 상대적으로 작다는 문제점 등도 있겠지만 공직진출 방법과 공직세계에 대한 정보가 부족한 것도 하나의 원인이다.[94]

그러나 여성이 반드시 손해와 차별만 경험하는 것은 아니다. 동전의 앞뒷면과 같이 여성성은 장점이자 동시에 단점이 되기도 한다고 주장하는 사람도 있다.

이영옥은 자신의 여성성에 대해 이렇게 말한다.

> 공학이 금녀의 학문이라는 사회적 통념을 고려하지 않고 적성에 맞춰 기계공학을 선택하게 되었고, 기계 엔지니어로 일하고 있지만 여성이라서 불가능했거나 특별히 어려웠던 적은 없다.
>
> 여성 엔지니어는 항상 눈에 띄는 존재이기 때문에 열심히 일해 조금만 성과를 내면 오히려 남성직원보다 더 좋은 평가를 받게 되지만 조금만 불성실하면 "여성이니까" 하는 식으로 실제보다 더 나쁜 평가를 받게 된다.[95]

여성 과학기술인은 여성으로서의 장점도 언급하고 있다. (주)청석엔지니어링 교통계획부 상무 김설주는 여성으로서의 장점을 이렇게 말한다.

> 반면에 여성 채용을 긍정적으로 생각하는 이유도 있다. 남성보다 꼼꼼하여 실수가 적고 대충대충이 없으며 정확하여 결과를 신뢰할 수 있는 점이다. 이러한 특성은 회사의 이미지를 높이는 데 크게 기여한다. 또 판단이 정확하고 냉철하다.[96]

지순도 여성의 장점을 살려 자신의 분야에서 성공한 예를 이렇게 들고 있다.

> 가정과 직업을 동시에 꾸려가야 하는 내 일상생활을 의식적으로 인식하는 과정에서 프랑크푸르터 주방이라는 주방 시스템을 설계하게 되었다.[97]

그러나 아직까지 여성으로서의 장점을 언급하는 여성 과학기술인은 극소수에 불과하다. 29명의 여성이 여성으로서의 차별이 가장 힘든 일이었음을 토로하고 있다. 이 중 27명은 사회의 편견이나 여성 차별, 남녀 차별을 들고 있고 2명이 네트워크 부족을 호소했다. 남성이 대부분 연구 환경의 열악함을 호소하는 것과는 대조적이다. 남성처럼 열악한 연구 환경을 지적하는 여성도 서너 명 있지만 이는 여성 차별 문제에 비하면 부차적인 것이다.

여성 과학기술인 중에는 여성 차별의 문제를 인식하고 이를 정면에서 돌파하려는 당당한 성정체성을 가진 사람도 적지 않았다. 가령, 원자력 환경기술원의 책임연구원인 박세문은 자신이 전문직 여성이 된 것을 다음과 같이 설명하고 있다.

> 어린 시절부터 지금까지 변하지 않는 한 가지 생각, 남성이 자기 인생을 책임지는 독립적인 인생을 영위하듯 여성도 남성에 의존하지 않고 나름의 독립적인 인생을 영위해야 한다는 생각만은 변하지 않고 지금의 내 활동에도 영향을 주고 있다.[98]

한국 여성 과학자는 여성 노벨상 수상자 못지않게 성차별 인식이 강했다. 한국 여성 과학자가 여성 노벨상 수상자보다 젊은 세대이기 때문에 어떻게 보면 문제의식이 더 강했다고 생각된다. 그러나 할당제 등에 대해 뚜렷한 입장을 찾을 수는 없었다. 많은 여성 과학자들이 성차별에 대한 의식은 있지만 해결책에 있어서 여권주의자와 뜻을 같이한다고 보기는 어렵다. 또한 노벨상 수상자와 한국 여성과학자의 여권 의식에는 큰 차이가 존재한다. 노벨상 수상자들이 할당제 등의 방법에 반대를 분명히 한 데 비해 여성 과학기술인 단체는 할당제를 분명하게 요구하고 있다.

한국이 외국에 비해, 한국의 여성 과학자의 비율이 많이 뒤지기 때문일 것이다.

여성이 여성 차별의 문제를 더 이상 의식하지 않을 때, 자신의 성을 자랑스럽게 생각하거나 적어도 있는 그대로 인정할 때, 여성 과학기술인도 자신감을 가질 수 있을 것이다. 지금까지는 겸손함이 여성 과학 리더에게 요구되는 자질이었다면 앞으로 필요한 자질은 자신감이 될 것이다.

여성 과학자의 리더십 모형

Ⅲ

이상에서 여성 노벨상 수상자의 성장에 영향을 미친 요인과 그들의 글로벌 리더십 역량을 살펴보았다. 또한 한국 과학기술인의 남녀 차이점과 공통점도 분석했다. III부에서는 기존의 리더십 연구와 결합하여 과학자 리더십 모형을 구성하는 리더십 역량을 추출하고자 한다. 우선 경영학 분야에서 만들어진 글로벌 리더십과 과학자의 글로벌 리더십은 어떻게 다른지 비교함으로써 과학자의 글로벌 리더십 모형을 제시한다. 그 다음에는 경영학 분야에서 논의된 여성 리더십에 대해 살펴볼 것이다. 다른 분야의 여성 리더십과 과학 분야의 여성 리더십의 공통점과 차이점은 무엇인지 살펴볼 것이다. 기존 모형과 이론을 활용하여 여성 과학자 글로벌 리더십 모형을 구성하는 것이 III부의 목표이다.

여성 과학자의 고유성은 있겠지만 다른 분야의 여성 리더십과 크게 다르다고 보기는 어렵다. 따라서 경영학 분야에서 만들어진 글로벌 리더십 모형과 여성 리더십 모형에 기초하여 여성 과학자의 특수성을 감안한 여성 과학자 글로벌 리더십 모형이 제안될 것이다.

1
글로벌 리더십 모형[1]

리더십 연구의 흐름

1970년대까지 리더십에 대한 연구는 주로 한 국가 내, 혹은 한 문화 내에서 이루어졌다. 그동안 리더십 연구의 흐름을 살펴보면 몇 차례의 중요한 변화가 있었음을 알 수 있다. 최초의 리더십 연구는 리더의 성격이나 특성이 주 관심사였다. 특히 리더십에 대한 초창기 연구에서 리더는 타고나는 것이라 믿었다. 자연스럽게 이 시기에는 바람직한 혹은 효율적인 리더의 특성이나 성격 같은 것이 연구의 주요 관심사였다. 그러나 이러한 연구는 곧 상황적이고 환경적인 요인을 무시한다는 비판에 직면하게 된다. 그 후, 리더는 타고나기도 하지만 학습이나 훈련으로 만들어질 수도 있다는 주장이 등장한다.

연구자들은 이제 효율적인 리더의 행동을 연구하기 시작했다. 리더의 행동이 조직의 효율성에 어떤 영향을 미치는가를 연구하게 된 것이다. 이러한 맥락에서 '관계 중심의 리더', '과업 중심의 리더'라는 분류가 등장했다.[2] 즉, 리더가 사람과의 관계에서 더 효율적인지, 아니면 과업에서 더 효율적인지 하는 두 가지 차원에서 리더십을 관찰하게 된 것이다.

그 후 리더십은 리더와 추종자follower 간의 상호 관계 속에서 효율성을 발휘한다는 세 번째 흐름으로 옮겨가게 된다. 이때 양자의 상호 관계는 상황에 의해 영향을 받는데 이 때문에 이 흐름의 리더십 이론은 상황 이론이라고 불린다. 이 흐름의 대표적인 이론으로는 프레드 피들러Fred E. Fidler의 조건부 이론contingency theory이나 상황적 리더십 이론situational leadership theory을 들 수 있다. 피들러는 리더와 추종자 간의 상호 작용에 의해 리더십이 결정된다고 주장한다.[3]

여기에서 한 걸음 더 나아가서 추종자의 역할을 강조하는 리더십 이론이 등장하기도 한다. 대표적인 이론가로는 하우스R. J. House와 미첼T. R. Mitchell을 들 수 있는데 이들의 경로목표 이론path-goal theory은 리더란 추종자에게 필요한 특성을 개발함으로써 그들이 원하는 목표와 결과에 도달하도록 만드는 사람이라고 정의한다.[4] 이러한 흐름 속에서 조직 문화가 리더십 연구에서 있어서 매우 중요한 변수로 등장하게 되었다. 가령, 에드가 샤인Edgar H. Schein은 효율적인 리더란 서로 다른 문화에 유연하게 적응하는 사람이라고 주장한다. 리더와 조직의 문화가 조응할 때 리더십이 성공한다는 것이다.[5] 즉, 권위적인 문화에서 민주적 리더는 성공하기 어렵고, 민주적 문화에서 권위적인 리더가 성공하기 어렵다는 의미이다. 과거에 성공적이었던 리더가 새로운 조직에서 혹은 오늘날 새로운 문화에서 성공하기 어려운 이유도 조직 문화의 차이에서 찾을 수 있다.

1980년대부터는 변혁적 리더십과 거래적 리더십에 대한 연구가 홍수를 이룬다. 제임스 번스James MacGregor Burns는 변혁적 리더의 대가로 손꼽힌다. 변혁적 리더는 높은 도덕성을 갖춘 사람으로서 추종자에게 그들의 높은 이상을 만족시킬 만한 영감과 동기를 부여함으로써 스스로 따르도록 만드는 리더를 의미한다. 변혁적 리더십은 네 가지 요소로 이루어지는데, 개별화된 관심individualized consideration, 영감을 주는 동기 부여inspirational motivation, 지적 자극intellectual stimulation, 이상화된 영향idealized influence이 그것이다.

거래적 리더란 추종자가 과업을 성취하도록 자신이 쓸 수 있는 지위나 권력, 자원을 활용하여 당근과 채찍을 적절히 구사하는 사람을 의미한다. 거래적 리더십은 '보상', '적극적 예외 관리', '소극적 예외 관리'의 세 유형으로 구분되는데 각각의 리더십 유형이 추종자의 성과에 미치는 효율성이 다르게 나타난다고 한다. 예외 관리는 예외적으로 잘못이나 실수가 발견될 때에만 리더가 개입하고 그렇지 않은 상황에서는 방관하는 것을 의미한다. 개입의 수준에 따라 적극적 예외 관리, 소극적 예외 관리로 구분된다.

보통의 리더는 변혁적인 측면과 거래적인 측면을 모두 포함하고 있다. 변혁적인 요인이 클수록 변혁적 리더가 되며 그들은 추종자의 성과에 가장 효과적인 영향을 미친다. 반면 거래적 측면이 클수록 거래적 리더라 불리는데 거래적 리더의 효율성은 '보상', '적극적 예외 관리', '소극적 예외 관리'의 순으로 발휘된다고 한다. 아이들에게 과학자로서의 이상과 꿈을 심어줌으로써 학업에 열중하도록 하는 부모는 변혁적 리더이며 가장 성공할 가능성이 높다. 이에 반해 시험을 잘 보면 보상을 해주면서 공부를 시키는 거래적 리더형의 부모도 변혁적 리더만큼은 아니지만 어느 정도 성공할 수 있다. 최악의 리더십 유형은 자유방임형이다. 리더가 추종자에 대해 전혀 개입하지 않는 것이 가장 효율성이 낮다는 것이다.

지난 20-30년간은 변혁적 리더와 거래적 리더 중 어떤 리더가 더 효율적인지, 현실 정치나 경영에서 누가 더 변혁적 리더인지, 변혁적 리더의 특징과 필수 요인은 무엇인지 등에 대한 연구가 넘쳐났다. 최근에는 변혁적-거래적 리더십 모델이 미국이 아닌 다른 나라에서도 적용될 수 있는지, 여성과 남성 중 누가 더 변혁적이고 거래적인지, 특정 조직에 대한 연구를 통해 어떤 리더 유형이 발견되는지, 그것이 조직의 효율성과 어떤 관계를 맺는지 등으로 연구의 관심이 확대되어왔다.[6]

이제 21세기를 맞이하여 가속도로 진행되는 세계화와 함께 리더십 연구도 또 한 번의 전환기를 맞게 되었다. 1970년대만 해도 국제 경영은 부차적인 것으로 생각되었지만 최근 극적으로 빠르게 진행된 세계화로 인해 경영의 중심으로 등장하고 있다. 엄청난 양의 국제간 화폐의 이동과 교역이 이루어지면서 국가의 장벽은 무의미해졌다. 통상과 교역에서 시작된 국제화의 흐름은 이제 되돌리기 어려운 시대적 대세가 되었다.

빠른 세계화와 함께 자국중심주의적 리더십이 새로운 도전을 맞게 되었다. 한 사회에서 효율적으로 통용되던 리더십이 다른 사회에서는 통하지 않는 경우가 종종 발생하게 된 것이다. 최근 들어 글로벌 리더십이라는 용어가 광범위하게 사용된다. 특히 과학기술자는 오래전부터 국제 협력과 공동 연구를 해왔기에 한 사회에서 통용되는 리더십보다는 글로벌 리더십 모형이 더 적합할 것으로 생각된다. 하지만 글로벌 리더십에 대한 명확한 정의를 찾는 일이 쉽지는 않다. 많은 경우 글로벌 리더십은 미국이 아닌 다른 나라에서 혹은 국가 간에 일어나는 현상, 즉 다문화multi-cultural 혹은 cross-cultural 리더십을 의미한다.

사회에 따라 리더에 대한 개념이나 느낌이 다르게 사용될 뿐만 아니라 다른 의미를 내포하고 있기도 하다. 가령, 독일에서는 리더 하면 히틀러를 떠올리고, 체코나 많은 아프리카 국가에서 리더라는 용어는 부정적인 의미를 내포하고 있다. 남미의 상당수 국가에서는 리더가 정치적 리더를 지칭하고, 아랍의 국가에서는 리더가 종교적 리더와 동일시되기도 한다. 제도화된 선진국에서는 주로 조직이나 경영 분야에서의 리더를 떠올리기도 한다. 특히 한국에서는 리더에 대한 개념에 대해서 국민적 합의를 찾기 어려운 것이 현실이다.

이렇게 리더에 대한 개념조차도 사회마다 다른 의미를 내포하고 있기에 글로벌 리더십 모형을 만드는 일이 쉽지는 않다. 실제로 리더십 분야의 가장 권위 있는 학술지로 알려진 『리더십 쿼털리*leadership quarterly*』의 지난 10년간(1998-2008) 논문에서 global 혹은 multi-culture라는 주제어로 검색했을 때, 겨우 여덟 편의 논문이 발견될 뿐이다. 그중에서도 본격적인 글로벌 리더십에 대한 논문은 한 편도 없다. 대부분이 미국 이외의 나라(중국 혹은 남미 등)에 대한 연구를 글로벌 리더십이라고 칭했을 뿐이다. 따라서 이 장에서 시도하려는 글로벌 리더십 모형의 구축은 기존에 많이 연구되지 않은 분야에서의 새로운 시도가 될 것이다.

글로벌 리더십 모형의 구성

'글로벌global'은 두 가지 의미를 동시에 내포하고 있다. 하나는 '특수론'에 대항하는 '일반론'의 의미이다. '국제적international'이란 의미는 고유한 특성을 갖는 두 국가 간의 관계를 의미하므로 각국의 특수성이 고려된다. 반면에 '글로벌'이라고 할 때에는 각국의 특수성이 무시되고 전 세계 국가가 공통적으로 공유하는 일반 모형general model을 의미한다. 글로벌 리더십의 또 다른 의미는 한 국가에서가 아니라 문화와 국가를 초월하여 세계화가 진행된 국제 사회에서 통용되는 효율적인 세계적인 모형global model이라는 의미를 내포한다. 국경이 무의미해진 지구촌화된 사회에서 효율적으로 통용되는 리더십이 바로 글로벌 리더십인 것이다. 즉, 글로벌 리더십이란 국가 간 물리적 힘의 대결이 지배적이었던 20세기와는 달리, 소프트 파워가 중요하게 부상한 21세기, 세계화, 정보화, 지식사회에 효율적인 리더십이라고 할 수 있다.

많은 미래학자들은 21세기 리더십이 협력적 리더십이 될 것이라고 예견하고 있다. 21세기 리더십의 키워드는 평생 학습, 관계와 네트워크, 권력의 공유, 봉사와 헌신, 다양성과 포괄성, 숭고한 이상의 공유 등이라고 할 수 있다. 미래학자 피터 드러커Peter Druker도 리더와 추종자의 관계는 더 이상 이해관계에 기반하지 않을 것이며 높은 이상을 공유하는 데에서 이루어질 것이라고 예언한 바 있다. 이 책에 제시하는 글로벌 리더십 모형은 필자가 제자(손미남)와 공동으로 2002년에 개발하여 세계리더십학회에 발표한 모형으로서 위에서 논의한 두 가지 의미를 모두 포함하고 있다.[7] 필자는 이 모형을 활용하여 조직에서의 글로벌 리더십 다면 진단 도구를 개발했고 다수의 기업에서 활용된 바 있다. 이 진단 도구는 기업, NGO, 정부 조직 등에서 리더의 리더십 역량을 진단하는 데 사용되었고 진단 결과는 교육, 훈련, 코칭에 유용하게 활용되었다. 따라서 여기에서 제시하는 글로벌 리더십 모형은 모든 사회에 적용될 수 있도록 구성되었으며, 지구촌화된 21세기에 효율적인 비즈니스 리더십에 필요한 리더십 역량 모형이다.

최근 리더십 연구의 또 하나의 흐름은 성격이나 행동, 관계보다는 리더의 역량에 초점을 맞추는 역량 모형의 등장이다. 맥버 컨설팅 회사McBer & Co.는 보통 관리자의 성과보다 월등히 뛰어난 리더들의 특성을 찾아내기 위해 40년 이상 지속적인 연구를 수행해왔다. 이 회사는 역량을 "성공적인 결과의 성취와 연결된 것으로 알려진 방법으로 행동하는 성향"이라고 정의한다.[8] 리처드 보야치스Richard Boyatzis는 역량을 "사람이 업무를 수행함에 있어서 보다 나은 상황에서 보다 나은 결과를 가져오도록 만드는 성격"이라고 정의한다. 즉, 역량이란 주어진 역할에서 최고의 결과를 다른 것들로부터 구분하는 요인이라고 정의될 수 있다.[9]

여기에서 유사한 개념인 역량competency과 유능competence을 구분할 필요가 있다. 로날드 무어Ronald D. Moore와 그의 동료는 역량과 유능을

〈표 3〉 유능과 역량의 비교

유능(Competence)	역량(Competency)
최소 기준에 맞는 산출(output) 업무가 필요로 하는 것 사회학적 관점 환원주의적	수준 높은 성과를 위한 투입(input) 사람이 업무로 가져오는 것 심리학적 관점 전체주의적

〈표 3〉과 같이 구분하고 있다. 즉, 유능이란 최소한의 기준에 부합하는 결과output를 의미하거나, 업무가 필요로 하는 것, 혹은 사회학적 관점을 의미한다. 이에 비해 역량이란 유능한 행위 혹은 바람직한 성과를 가져오는 행동 혹은 자질을 의미한다. 높은 성과를 위한 투입input이나 사람이 업무에 가져오는 것, 심리학적 관점을 포함한다.

글로벌 리더십을 연구하는 연구자에게 있어서 가장 중요한 질문은 "경쟁적인 국제 사회에서 어떻게 성공적이고 효율적인 리더가 될 수 있는가?"하는 질문일 것이다. 만일에 모든 리더가 따르기만 하면 성공을 보장하는 리더의 기준이나 행동의 지침이 있다면 이 고민은 해결될 수 있다. 그러나 불행히도 이에 대한 쉬운 답은 없다. 가장 중요한 이유는 문화적 차이에서 비롯된다고 할 수 있다. 즉, 한 국가에서 얻은 교훈을 다른 문화나 국가에서 일률적으로 적용할 수 없다는 데에 문제가 있다. 특히 앞에서 살펴보았듯이 리더에 대한 개념뿐만 아니라 성공적인 리더가 어떤 역할을 수행해야 하는지에 대한 규범이나 가치관이 사회마다 다르다. 따라서 특정 문화에서 만들어진 모형이 문화를 뛰어넘어 다른 지역에 적용되는 데에는 한계가 있다. 최근 리더십의 효율성이 문화적 장벽을 뛰어넘기가 어렵다는 수많은 연구가 쏟아져나오고 있다.

글로벌 리더십 연구에는 크게 두 가지 흐름이 있다. 하나는 문화에 따라 성공적인 리더십 유형이 다르게 나타나므로 문화적 차이를 체계적으로 연구하기 위한 시도이다. 이 분야의 선구자는 기어트 호프스테드Geert Hofstede이며, 최근에는 로버트 하우스Robert House와 그의 동료들이 60여 개국에 걸친 연구를 통해 리더십과 문화의 관계를 규명하고 있다. 호프스테드는 네 차원으로 문화를 파악했는데 권력거리감power distance, 집단주의와 개인주의, 불확실성 회피uncertainty avoidance, 여성성 대 남성성femininity vs. masculinity이 그것이다.[10] 하우스는 여기에서 더 나아가 몇 개의 차원을 더 추가했을 뿐만 아니라 인식하는 문화와 실제로 행동이나 실천하는 문화에 차이가 있다는 것을 발견했다.[11] 이처럼 서로 다른 문화적 차이를 체계적으로 이해하는 틀이 앞의 조직 운영 역량에서 언급했던 글로벌 마인드이다.

다른 하나는 세계화된 사회에서 또는 문화를 초월하여 다국적 기업 등에서 성공하는 데 필요한 글로벌 리더십 역량을 규명하는 것이다. 여기에 대표적인 학자는 앨런 모리슨Allen J. Morrison을 들 수 있다. 글로벌 리더십 역량에 대한 연구는 방법론적으로 크게 두 부류로 나눌 수 있다. 하나는 연역적 방법이고 다른 하나는 귀납적인 방법이다. 연역 모형은 글로벌 리더로서 필요한 역량을 선험적으로 제시하는 것이다. 귀납 모형은 글로벌 기업에서 성공한 리더들에 대한 경험적 연구나 서베이 등을 활용하여 바람직한 역량을 추출한다. 가령, 존 블랙John S. Black과 그의 동료가 수행한 한 연구는 50개 다국적 기업의 인사 관리 임원 130명에 대한 인터뷰를 통해 성공적인 글로벌 리더에게 필요한 역량 중에서 3분의 2 정도는 일반화가 가능하고, 나머지 3분의 1은 각 문화에 고유한 것이라는 결론을 얻었다.[12]

연역적 연구는 규범적이라서 과학적이고 체계적인 연구가 결여된 데 반해, 귀납적 연구는 과학적인 방법을 사용하지만 여전히 방법론적 문제에 노출된다. 가령, 존 브레이크John S. Brake의 연구는 대다수의 표본을 미국 기업이나 미국 관리자로부터 추출했다.[13] 반면, 스티븐 라인스미스Stephen H. Rhinesmith의 저서는 24개의 역량을 추출함으로써 너무 모형이 복잡하다는 비판을 받았다.[14] 또 로버트 모란Robert T. Moran과 존 리젠버거John R. Riesenberger의 모형은 역량의 차원이 서로 중첩되어 모형의 생명인 간결성parsimony이 떨어진다고 비판을 받았다.[15] 여기에 사용된 표본에 일본, 프랑스, 브라질이 포함되어 있지 않다는 문제점도 지적되었다.

리더십 역량 모형을 개발하는 연구 그 자체에 대한 학계의 반발도 만만치 않다. 2006년 『리더십 쿼털리』는 이러한 학계의 논란을 생생하게 전달하고 있다. 즉, 조지 홀렌벡George P. Hollenbeck과 동료는 리더십 역량 모형의 가정뿐만 아니라 가치에 대해서도 의문을 제기했다.[16] 특히 리더십 역량 모형은 여러 개의 특성이 효율적 리더십 결과를 가져온다고 믿는다. 그리고 이 다양한 역량의 관계를 부가적additive이라고 가정한다. 이 모형은 부분의 합이 전체라고 가정하는 것으로서 심각한 문제가 있다는 것이다. 각 역량과의 관계를 무시하거나 역량과 상황과의 상호 작용에 관심을 갖지 않는 것은 모형의 큰 허점이라고 한다. 이에 이 책에서는 기존의 글로벌 리더십 모형에 대한 비판을 모두 고려하여 이러한 문제를 극복하기 위해 새로운 글로벌 리더십 모형을 구성하고자 노력했다.

글로벌 리더십 역량 모형: 균형의 모형

글로벌 리더십 모형은 한 국가를 벗어난 세계 무대에서 통용되는 리더십 모형이라는 것에서 더 나아가 21세기적 환경적, 세계적, 산업적 특징을 담아야 한다. 대체로 21세기 리더십에 대한 학자들의 견해는 일맥상통하는 부분이 있다. 리더십 연구의 대가 번스는 가장 성공적인 21세기 리더십은 권력을 공유하고 협력적인 모형이 될 것이라고 예언한다. 협력적인 리더십은 인간의 성장과 발전을 고양하고, 학습을 촉진하고, 삶의 질과 자연의 보전을 강화하며, 리더와 참여자를 보살피는 공동체를 창조하고, 신실성과 진정성을 롤 모델로 삼고, 용기를 보여주는 실천이 필요하다고 단언한다.

캐슬린 알렌Kathleen E. Allen을 비롯한 세계리더십학회의 주요 임원들도 보고서를 통해서 21세기의 도전적인 흐름을 네 가지로 정리하고 있다. 세계화, 환경에 대한 강조, 정보기술의 속도와 확산, 과학과 사회의 변화가 그것이다. 이들도 학습 환경을 조성하는 것, 관계와 관계 맺기를 지원하는 것, 권력의 공유를 지지하는 것, 봉사 정신을 실천하는 것, 다양성과 포괄성을 중요하게 여기는 것, 궁극적으로 자기 발전을 도모하는 것이 바로 21세기적 협력적 리더십의 핵심이 될 것이라고 주장한다.[17]

이러한 21세기의 흐름을 염두에 두고, 우선 효율적인 글로벌 리더가 되는 데 필요한 리더십 역량을 추출하기 위해 기존의 연구에서 글로벌 리더십 역량과 관련된 모든 문헌을 분류하는 작업을 수행했다. 분류한

〈표 4〉 타당한 분류 틀을 위한 다섯 가지 특성

	특성	설명
1	상호배타성 (mutual exclusiveness)	한 리더십 역량이 한 개 이상의 리더십 특성에 포함되어서는 안 된다.
2	내적 동질성 (internal homogeneity)	특정한 성격에 소속되는 역량은 다른 특성에 소속되는 역량보다는 서로 유사성을 띠어야 한다.
3	집합적 포괄성 (collective exhaustiveness)	모형은 리더십 특성으로 알려진 모든 것을 포함해야 한다.
4	안정성 (stability)	리더십 역량은 한 특성에서 다른 특성으로 쉽게 옮겨 다니지 않아야 한다.
5	특성을 적절히 반영하는 명명 (relevant naming of characteristics)	리더십 특성의 이름은 독자가 쉽게 의미를 이해할 수 있도록 기술적인(descriptive) 소통이 가능해야 한다.

(출처: Mayr, 1981: Morrison, 2000에서 재인용)

역량은 유사한 차원으로 묶어서 범주화했다. 이때 적절한 분류를 위해 앞의 〈표 4〉와 같은 에른스트 마이어Ernst Mayr의 분류 기준을 사용했다. 즉, 역량의 각 차원은 서로 배타적이며 포괄적이어야 하며, 각 차원의 역량은 서로 내적 연관성이 있어야 하며, 안정성이 보장되어야 하고, 적절히 명명되어야 한다는 것이다.

기존에 발표된 글로벌 리더십에 관한 모든 문헌에 나타난 역량을 역량 간의 관계를 이론적으로 설정하여 재구성한 결과로 정리하면 〈표 5〉와 같다. 이 표에는 다섯 개의 리더십 차원이 있고, 각 차원에는 하위 역량이 속해 있다. 〈그림 2〉는 글로벌 리더십 모형의 다섯 차원이 어떤 관계

〈표 5〉 글로벌 리더십의 5차원과 하위 역량: 비즈니스 리더십과 과학자 리더십의 비교

	리더십 차원(특성)	비즈니스 리더십 하위 역량	과학자 리더십 하위 역량
1	비전	미래를 읽는 혜안 신실성 (integrity)	신실성 (integrity) 공공적 가치관(public mind)
2	개인 리더십	창의력과 모험심 유연성과 적응력 자의식과 자신감 자기 절제	호기심과 몰입 인내심과 독립심 창의력과 모험심 일과 건강의 균형 자신감
3	업무 수행 리더십	전문지식 전략적 사고와 의사 결정 추진력 고도의 과학기술에 대한 이해와 디지털 지식	높은 전문성 추진력 학문에 대한 폭넓은 이해 국제어 뛰어난 연구 역량
4	대인 관계 리더십	네트워크 빌딩 의사소통 역량 협상력 공감하는 능력 다양성 존중	의사소통 역량 팀워크 (배려) 네트워크 빌딩 훌륭한 멘토의 존재
5	조직 리더십	조직 문화에의 적응 공정한 인사 제도 추종자 동기 부여 참여 경영 변화 경영	적임자 인사 창의적 조직 문화 추종자 동기 부여 글로벌 마인드

를 맺고 연결되어 있는지를 상징적으로 보여준다. 즉, 비전을 중심으로 개인 리더십, 과업 지향, 관계 지향, 조직 리더십의 네 차원이 연결되어 있다. 네 차원의 리더십 역량을 서로 연결시키고 통합하는 것은 개인의 비전이다. 즉, 꿈과 열정, 진정성, 올바른 가치관을 지닌 사람만이 일관된 비전을 제시할 수 있으며, 비전은 리더가 속과 겉이 같은 통합적인 사람이 되도록 만든다. 이 그림은 각각의 리더십 역량이 단지 합산되거나 부가적으로 연결되는 것이 아니라 일정한 관계를 가지고 역동적으로 작용하는 것을 포착하고 있다.

이 모형에 따르면 네 차원의 리더십 역량은 중앙에 위치한 비전에 의해 조절 받는다. 비전이 없으면 리더도 없다고 할 만큼 비전은 리더십의 시작이자 끝이라고 할 수 있다. 어떤 리더가 될 것인지, 어떤 가치관과 사명으로 리더 역할을 수행할 것인지에 대한 뚜렷한 비전이 리더에게는 반드시 필요하다. 꿈과 꿈 너머 꿈이 리더의 비전과 미션이라고 할 수 있다.

〈그림 2〉 글로벌 리더십 모형: 균형의 모형 (출처: Cho *et al*, 2010)

리더십 역량은 수신修身에서 시작된다. 인터넷 사회의 특징은 투명성과 수평성이다. "소수의 사람을 영원히, 모든 사람을 잠시 속일 수는 있지만 모든 사람을 영원히 속일 수는 없다"는 링컨의 명언처럼 투명한 사회에서 자기 관리가 뛰어나지 않은 사람은 리더로서 성공하기 어렵다. 공자의 수신제가치국평천하修身齊家治國平天下가 21세기에 들어와서 재조명받는 점이 흥미롭다. 자기 관리에 성공해야 리더는 비로소 개인 리더십에 인접하고 있는 두 차원의 역량, 즉 대인 관계와 업무 수행 역량을 발휘할 수 있게 된다.

리더는 대인 관계와 업무 수행이라는 긴장 관계에 있는 두 가지 차원의 리더십 역량을 동시에 발휘할 것을 요구받는다. 리처드 위그Richard Hugues 등은 대인 관계 역량과 업무 수행 역량이 서로 다른 차원에 있으며, 양 역량이 서로 긴장 관계에 있음을 보여준다. 즉, 업무 수행이 뛰어난 사람은 대인 관계 역량이 부족하고, 대인 관계 역량이 뛰어난 사람은 업무 수행 역량이 부족하게 나타난다.[18] 글로벌 사회는 두 차원의 역량이 균형점에서 최적의 역량을 발휘할 것을 요구한다. 과거에는 업무 수행 능력만 뛰어나면 리더로서의 역할을 수행하는 데 큰 어려움이 없었다. 특히 과학기술계에서는 연구 업적의 수월성이 리더가 되는 데 매우 객관적이고 공정한 잣대로 작동해왔다. 그러나 21세기의 복잡한 연구는 과학기술인들 사이의 협력은 물론 다양한 학문 사이의 융합까지도 요구하고 있다. 따라서 대다수 과학기술인은 21세기 리더는 전문성 외에도 대인 관계 역량을 필요로 한다는 데에 동의하고 있다. 이는 노벨상 수상자나 한국의 과학기술인 연구에서 이미 밝혀진 바 있다.

미래에 대한 혜안을 갖춘 일관된 비전으로 자기 관리, 업무 수행, 대인 관계 세 차원을 모두 섭렵한 리더만이 조직을 성공적으로 이끌 수 있다. 그러나 조직 리더십 역량은 세 가지의 합으로만 가능한 것은 아니고 또 다른 차원의 역량을 필요로 한다. 자기 관리가 뛰어난 사람은 조직 관리에도 성공할 가능성이 높지만 자신감이나 자만심이 넘칠 경우에는 오히려 조직 관리에 독이 될 수도 있다. 따라서 자기 관리와 조직 관리 차원은 긴장 관계에 놓여 있다. 비전은 두 차원에서 긴장 관계에 있는 리더십 역량(업무 수행과 대인 관계/자기 관리와 조직 관리)을 조절하고 균형을 맞추는 균형추의 역할을 하게 된다. 결과적으로 글로벌 리더십 모형은 비전을 통해 네 차원의 리더십 역량을 조절하는 균형의 리더를 상정하고 있다.

각 차원은 다양한 리더십 역량을 포함한다. 차원별 리더십 역량을 포함한 경영학 분야의 글로벌 리더십 모형은 앞의 〈표 5〉와 같다. 비전에는 미래를 내다보는 혜안과 신실성integrity을 포함시켰다. 요즘 과학계에도 연구 윤리가 화두로 떠오르고 있다. 기업에서는 기업의 투명성, 지도자의 도덕성이 사회적 문제가 되기 시작했다. 20세기에는 수단과 방법을 가리지 않고 성과만 좋으면 인정을 받았지만 21세기에는 연구자나 리더의 신실성과 진정성이 중요한 덕목으로 요구되고 있다.

글로벌 리더에게는 창의력과 모험 감수, 융통성과 적응력, 자신에 대한 분명한 이해에 기초한 자신감, 자기 절제 등이 필요하다. 21세기에 관계가 점점 더 중요해진다고 해서 과업에 대한 요구가 줄어든다는 가정은 잘못된 것이다. 국경 없는 무한 경쟁 시대를 맞이하여 성과에 대한 요구는 결코 약화되지 않았다. 특히 과학계의 특징은 다른 분야와 달리 업적의 수월성이 리더십을 규정하는 경향이 있다. 이 책에서 분석한 성공한 여성들은 각 분야에서 업적의 수월성을 인정받아 리더로 추천된 경우가 대부분이었다. 업적의 수월성은 21세기에도 여전히 가장 중요한 항목이다.

그러나 복잡하고 다양한 이해관계가 얽힌 21세기에는 업적만으로 리더십을 성공적으로 발휘하기는 어렵다. 관계를 이해하고 존중하고 다루는 사람 기술people skill이 절실히 필요하다. 협상력, 의사소통 능력, 타인에 대한 배려, 다양성에 대한 이해, 네트워크 역량 등이 요구된다. 이러한 흐름의 불가피성은 많은 리더십 연구자에 의해 강조되어왔다.

글로벌 리더에게는 조직 구성원이나 단체 회원들을 이끄는 역량도 요구된다. 끊임없이 변화하는 환경에 능동적으로 대응하기 위해서는 변화 관리, 공정한 인사, 조직원과 함께 하는 참여 관리 등이 필요하다. 조직 문화에의 적응과 글로벌 마인드도 필요한 역량이다. 글로벌 마인드global mind 혹은 글로벌 리터러시global literacy란 글로벌 사회의 문화에 대한 이해를 체계적으로 할 수 있는 역량을 의미한다. 즉, 다양한 국가와 인종적 배경을 가진 리더들과 의사소통하고 그들의 문화적 배경에서 나오는 행동을 이해할 수 있는 다문화적 이해 역량을 의미한다.

필자의 글로벌 리더십 모형은 단지 다양한 역량을 갖추면 성공할 것이라는 부가적인 모형을 가정하지는 않는다. 어느 한 역량만 뛰어나기보다는 각 부문의 역량이 조화와 균형을 이루는 것을 바람직하게 상정한 모형이다. 그 균형점이 무엇이냐는 이론적이라기보다는 경험적인 질문이 될 것이다. 이 모형은 글로벌 리더가 다방면의 역량을 동시에 구사하는 팔방미인multi-player이 될 것을 요구하고 있다. 이는 여성이 어머니와 전문가, 아내로서 늘 해오던 일이다. 이 때문에 21세기 글로벌 리더가 되기 위해서는 다양한 요구에 균형을 맞추려는 중용과 균형의 정신이 반드시 필요하다. 그래서 필자는 이 모형을 균형의 모형이라 이름 붙였다.

앞에서 보았던 〈표 5〉의 왼쪽 칸은 경영이나 조직 행동 분야에서 기존의 글로벌 리더십에 관한 경험적, 서술적 연구를 통해 구별해낸 바람직한 역량을 다섯 차원으로 재분류해본 것이다. 오른쪽 칸에는 과학기술인 리더십 모형의 하위 역량을 앞에서 연구한 뛰어난 세계적 여성 과학자 21명, 그리고 한국의 남녀 과학자를 비교 연구하여 추출했다. 이 표는 두 모형의 유사점과 차이점을 잘 보여주고 있다.

경영 분야에서와 마찬가지로 과학 리더에게도 신실성이 요구된다. 자기 자신에 대한 투명한 관리가 어느 때보다도 필요하다. 국민적 영웅이었던 황우석 박사가 하루 아침에 몰락한 배경에는 연구의 불투명성과 윤리적 문제가 있었다. 또한 연구 결과가 인류의 미래를 위해 어떻게 쓰여질 것인가에 대한 공공적 가치관이 필요하다. 과학 연구가 인류에게 가져올 예기치 않은 결과에 대해 과학자는 책임의식을 가져야 할 것이다.

경영 분야에서의 리더와 달리 과학자에게는 적응력이나 변화보다는 초지일관 한 우물을 파는 인내심과 독립심, 호기심과 몰입이 더 필요한 역량이라고 생각된다. 21세기에는 평균 수명이 증가됨에 따라 오래 사는 것보다는 건강하게 사는 것이 더 중요한 시대가 되었다. 따라서 건강을 지키는 역량이 개인 리더십 차원에 추가되었다. 자신감은 남녀 리더 모두에게 필요한 개인 리더십의 핵심 역량이다. 그러나 여성의 경우에는 당분간, 특히 윗세대와의 관계에 있어서 겸손함이 자신감보다는 더 중요한 역량이 될지도 모른다. 사실 겸손함은 자신감이 넘치는 사람만이 가질 수 있는 덕목이다. 여성 과학자의 경우 내적으로는 자신감이 있어야겠지만 겉으로는 겸손함을 갖추는 것이 남녀 차별이 존재하는 상황에서는 더 효율적인 역량으로 보인다. 하지만 차세대 여성의 경우는 보다 높은 자신감으로 진취적인 리더십 발휘를 기대한다.

과학자에게 있어서 업무 수행 역량은 주로 연구 수행 역량을 의미하며 대인 관계 역량에서 과학자의 경우는 일반 기업과 달리 훌륭한 멘토의 필요성이 뚜렷이 부각된다. 학문은 최초의 여성 노벨경제학 수상자 오스트롬이 말했듯이 도제식으로 이루어지기 때문이다. 높은 전문성(학위), 추진력, 학문에 대한 폭넓은 이해, 국제어, 뛰어난 연구 역량 등이 과제 지향에서 필요한 역량이다. 전문성과 연구 역량이 겹친다고 생각할 수도 있지만 양자는 다르다. 학위를 수여하면 높은 전문성이 보장된다. 그러나 학위를 받은 사람이 모두 뛰어난 연구 역량을 보이는 것은 아니다. 좋은 대학에서 학위를 받았다고 연구 역량이 더 좋은 것도 아니다. 양자는 어느 정도 연관되어 있지만 서로 다른 역량이라고 할 수 있다.

조직 역량에 있어서는 공정한 인사보다는 과학자의 경우 그 연구에 적합한 적임자, 전문가를 영입하여 그 사람에 맞는 역할을 맡기는 것이 연구의 성공에 절대적으로 필요하다. 공동 연구자를 누구를 택할 것이냐는 연구 결과에 결정적인 영향을 미친다. 대부분의 노벨상 수상자는 자신의 장점과 보완 관계에 있는 사람과 조화를 이뤄 수상의 영광을 얻었다. 조직 내의 다양성을 존중하고 창의적인 조직 문화를 유지하는 것 또한 과학기술계 리더의 핵심 조직 운영 역량이라고 할 수 있다. 연구원이나 조교들은 전문직에 종사하기 때문에 군대처럼 명령과 지시를 통해 일률적으로 움직일 수 없다. 강제로 정해진 시간의 일을 시킨다고 해서 생산직처럼 일정한 성과를 낼 수 있는 것은 아니다. 오히려 개성을 존중하면서 자발적이고 창의적인 연구실 환경을 조성하여 연구원 스스로 몰입할 수 있게 만드는 리더십 역량이 필요하다.

이상의 과학자 리더십 역량 모델은 비록 여성 노벨상 수상자로부터 도출된 것이지만 남성의 경우에도 공통적으로 적용될 수 있다고 본다. 한국 과학기술인의 연구에서도 확인했듯이 여기에 제시된 리더십 역량은 남녀 모두에게 해당된다. 자신감에서만 남녀의 차이가 있을 뿐 다른 역량에서는 남녀 차이가 있을 수 없다. 그럼에도 불구하고 이 모형에 포함되지 않는 여성 리더에게만 해당되는 몇 가지 주제에 관심을 둘 필요가 있다. 가령, 성정체성의 문제, 자신감의 결여, 일과 가정생활의 양립과 같은 여성 리더만이 경험할 수 있는 특수한 리더십 주제를 살펴보기로 한다.

2
여성 리더십 모형

여성과 리더십, 그리고 여성적 리더십

여성과 리더십은 여성과 과학이라는 용어의 조합만큼이나 잘 어울리지 않는 단어의 짝이다. 여성 리더십이 학계에서 언급이라도 되기 시작한 건 1980년대에 들어와서이다. 여성적 리더십에 대한 활발한 논의가 시작된 것은 21세기를 앞둔 매우 최근의 일이다.

이화여자대학교 사회학과 교수를 지낸 조형은 조이스 플래처Joyce Fletcher를 인용하여 여성 리더십을 여성의 리더십, 여성적 리더십, 여성주의적 리더십으로 구분한다.[19] 여성의 리더십은 성공한 여성 리더의 모습을 경험적으로 보여주는 것을 의미한다. 여성적 리더십은 성 고정관념에 근거하여 여성성을 강조하는 리더십이다. 21세기 정보화 사회에 적응력이 강한 리더십을 의미한다. 여성주의적 리더십은 '여성들에게 현실적으로 유익하고 사회적 평등의 실현에 효과적인 리더십 유형'으로 여성주의와 리더십이 결합된 것이다. 이 책의 연구 대상은 여성 과학자의 리더십이다. 현실에 존재하는 여성의 리더십에 대한 경험적 연구를 통해 여성적 리더십 모형을 제시하려 한다. 따라서 남성과는 다른 여성적 특성에 주목한다. 궁극적으로 이러한 모형이 남성에게도 각광을 받는 여성주의적 모형이 된다면 나쁘지 않겠지만 이 책의 일차적 목표는 아니다. 이 책에서는 여성의 리더십과 여성적 리더십을 오가며 '여성 리더십'으로 통일하여 사용한다.

여성 리더십 이론도 시간적 흐름과 함께 변화해왔다.[20] 1980년대까지는 여성과 남성의 역량은 다르지 않다. 여성도 남성과 같은 리더십 역량을 지녔음에도 불구하고 편견과 차별이 여성 리더십을 방해한다는 성동일시 이론theory of gender sameness이 주를 이뤘다. 과거에는 성공적인 리더의 특질이나 성격은 자연스럽게 남성적인 성격과 동일한 것으로 간주되었다. 여성적인 것은 리더로서 성공하기 어려운 특성과 동일시되었다. 자유주의 전통을 반영하는 이 이론은 서로 다른 성 사이의 유사점을 강조한다. 성 차이는 단지 사회적 편견이나 제도의 산물일 뿐이라고 강조한다. 따라서 여성도 남성처럼 기회와 권한이 주어지면 남성만큼 효율적인 리더십을 발휘할 수 있다고 주장한다.

반면 1980년대 이후 등장한 성차 이론theory of gender difference은 여성과 남성의 성차를 자연스럽게 받아들인다. 즉, 여성과 남성이 다르기 때문에 그 다름으로 인하여 여성 리더십이 남성 리더십에 비해 더 효율적이라고 주장한다. 즉, 1974년 여성성과 남성성의 차이를 구분한 산드라 벰Sandra L. Bem의 분류를 적극적으로 도입한다. 여성적인 것은 '감정적' '협력적' '순응하는' '본능적인' '수동적인' '언어의' '보살핌' 등으로 묘사되고 남성적인 것은 '합리적', '전략적' '확고한' '자율적인' '적극적인' '이성적인' '야망이 있는' 등으로 분류한다. 성차 이론은 기존의 여성에 대한 고정관념(스테레오타입)을 적극 수용한다.

여성 리더십은 남성 리더십과 다른가?

21세기를 맞이하여 여성 리더십에 일대 변화의 바람이 불고 있다. 주디 로즈너Judy B. Rosner는 여성이 "여성임에도 불구하고 성공하는 것이 아니라 여성적이기 때문에 성공한다"고 주장한다.[21] 가령, 애니타 로딕Anita Roddick의 회사 '바디샵'은 여성적 원칙에 기반을 두고 있기 때문에 성공했다는 것이다. 로딕이 밝히는 여성적 원칙이란 "보살핌, 직관적 결정을 내리는 것, 위계 구조나 지루한 경영대학원 관리법에 얽매이지 않는 것, 일을 인생의 일부로 생각하고 그것으로부터 분리하지 않는 것(전체성), 수익을 세상을 위해 좀 더 책임감 있게 쓰는 것, 아랫사람을 이해하기 위해 아래에 머물러야 하는 것" 등을 의미한다.[22] 나넷 폰다스Nanette Fondas도 여성적 리더십은 "감정 이입, 도움, 보살핌, 배양, 섬세한 대인관계, 상대에 대한 관심과 수용, 욕구와 동기에 대한 반응, 집합적 이익과 집단 응집력과 안정과 같은 통합적 목표에 대한 정향, 위계적이기보다는 개방적이고 평등주의적이고 협력적인 관계를 의미한다고 주장한다.[23]

21세기의 환경적 변화는 왜 여성에게 새로운 리더십의 기회를 제공할까? 진 리프만-블루먼Jean Lipman-Blumen은 여성이 오랜 세월 동안 사회적 관계 속에 내재되어 있는 네트워킹 속에서 살아왔기 때문이라고 주장한다. 앞에서 보았듯이 알렌과 그의 동료는 세계화, 환경 문제의 대두, 정보기술의 발달, 과학과 사회적 변화 등의 21세기적 흐름이 여성적 리더십에 새로운 관심을 갖도록 만든다고 주장한다. 21세기의 환경적, 세계적 문제를 다루기 위해서는 리더십이 다양성, 융통성, 상호 의존성, 복잡성을 다룰 수 있어야 한다고 한다. 그런데 이러한 특징들은 여성적 특성과 맞물려 있다. 여성의 특징이 사회화에 의해 후천적으로 획득된 것인지, 생리적으로 만들어진 것인지를 따지는 일은 이제 별 의미가 없다.

과거 리더십이 남성적 특징과 동일시되었던 것처럼 리더십의 효율성 또한 남성적 특징과 일맥상통하는 것으로 간주되어 왔다. 따라서 여성적 리더십 유형은 남성적 리더십에 비해 덜 효율적인 것으로 평가되었다. 그러나 이와는 정반대로 많은 연구는 고위직 관리자가 중간직 관리자보다 관계지향적이라는 사실을 발견했다. 이는 달리 말하면 여성적 리더십이 남성적 리더십에 비해 더 효율적일 수 있음을 의미한다. 그렇다면 정말로 여성 리더십은 남성 리더십과 다른가?

여성 리더십을 오래 연구해온 앨리스 이글리Alice H. Eagly와 스티븐 카라우Steven J. Karau는 리더십 스타일에 있어서 여성과 남성은 다르다고 말한다. 따라서 여성에게 기대되는 역할과 전통적인 리더의 역할은 서로 양립하기 어렵다는 것이다. 여성과 리더에 대한 역할 기대의 불일치는 두 가지 면에서 여성 리더에 대한 편견을 만들어낸다고 한다. 첫째, 여성의 리더십 잠재력을 비우호적으로 평가하고 둘째, 여성의 실재적 리더십 행동에 대해서도 비우호적으로 평가한다는 것이다. 이러한 이중잣대가 여성에게 불리하게 작용한다.[24]

이글리와 블레어 존슨Blair T. Johnson이 실험실에서 행한 연구에서는 남성보다는 여성이 상대적으로 관계지향적인 리더십을 보여주는 경향이 있고 민주적인 스타일의 리더십을 행사한 것으로 발견된다.[25] 이에 비해 남성은 여성보다 과업지향적이었고 보다 권위적인 유형의 리더십을 발휘한 것으로 나타났다. 그렇다면 실제 조직에서도 여성과 남성의 리더십 차이가 존재하는 것일까.

현장에서의 많은 경험적 연구에 따르면 여성이 남성에 비해 보다 더 관계지향적인 리더십을 보이는 것은 아니라고 한다. 오히려 여성과 남성 임원은 행동적 역량에서뿐만 아니라 성격에서도 차이를 보이지 않는다고 많은 연구 결과는 보고하고 있다. 그 이유는 여성이 리더십의 사다리를 오르기 위해서는 남성과 똑같은 방법으로 경쟁을 해야 하기 때문일 것이다. 뿐만 아니라 편견과 차별의 굴레를 넘어야 했기에 여성은 남성보다 훨씬 더 과업지향적이었을 가능성이 있다.

앤 모리슨Ann M. Morrison과 그의 동료는 여성 임원은 끊임없이 세 가지 압력에 시달린다는 것을 발견했다. 일, 일에서의 선구자적 역할, 가족의 의무에 대한 압력 등이 그것이다. 여성은 또한 집단으로서의 여성을 대표하는 책임을 느낀다고 한다. 하지만 여성 리더는 그 분야의 선구자이며 그러한 책임감을 함께 나눌 사람이 없기 때문에 더 큰 압박감을 느낀다고 한다. 이 때문에 여성은 적극적으로 리더십 기회를 찾지 않거나, 기회가 주어져도 이를 회피하게 된다.[26] 설령 리더십 기회가 주어져도 주위의 과도한 기대로 실패하거나 리더십 훈련의 기회가 부족했던 여성이 많기 때문에 더 큰 어려움을 겪게 된다.[27] 이러한 주장에 많은 여성 과학기술인들이 고개를 끄덕일 것이다.

최근에는 많은 여성이 유리 천장을 뚫었다. 최초의 여성 총리, 미국 최초의 여성 국무장관, 최초의 여성 대법관, 최초의 여성 OOO이 그리 낯설지 않은 단어가 되었다. 이런 극소수의 사례는 이제 우리 여성도 자유롭게 리더십을 발휘하게 되었다는 환상을 불러일으킨다. 하지만 여전히 여성 리더는 소수이며, 특히 백인 여성이 아닌 경우에는 더 많은 도전에 직면하고 있다. 이 때문에 여성 리더십을 오랫동안 연구해온 이글리는 2007년 그의 저서에서 여성 리더십을 '미로Labyrinth'라고 명명했다. '여성에게 더 이상 유리 천장은 존재하지 않는다. 그러나 남성 리더십이 사다리를 타고 직선으로 올라가는 데 비해 여성 리더십은 가깝게 갈 수 있는 길도 '미로'를 헤매듯 어렵게 가야 한다'는 의미이다.

결론적으로 성차 리더십 이론에 대한 경험적 발견은 잘 해야 혼합된 결과로 나타난다. 리더십 효율성, 동기, 개성, 리더십 유형 등에서 남녀 차이를 발견한 연구는 많았다.[28] 여성이 민주적 참여적 리더십을 발휘하는 이유는 남성이 권위적이고 지시적인 리더십 스타일을 사용할 때보다 더 부정적인 평가를 받기 때문이라고 한다. 그러나 이론이 주장하는 것보다는 실제로 성차가 크게 발견되지 않는다고 한다. 그동안 더 많은 연구는 남녀가 비슷한 상황에서 비슷하게 행동한다는 것을 발견했다.[29] 그나마 발견된 차이는 여성은 남성에 비하여 권위적이고 지시적인 리더십 스타일보다는 민주적이고 참여적인 유형의 리더십을 보여준다는 것이다. 대인 관계 정향과 과업 정향에 있어서도 남녀 성차를 발견할 수 없었다.[30]

리프만-블루먼도 환경이 여성의 리더십 스타일을 결정한다는 매우 복잡한 결과를 발견했다. 즉, 평균적으로 여성은 경쟁적 행동에 있어서 남성보다 훨씬 덜 경쟁적이라고 한다. 그러나 여성이 전적으로 남성이 다수인 환경에서 리더십 지위를 획득했을 때에는 남성적 리더십 특성을 보여준다고 한다. 특히 여성은 중간 혹은 고위급 관리자인 경우 남성보다 훨씬 더 과업지향적인 특성을 보인다고 한다. 놀랍게도 남성은 여성보다 훨씬 더 관계지향적이었으며, 특히 하위직 관리자보다는 최고위직 남성의 경우 여성적 리더십을 보여주는 경향이 있다고 한다.

이러한 결과는 여성 대통령과 수상에 대한 필자의 연구에서도 동일하게 확인된다. 필자는 여성 지도자의 리더십 스타일이 충원 과정에 의해 결정되는 것을 발견했다. 즉, 여성 리더가 남성을 역할 모델로 해서 훈련을 받았거나(마가렛 대처Margaret Hilda Thatcher, 골다 메이어Golda Meire), 권력을 아버지로부터 물려받은 경우에는 남성적 리더십 특징을 드러냈다(인디라 간디Indira Gandhi, 베나지르 부토Benazir Bhutto). 반면에 전형적인 전업 주부였다가 암살된 남편으로부터 권력을 물려받은 여성 정치지도자(코라손 아키노Corazon Aquino와 비올레타 샤모로Violeta

Chamorro)는 여성적 리더십 특징을 보여주었다. 자신의 전문적 직업이나 경험을 배경으로 중간에 정치 고위직으로 발탁된 여성 리더(그로 할렘 브룬트란트Gro Harlem Brundtland와 메리 로빈슨Mary Robinson)들은 양성적인 특징을 보였다. 이는 여성의 리더십이 획일적인 모습을 보이지 않는다는 점을 시사한다. 여성이 리더십을 획득하게 된 맥락이나 환경, 롤 모델 등에 따라 개인의 리더십 스타일이 결정되기 때문이다.[31]

그러나 최근 들어 젊은 세대의 여성 리더십은 나이든 세대와 다를 것이라는 리프만-블루먼의 주장이 설득력을 얻고 있다. 여권운동에 의해 정치적 운동과 의식화 작업이 여성적 리더십에 놓여 있는 장애를 제거해 줄 것이라는 주장이다. 오늘날에는 상당히 많은 여성이 리더십의 위치에 있다. 리더가 되기 위한 경쟁이 치열할수록 여성은 남성과 경쟁하기 위해 보다 과업지향적인 경향이 있다. 그러나 여성 리더가 증가함에 따라 여성적 리더십 유형과 남성적 리더십 유형을 결합시키는 여성 리더가 더 많이 등장할 것이라고 예견할 수 있다.

이 때문에 최근에는 젊은 여성들에게서 성차가 발견된다. 여성은 남성보다 의사 결정을 공유하는 경향이 있고 협력적 리더십을 발휘할 가능성이 높다.[32] 최근의 연구에서는 앞에서 제시했던 변혁적 리더, 거래적 리더, 자유방임형 리더의 유형을 사용한 연구에서 비록 성차가 작기는 했지만 여성은 남성에 비해 변혁적 리더십을 사용할 가능성이 높은 것으로 나타났다.[33] 또한 여성은 남성에 비해 부하에게 보상을 주는 경향이 더 많다고 한다. 이러한 최근의 결과는 젊은 세대의 경우에는 여성이 남성에 비해 보다 효과적인 리더십 성과를 가져온다는 것을 의미한다.

여성 리더십 모형의 핵심 주제– 여성 과학자는 닮았다?

글로벌 리더십 모형은 여성에게도 마찬가지로 해당된다. 그러나 남성과 여성 리더에게 있어서 특별히 구분되는 특징을 별도로 담는다면 여성 리더의 연구에 두 모형을 적용하여 가설을 만들어낼 수 있을 것이다. 모리슨A. M. Morrison의 연구에 따르면 여성 임원으로서 성공하는 데 필요한 요인은 여섯 가지가 있다.[34] 상사의 도움, 성취의 증거, 성공하려는 욕구, 부하를 다루는 능력, 기꺼이 위험을 감수하려는 의지, 강하고 결정적이고 요구하는 능력이 그것이다. 모든 성공 사례에는 여성이 바로 윗 상사보다는 윗 선에서 (혹은 최고위층으로부터) 도움을 받았다는 증거가 있다고 한다. 또한 성공한 여성 임원의 경우 자신의 개인적 삶뿐만 아니라 가족의 삶도 희생시키면서 성공하겠다는 욕구가 있었다고 한다. 실제로 최고위직에 올라간 여성은 자녀가 많고 적고를 떠나 가정과 개인적 삶보다 자신의 커리어를 앞에 두었다고 한다.[35] 부하를 다루는 능력에서는 특별히 의사소통 능력과 사람을 다루는 기술이 언급된다.[36] 또한 경영 분야에서 성공한 여성은 보다 공격적이고 강력한 의지가 두드러진다고 한다.

또 다른 연구는 여성 리더가 성공하기 위해 필요한 요인을 다음과 같이 정리한다. 분석 능력과 독립심을 포함하는 지적 능력, 이미지 관리에 필요한 스타일과 외모stature, 매너, 경영 환경에 적응하기 위해 부드럽고 융통성 있고 대응적이며 다재다능한 태도로 일 처리를 하는 대인 관계 능력, 주위에 있는 사람들을 편하게 만드는 우아하고 느긋하며 자연스럽고 진실된 성격 등이 성공에 필요하다고 한다.

반대로 실패한 여성 임원 중에서 가장 빈번하게 발견되는 요인은 새로운 상사의 기대와 문화의 변화에 적응하지 못한 것이라고 한다. 또한 자신이나 다른 여성을 위해서 야심이 작거나 아니면 너무 야망이 큰 것도 문제가 되었다. 성과 기대를 만족시키지 못한 문제도 한 요인이었다. 또한 성공의 요인이 부재한 것은 바로 실패의 요인이 되었다. 남성과 여성의 실패 요인은 한 가지만을 제외하고는 대체로 유사했다. 그것은 바로 이미지였다. 남성의 경우는 이미지의 문제를 제기한 것이 단 한 사례였는 데 비해 여성의 경우는 나쁜 이미지를 언급하는 경우가 훨씬 많았다. 이는 여성이 남성보다 더 많은 강점과 더 적은 약점을 갖기를 기대한다는 것을 의미한다.[37]

모리슨과 동료는 성공한 여성에게 필요한 교훈을 다음과 같이 정리한다. 여성은 열심히 일하고 똑똑하게 일하는 것만으로는 충분하지 않다. 그 외에도 몇 가지 지혜를 가져야 한다. 사다리 타는 법을 배워라. 즉, 여성이 성공하기 위해서는 조직의 체계에 익숙해질 필요가 있고 조직의 문화와 가치를 배워야 한다. 자신감을 가져라. 다른 사람에게 의지하라. 삶과 일을 통합하기 위해 총결산을 해보아라. 이는 옳은 일을 함으로써 결과를 내라는 말이다. 여성은 단호하면서도 동시에 인간적인 균형을 갖춰야 한다고 말한다.

미국의 창의적 리더십센터CCL, Center for Creative Leadership 연구원인 마리안 루더만Marian N. Ruderman과 패트리샤 오룻Patricia J. Ohlott은 『21세기 여성 리더십*Standing at the Crossroads*』(2002)이라는 저서에서 성공하는 여성 리더십의 다섯 가지 테마를 제시하고 있다. 진실성(가치와 신념 그리고 행동 간의 일관성), 관계 형성(대인 관계), 주체성(자신의 운명을 개척하고 자아를 실현함), 전체성(삶과 일을 통합하고 균형을 이룸), 자아명료성(나는 누구인가? 어떻게 세상과 조화를 이룰 수 있는가?)이 그것이다.

이상에서 남성과 달리 여성에게만 필요한 리더십 자질과 역량에 대한 논의를 살펴보았다. 이상의 연구를 참고하여 필자는 남성과는 달리 여성 과학자에게 특징적으로 나타나는 리더십 특징을 다음과 같이 다섯 가지 주제로 정리했다. 이는 남성 과학자와는 달리 여성 과학자가 특별한 노력을 기울여야 할 리더십 특성을 모아놓은 것이다.

1) 자아정체성: 성공한 여성 과학자가 되기 위해서는 자신의 분명한 정체성을 기반으로 뚜렷한 가치관을 가지고 어떤 과학자가 될 것인지 비전을 가질 것
2) 멘토: 자신의 전문 분야에서 훌륭한 멘토와 후원자를 만날 수 있도록 정보를 구하고 만나기 위해 노력할 것
3) 네트워킹: 학회에 가입하고 동료들과 효과적인 네트워크를 구축할 것
4) 팀워크와 인정: 타인과 공동 연구를 할 수 있어야 하고 자신의 성과를 인정받도록 할 것
5) 삶의 균형: 일과 가정, 일과 건강의 균형을 맞춰 행복을 추구할 것

첫째, 여성 노벨상 수상자들은 어떤 과학자가 될 것인지에 대한 뚜렷한 비전이 있었다. 차별의 경험이 많았기 때문인지 사적인 추구보다는 사회의 공공선을 위한 신념을 견지했다. 여성은 야심이 부족하고 목표를 세우는 것조차 불경하게 생각하는 경향이 있다. 하지만 여성이 개인의 출세가 아니라 높은 사회적 이상을 위한 목표를 세운다면 지금보다는 훨씬 큰 야심을 갖게 되고 또 목표를 이루게 될 것이다.

둘째, 과학자에게 있어서 멘토와 후원자의 중요성은 아무리 강조해도 지나침이 없다. 이는 남녀 과학자에게 공히 해당된다. 하지만 기존에 성공한 과학자가 대다수 남성이라는 점을 감안하면 여성은 여성의 재능을

인정하고 기회를 줄 남성 멘토가 절실히 필요하다. 예를 들어, 남학생의 경우는 미리 교수에게 편지를 써서 개인적 관계를 만들어놓고 대학원에 입학 서류를 제출하는 데 비해 여성의 경우는 아무런 조치 없이 서류를 내고 나서 불합격하면 자신이 실력이 부족하다고 생각한다.[38] 따라서 여성은 좋은 멘토와 후원자를 만나야 한다. 얄로의 말대로 재능이 있어도 착하기만 해서는 자신의 업적을 인정받지 못할 수 있다. 그렇다고 나쁜 여자가 되어야 한다는 것은 아니다. 그건 공공선을 추구하는 비전과 일관성이 없다. 필요에 따라 단호할 필요가 있다는 것이다. 공공선을 이루기 위해 물러설 때와 나설 때를 판단하고 남성이 만들어놓은 게임의 규칙을 활용할 줄 아는 정치적 성숙이 필요하다.

셋째, 여성은 관계를 통해 일을 해결하려기보다는 혼자서 열심히 일만 하는 성향이 강하다고 한다. 특히 여성 리더의 수가 전적으로 부족한 상황에서 관계를 통해 일을 해결하는 능력이 부족할 수밖에 없다. 특히 가사와 양육에 시간을 빼앗기는 여성 전문인들은 네트워크에 참여할 시간도 부족한 것이 사실이다. 21세기는 네트워크의 시대라고 불린다. 예술적인 창조 활동조차도 개인 단위에서보다는 팀 단위에서 이루어진다.[39] 수평적인 개인들 사이의 상호 협력과 의사소통을 통해 과제가 수행되는 시대에는 네트워크 활용이야말로 여성 리더의 가장 큰 자산이 될 것이다. 학회 참여, 아카데미 가입, 여성 동료와의 연대 등 여성이 동원할 수 있는 네트워크 자산은 모두 활용할 필요가 있다.

넷째, 이제 과학에서 팀워크는 선택이 아니라 필수가 되었다. 남성은 팀워크에 큰 어려움이 없지만 여성이 팀으로 연구를 하는 데에는 아직도 눈에 보이지 않는 많은 장애가 도사리고 있다. 특히 멘토와 멘티 혹은 팀원 사이에 남녀 애정 문제가 결부되면 일이 복잡하게 돌아갈 수 있다.[40] 스캔들이 발생하면 예외 없이 여성이 그 피해자가 된다는 사실을 사전

교육하고 불필요한 피해를 미리 대비할 필요가 있다. 동료와 순조로운 팀워크를 위해 역량을 키워야 하는 것도 필요하지만 팀워크의 결과를 정당하게 인정받는 데에도 각별한 노력이 필요하다. 여성은 자신의 업적을 부풀리지도 못하고 자신이 이룬 성취나 공적에 대해서도 크게 주장하지 않는 경향이 있다. 특히 공격적인 남성에게 공을 빼앗기는 일이 빈번하다. 따라서 여성은 자신의 성취에 대해 정당한 평가를 받을 수 있는 기법을 터득해야 한다.

남편이 아닌 공동 연구자와 연구를 했을 때 자신의 공을 제대로 인정받은 사람은 얄로와 몬탈치니였다. 둘은 자신의 소유권을 주장하는 데 있어서 적극적이었다. 괴페르트-마이어는 남성 연구자가 공동 수상을 감사하게 생각할 정도로 그녀가 연구를 주도했다. 반면 소극적이었던 마이트너와 버넬은 수상에서 제외되었다. 여성이 한 기여를 정당에게 인정받는 것도 여성 리더십에 있어서 매우 중요하다.

실제로 입직 과정에서 동등한 수준으로 성공한 남녀 과학자를 대상으로 실시한 연구에서도 남성은 전문직의 성공에 있어서 보다 공격적이고, 전투적이며, 자화자찬하는 경향이 있다는 점에 남녀 과학자 모두 동의했다. 이 때문에 남성의 성취는 보다 눈에 띄는 경향이 있다. 남성은 학회에서도 잘난 척 하는 방법을 안다. 한마디로 전문직 도약에 있어서 정치적 게임을 보다 잘 한다는 것이다.

반면에 여성은 향후 비판의 가능성을 차단하기 위해 완벽주의를 추구한다. 이 때문에 완벽한 연구가 이루어지지 않으면 발표하지 않는 경향이 있어 양적으로 연 평균 논문의 수도 여성(2.3)이 남성(2.8)에 비해 적은 경향이 있다고 한다. 그러나 질을 나타내는 지표라고 할 수 있는 논문 한 편당 인용지수 평균을 비교했을 때, 여성(24.4회)이 남성(14.4)에 비해 높게 나타난다.[41] 여성은 자신의 성과를 인정받을 수 있는 태도나 방법을 배워야 한다.

다섯째, 여성은 일을 위해 가정이나 개인의 삶을 희생시켰을 때 만족감이 현저히 떨어진다고 한다. 과학을 전공한 적지 않은 수의 여성이 연구직보다는 산업체에서 일하기를 원하는데 이는 가정과 일을 양립할 수 있는 길을 택하기 위해서라고 한다.[42] 여성의 경우 아무리 사회적으로 성공해도 가정에서의 성공이 뒷받침되지 않으면 행복감이 현저히 저하된다는 것이다. 남성은 남성의 야망을 위해 모든 것을 희생할 부인이 있고, 부인이 아이의 육아와 양육도 책임지기 때문에 양자의 균형에 대해 고민할 필요가 없다. 하지만 여성에게 있어서는 일과 가정이라는 양자의 균형을 맞추는 것이 무엇보다도 중요하다. 실제로 대부분의 성공한 여성 과학자들은 양자의 균형을 잘 맞출 수 있도록 착한 아이와 이해심 많은 남편을 만난 여성들이었다.

여성 리더십, 환경에 따라 다르다?

이상에서 여성 노벨상 수상자와 여성 한국 과학기술인의 공통점을 살펴보았다. 여기에 기초해 여성 리더가 특히 관심을 가져야 할 다섯 가지 리더십 주제를 제시했다. 여기에서는 한국 여성 과학기술인이 노벨상 수상 여성 과학자와 다른 점을 살펴보고자 한다. 물론 두 표본이 다르기 때문에 수평적인 비교는 불가능하다. 하지만 여성 과학자 집단이 활동하는 환경이나 맥락에서 비롯되는 차이에 주목해보고자 한다. 한국 여성이기에 경험하는 특수성이 있다면 글로벌 리더로 활동할 때에는 전혀 다른 환경에 놓이게 될 것이기 때문이다. 이 때문에 비즈니스 영역에서 성공한 여성 리더의 경우 두 얼굴이 되는 경우가 많다고 한다. 즉, 한국 남성과 일을 할 때와 외국 남성과 일을 할 때 전혀 다른 사람이 된다는 것이다. 자아 정체성을 유지하면서도 서로 다른 사회에 적응하기 위해서는 외국과 한국의 차이점을 이해하고 이에 적응하는 리더십 역량도 필요할 것이다.

성차별 환경과 정체성 위기

한국 여성의 경우는 연배가 높은 여성 노벨상 수상자보다도 자신감이 부족하다. 모범생이거나 소극적이고 내성적인 성품의 소유자가 많은 것도 한국 여성의 성격적 특성이다. 이는 사회문화적, 가정적 배경의 차이에서 비롯된 것으로 보인다. 특히 일과 가정의 균형을 원하는 여성은 남편의 비협조로 서양 여성에 비해 더 큰 고통을 느끼고 있다.

수원여자대학교 식품과학부 교수 이영근은 자신의 어머니를 엄한 분이라고 말한다.

> 어머니는 교육열이 대단하셔서 동생과 나뿐만 아니라 한창 공부를 해야 하는 일가친척들도 우리 집에 오면 누구든 무조건 책을 들고 있어야만 했다. 공부를 못하면 직접 가르치시고 시험을 치르게 하셨다.[43]

이렇게 깨인 어머니였음에도 불구하고 성적 고정관념으로부터 자유롭지 않았다.

> 어머니는 '여자는 모름지기 여자의 옷을 입어야 한다'는 생각으로 지극히 현모양처 같은 여성이기를 바라셨다. 작지만 똑똑하다는 평을 받던 내가 반장으로 뽑히면 어머니는 학교 담임선생님을 찾아가 기어이 반장 자리를 물리도록 설득하시곤 했다.[44]

적극적이지 못했던 이영근은 이러한 삶을 후회하며 후배는 좀 더 당당하게 자신과 다르게 살아갈 것을 권유한다.

> 뒤늦게 박사학위 과정을 마치고 미국의 FACEP이라는 국제학술발표대회에 나갔다가 우연히 예전에 알던 후배들을 만났다. 국제무대에서 너무나도 당당하게 활동하며 훌륭한 연구를 계속하고 있는 그들을 보면서 너무나 부럽고 나의 지나온 과거를 되돌아보았다. 모든 것을 주어진 환경에 순응하며 도전하지 못하고 그저 안분하며 살아온 것이 후회되었다.[45]

대다수의 한국 여성 과학기술인이 부모로부터 성차별을 당하지는 않았다 하더라도 조부모, 사회로부터 받은 차별을 극복하기는 어려웠던 것으로 보인다. 그러나 젊은 여성에게서는 많은 변화가 감지되고 있다.

여성의 경우는 결혼, 출산으로 인하여 국내에서 학위를 하는 경우가 남성에 비해 더 많을 것으로 예상된다. 이는 직장을 얻는 데 또 하나의 장애로 작용한다. 계명대 식품가공학과 교수 이인선은 국내 박사의 어려움을 다음과 같이 고백한다.

> 교수로 채용되기까지 여성의 대학사회 진입이라는 큰 장벽을 넘어야 했고, 또한 외국학위에 대한 우대 및 선호사상 때문에 국내학위자로서 한계를 느껴야만 했다.[46]

어려서부터 여성이 자신감과 자존감을 느낄 수 있도록 훈련할 필요가 있다. 특히 서구의 리더들과 경쟁하는 글로벌 사회에서는 여성도 적극적이고 자기 자신을 표현할 줄 알아야 한다. 뛰어난 한국 여성이 별로 말이 없고 겸손하기만 하다가 미국 대학에서 도태되는 경우가 많다.

가치관과 비전, 사회 참여

여성 노벨상 수상자들이 사회 문제에 뚜렷한 신념을 가지고 적극 참여했던 것과 달리 한국 여성 과학기술인은 정치사회 문제에 대해 비교적 조용한 편이다. 사회 문제에 자신의 목소리를 낸 사람은 극소수에 불과하다. 하지만 여성 과학기술인이 더 많아지면서 현실정치 참여는 더 확대될 전망이다. 특히 오늘날 과학의 대중화와 함께 여성 과학기술인의 사회 참여도 빠르게 진행되리라 생각한다.

실제로 최근 한국 과학계에서는 여성 과학자들의 사회 참여가 빠르게 확산되고 있다. 이화여대 수학과 교수 이혜숙은 자신이 사회 참여를 하게 된 배경을 다음과 같이 소개한다.

> 뒤늦게 과학기술계에서 여성의 역할이 적은 이유를 이해하게 되었고 여성의 진출을 촉진할 개선책 마련이 시급하다는 생각이 들었다. 동료들과 모여 토론하고 외국사례를 벤치마킹해서 여학생들이 온 · 오프라인 상에서 과학자를 만나고, 진로와 경력개발 기회를 안내받으며 과학자로서의 꿈을 키울 수 있게 지원하는 WISE 프로그램(www.wise.or.kr)을 정부의 지원으로 실시하게 되었다.[47]

울산대 수학과 교수 장선영도 자신의 사회 참여 배경을 이렇게 설명한다.

> 그러던 중 40대 초반에 울산대학교에서 최초로 대학본부 행정을 하는 여교수가 되면서 연구실 밖으로 시야가 넓혀졌다. 2003년부터는 여성

수학자들과 후배들의 학문적 · 사회적 지위 향상을 위해 몇 분의 여성 수학자와 한국여성수리과학회를 창립해 활동하고 있다.[48]

한국 여성 과학기술인의 사회 참여는 여성 과학자의 열악한 지위를 깨달으면서 시작되었다. 이러한 문제의식으로 시작한 사회 참여가 결실을 맺으면 여성 과학자의 정치, 사회 참여도 보다 확대되어갈 것으로 기대된다. 차세대 여성은 어려서부터 어떤 과학자가 될 것인지에 대한 뚜렷한 미션과 비전을 갖도록 책을 많이 읽도록 하고 토론하는 기회가 주어지면 좋을 것이다.

과학자로서의 가치관과 사회에 대한 공헌 의식이 분명했던 마리 퀴리와 같은 롤 모델을 오늘날 한국에서도 찾을 수 있다는 것은 매우 행복한 일이다. 의사에서, 컴퓨터 백신 개발자, 기업가, 경영학 교수로 끊임없이 새로운 도전을 시도한 안철수 서울대학교 융합과학기술대학원장이 그 예이다.[49] 그는 외국 기업의 천억 불 제의를 거절하고 경영난에 시달리던 안철수연구소를 지켜냈다. 안철수연구소를 성공적인 벤처 기업으로 키워낸 다음에는 주식을 무상으로 직원에게 나눠주고 경영일선에서 물러났다. 그는 처음부터 공익법인으로 만들어 바이러스 백신을 무상으로 제공하고자 했으나 그것이 받아들여지지 않아 안철수연구소를 세웠다. 미국 회사에 자신의 회사를 넘기지 않은 그의 결단으로 우리 국민은 지금도 무료로 백신을 사용할 수 있게 되었다. 자신의 능력을 활용하여 우리 사회에 보다 넓게 기여할 수 있는 방법이 무엇인지를 끊임없이 고민하는 과학자의 모습은 차세대 여성 과학자가 본받아야 할 귀감이라고 생각한다.

연구 환경

노벨상 수상자를 많이 배출한 선진국과 우리의 가장 큰 차이는 연구 환경에 있다. 가장 많은 남성 과학자들이 열악한 연구 환경을 가장 어려운 점이라고 지적한다. 여성의 경우는 남성에 비해 시간적 제약이 더 많기 때문에 이러한 어려움을 배로 느낄 것이다. 경희대 분자생물학 교수 김지영은 미국에서 경험한 실험실의 모습을 다음과 같이 술회하고 있다.

> 많은 교수, 연구원, 대학원생들이 오로지 연구에 전념하고, 일상대화에서도 자연스럽게 과학에 대해 서로의 의견을 주고받으며 문제를 해결하는 모습이 대단히 부러웠다. 과학기술 자체가 그들의 삶 자체인 것 같다는 생각이 들 정도였다. 그러한 인재들이 최첨단 과학기술을 선도해 가고 세계 최대강국인 미국을 지탱하는 힘이라는 것을 느낄 수 있었다. 우리나라도 하루 속히 과학기술이 생활화되고 과학기술 분야에 많은 연구비를 투자하여 최고의 인재들이 과학에 몰두할 수 있으면 좋겠다고 생각했다.[50]

이 외에도 한국 여성과 글로벌 여성 과학자와의 차이는 앞의 분석에서 지적한 바 있다. 중복을 피하기 위해 글로벌 여성 과학기술인 리더십 배양을 위한 전략과 정책적 대안을 살펴보자.

IV

차세대 글로벌 여성 과학자, 어떻게 키워야 할까?

1
왜 여성 과학자는 희소한가?

여성 리더는 한국에서뿐만 아니라 전 세계적으로도 매우 귀하다. 과학기술계는 그 정도가 더 심한 편이다. 과학기술계에 왜 여성 리더를 찾기 어려운지를 설명하는 데에는 두 가지 가설이 존재한다. 게르하르트 소너트Gerhard Sonnert와 제랄드 홀튼Gerald Holton의 결핍 모형deficiency model과 차이 모형difference model이 그것이다.[1] 결핍 모형은 남성에 비해 적은 수의 여성만이 과학자로 성공하는 데에는 구조적인 이유가 있다고 주장한다. 구조적 요인은 다양하다. 역사적 요인, 사회문화적 요인, 법적 · 제도적 제약이 여기에 속한다.

반면, 차이 모형은 여성 과학자가 부족한 이유는 여성과 남성 사이에 존재하는 행동이나 견해, 목표 등 뿌리 깊은 차이에 있다고 주장한다. 즉, 남녀가 직업적 성취에 있어서 차이가 나는 이유는 기본적으로 개인의 성차에서 비롯된다는 주장이다. 성적인 차이가 생리적으로 타고난 것인지, 사회화나 문화의 영향인지에 대해서 논쟁하지는 않는다. 성적인 차이가 개인의 행태뿐만 아니라 사회적 제도의 성격도 결정짓는다는 시각이다.

구조적 요인의 첫 번째 뿌리는 인류 역사 속에서 형성된 '여성은 열등하다'는 여성에 대한 편견과 차별 의식이라고 할 수 있다. 이것은 명시적이라기보다는 인간의 무의식 속에 내재되어 있어 남성은 물론 여성 스스로도 느끼지 못할 정도로 막강한 영향력을 발휘하고 있다. 여성에게는 이중 잣대가 적용돼 남성에 비해 능력이 월등히 뛰어나지 않으면 그 능력을 인정받기 어렵다. 이러한 차별은 오랜 인류의 역사 속에서 구조화되어 있어 문제점을 의식하는 데에도 특별한 노력이 필요하다.

여성 차별이 구조적 요인에서 비롯되었음을 보여주는 증거는 다양하다. 스웨덴의 생의학 분야 박사 후 연구비 수혜자를 분석한 결과 여성은 남성에 비해 관련 분야 업적이 2.5배나 많은 것으로 나타났다.[2] 미국의 연구에서도 동일한 자격을 가진 남녀가 명문대학에 지원했을 때, 여성은 조교수, 남성은 부교수의 지위가 주어졌음을 발견했다.[3] 한 실험 연구에서 방학 동안 일자리에 지원한 비슷한 자격을 가진 남성과 여성 공대생의 명단을 각각 20명씩 제시했다. 남성은 16명의 남학생과 9명의 여학생을 적격자로 선정한 반면, 여성은 11명의 남학생과 14명의 여학생을 좋은 후보로 선정했다.[4] 이처럼 남성은 과대평가되고 여성은 과소평가되어 왔다. 남녀 차별의 뿌리는 "남성과 여성에 대한 정의justice는 같지 않다. 남성의 용기는 명령하는 데에 있고, 여성의 용기는 복종하는 데에 있다"고 했던 고대 사상가 아리스토텔레스로 거슬러 올라간다.[5] 즉 역사적 요인에 기인한다.

구조적 요인의 두 번째 변수는 사회문화적 요인이다. 여성에 대한 편견과 차별이 인류 보편적인 것이라면 여성이 처한 사회문화적 배경에 따라 이 차별의 정도는 다르게 나타난다. 유교 문화권에 속하는 한국과 일본은 빠른 경제적 성장에도 불구하고 남녀 차별이 다른 선진국에 비해 심한 편이다. 따라서 이 두 나라에는 여성의 교육 수준이 매우 높음에도 불구하고 여성 과학자의 수는 그리 많지 않은 편이다.

국제연합개발계획UNDP, United Nations Development Program에 따르면 우리나라 여성의 인적 개발의 정도를 나타내는 여성개발지수GDI는 2009년 기준, 155개국 중 25위이다. 이는 인간개발지수HDI 26위보다 한 단계 높은 것이다. 즉, 다른 나라와 비교할 때, 인구 전체보다는 여성이 특히 높은 수준의 교육을 받았음을 의미한다. 다른 한편 여성의 공직 참여를 나타내는 여성권한척도GEM는 109개국 중 61위이다. 이는 여성이 교육은 잘 받았지만 정책 결정에의 참여는 저조하다는 것을 의미한다. 세계경제포럼WEF이 세계 134개국을 대상으로 정치, 교육, 고용, 보건 등 4개 분야의 남녀 간 불평등을 조사해 발표한 2010년도 '성 격차 지수 GGI: Gender Gap Index'에 따르면 한국은 104위로 나타난다. 베트남(72위)이나 방글라데시(82위)보다도 뒤떨어진다. 이 통계는 여성이 교육은 받았으되 활용되지 않는 현 상황을 적나라하게 보여주고 있다.

〈표 6〉에서 알 수 있듯이 각국의 여성 과학자 비율은 반드시 경제 발전의 수준이나 여성의 교육 수준과 일치하지 않는다. 일본과 한국의 사례는 사회문화와 여성 과학기술인의 비율이 밀접히 연관되어 있음을 말해준다. 독일에서 여성 과학 연구자의 비율이 영국이나 프랑스보다 낮은 이유도 문화적일 가능성이 크다. 독일은 서유럽 국가 중 가장 늦게 근대

〈표 6〉 각국의 여성 과학 연구자의 비율 (%)

Russia	42.1%
Spain	36.1%
USA	34.3%
Italy	29.9%
France	27.8%
England	26.0%
Germany	19.2%
Korea	13.1%
Japan	12.4%

(출처: Go, 2008, 19)

화를 이뤘으며 오늘날까지도 계급 사회의 전통이 남아 있다. 독일에서는 고등학교부터 직업학교와 인문계 학교로 구분된다. 아이들이 자신의 적성을 알기도 전에 장래 진로를 결정해야 하므로 여성이 더 큰 차별을 받을 가능성이 있다. 실제로 노벨상을 놓친 버넬의 경우는 아일랜드 고등학교 입시에 실패해 영국으로 보내졌다. 부모가 버넬에게 두 번째 기회를 주었기에 훌륭한 업적을 남길 수 있었다. 하지만 고등학교 입시 때 인생을 선택하도록 하면 아이들은 어렸을 때의 실수로 인해 너무 일찍 인생의 경로가 결정된다. 한 번의 실패가 인생에서 되돌이킬 수 없는 패배를 낳을 수도 있는 것이다. 독일에서 그런 제도가 유지되는 이유는 입시에서의 실패가 인생에서 패배가 되지 않기 때문이라고 본다. 즉, 대학을 가지 않고 직업학교를 가도 인생에서 낙오되지 않고 행복하게 잘 살 수 있는 제도 덕분인 것이다.

셋째, 제도적 요인이다. 여성을 공식적, 비공식적으로 배제하는 사회문화적 요인이 과학의 사회적 체계로 구축됨으로써 여성에게는 더 적은 기회가 주어지게 된다. 법적, 정치적, 사회적 제약에 직면하여 여성은 직업적 성취에서 남성에 비해 성공하기가 어렵다. 이러한 구조적 장애를 극복하기 위해 선진국에서는 인재 양성과 채용에서 소수자를 보호하는 제도를 통해 여성 양성에 노력을 기울이고 있다. 특히 자녀의 출산과 양육을 제도적으로 지원하는 국가에서는 여성의 사회 참여 비율이 매우 높게 나타난다. 제도는 문화와 상호 작용하기 때문에 여성에 차별적인 문화를 지닌 사회에서는 여성 리더를 배양하는 제도 자체가 매우 미흡한 것이 현실이다. 러시아가 42.1%로 높은 비율을 보여주는 이유는 사회주의 제도에 의해 얻은 결과라고 생각된다. 그러나 러시아의 여성 과학자 비율도 제도에 의한 것이지 문화의 변화에 의해서 얻은 결과는 아니기 때문에 고위직에는 여성 과학자가 거의 존재하지 않을 만큼 성차별이 심하다고 한다.

구조적 요인 외에 남녀의 개인적 특성의 차이에서 여성 과학자의 과소 대표가 초래되었다는 주장도 있다. 개인적 성차도 세 가지의 요인으로 설명된다. 첫째, 생리적 요인이다. 여성은 타고나면서부터 열등하거나 과학에 관심이 부족하다는 주장이다. 여성이나 흑인의 두뇌가 작다거나 생리적으로 열등하다는 주장은 1960년대와 1970년대 잡지나 언론에서 유행이었다. 스탠퍼드대학교의 엘리너 맥코비Eleanor E. Maccoby와 캐롤 재클린Carol N. Jacklin이 1974년에 발표한 『성차의 심리학*The Psychology of Sex Differences*』이 대표적인 연구 결과였다. 이들은 여성과 남성이 네 가지 차이가 있다고 주장했는데 여성은 언어 능력에서 뛰어나고, 남성은 보다 공격적이고, 시공간, 수학에서 뛰어나다는 것이다.[6]

둘째, 남녀의 성차는 사회화에 의한 결과라는 주장도 있다. 역사적, 문화적, 제도적 요인이 상호 결합하여 여성이 리더가 되는 데 관심이 없도록 만들거나 리더로서 훈련받을 기회를 원천적으로 배제해왔다는 것이다. 여성에 차별적인 사회는 사회화 과정에서부터 리더가 되려는 여성을 처벌하는 기제를 가지고 있다.[7] 마찬가지로 여성을 차별하는 구조적 요인이 과학을 하고자 하는 여성의 동기를 저하시켰다는 것이다.

셋째, 과학의 인식론이 여성성과 양립 불가능하다는 주장이다. 리더십이 남성성과 밀접한 관련이 있기 때문에 여성은 자연적으로 리더와 멀어지게 되었다는 주장과 일맥상통한다. 즉, 과학은 합리적, 이성적, 논리적, 체계적이고 정교한 반면에 여성성은 정서적, 감성적, 부드러움, 보살핌 등 과학과는 정반대되는 성격을 지녔다는 것이다. 이 때문에 자연스럽게 여성은 과학과 멀어지게 되었다는 주장이다.

성 차이가 생리적인 것인지 사회화에 의한 것인지 하는 질문은 무의미해 보인다. 그동안 남녀 차이에 대한 책에서 지적했듯이 오랜 기간의 사회화에 의해 특징적인 형질로 남게 되면 그것이 유전자에 각인되어 대를 잇기 때문이다.[8] 그러나 1981년에 발표된 재닛 하이드Janet S. Hyde의 논문은 남녀 성차를 주장한 논문의 방법론적 문제를 지적했다. 하이드는 남녀의 성차가 미미한 것이라며 생물학적 논란에 종지부를 찍었다.[9] 따라서 남녀 특성이 왜 다른지 기원을 따지는 논의보다는 그 다른 특성이 과학기술에 관한 소질과 관련해서 사회적으로 어떻게 억압되고 발현되는지를 연구하는 것이 더 건설적일 것이다. 실제로 여성 과학자가 희소한 이유를 연구한 결과 그 이유가 매우 복합적이라는 것을 발견했다. 한편으로는 구조적이고 다른 한편으로는 개인적인 성차가 복잡하게 얽혀 있기 때문이다. 따라서 한 가지 원인으로 이 문제에 접근하는 것은 위험하다고 할 수 있다.[10]

2
한국에도 노벨상 수상자가 나오려면?

앞에서 우리는 여성이 과학계에서 얼마나 차별을 받았는지 살펴보았다. 여성은 어려서 사회화 과정에서부터 학위 과정, 입직 과정, 취업 후 전 과정을 통해 차별을 경험하고 소수자로서 불이익을 당했다. 여성은 남성에 비해 리더십의 경험도 매우 제한적이고 소질을 계발할 기회도 뒤늦게 주어졌다. 여성은 멘토를 뒤늦게 만나거나 본받을 만한 롤모델이 부족하고 네트워크에서도 소외된다는 것을 알았다. 그 결과 남성에 비해 자신감이 부족하고 정체성 혼란도 경험하는 것으로 나타났다. 그럼에도 불구하고 이들을 성공으로 이끈 요인 또한 찾을 수 있었다. 그렇다면 여기에서는 여성 과학자의 성공에 장애가 되는 요인은 무엇이며 이를 해결하기 위한 정책적 대안 및 성공을 위해 필요한 요소가 무엇인지 살펴보겠다.

첫째, 여성은 사회화 과정에서부터 남성과 다른 경험, 즉 과학기술인이 되기에 불리한 여건을 경험한다. 이는 여성 과학기술인이 소수일 수밖에 없는 이유를 일부 설명해준다. 장애 요인은 어느 하나에 원인을 돌리기에는 매우 복잡하게 서로 얽혀 있다. 외국의 많은 연구도 여성은 과학기술인이 되는 매 과정에 장애물이 있음을 보여준다. 이는 여성 개인의 힘만으로는 성공적인 과학기술인이 되는 데에 한계가 있음을 말해준다. 여성이 소수자로서 받는 불이익을 극복하기 위해서는 여성 과학기술인에 대한 정부의 제도적 지원이 필요하다.

정부가 가장 시급하게 해야 할 일은 원인에 대한 진단이다. 여학생이 여성 과학자로 성장하는 과정을 파이프라고 볼 때 어느 곳에서 물이 새고 있는지 정확한 진단이 우선되어야 한다. 외국에서는 여성 과학자의 수가 적은 이유에 대해 매우 정교한 연구가 진행되고 있고, 그 연구 결과에 따라 정책적 지원이 뒤따르고 있다.[11] 우리도 여성이 왜 과학을 전공으로 택하지 않는지, 택한다 하더라도 초중고, 대학, 대학원을 거치면서 어떤 수준에서 어떤 이유로 과학을 그만두게 되는지, 여성 과학기술 학위 소지자가 입직이나 승진, 리더십 위치에 올라가는 데 장애가 되는 요인이 무엇인지에 대한 연구가 필요하다고 생각된다.

기존의 연구를 종합하면 초등학교까지는 과학에 대한 관심의 남녀 차이가 크지 않다고 한다. 고등학교에서 과학이나 수학 과목을 택하는 비율에서 차이가 벌어지기 시작한다. 대학 입학에서 이 차이는 더 심화되지만 그래도 대학까지는 과학/공학 전공자의 수에 있어서 남녀의 차이가 그렇게 크지는 않다. 대부분의 누수는 대학 이후의 학위 과정과 입직 과정에서 발생한다. 정부는 가장 많이 새는 곳부터 신속하게 해결책을 마련해야 할 것이다.

대학부터 학위 과정까지의 누수를 막기 위해서는 장학 제도를 강화해야 한다. 노벨상을 받은 과학자 16명 중 4명(엘리언, 얄로, 맥클린톡, 오스트롬)이 대학 장학 제도의 혜택을 보았다. 성공한 한국의 여성 과학기술인들이 주로 중산층 이상 출신이라는 점은 우리 교육 제도의 문제를 단적으로 드러낸다. 대학 학자금 융자 제도는 저소득층 여학생에게는 별 도움이 되지 않는다고 한다. 여성은 졸업 후 취업도 보장되지 않고, 취업이 되어도 월급이 남성에 비해 많지 않기 때문에 학자금 융자를 꺼리는 경향이 있기 때문이란다.[12] 학자금 대출보다는 부모의 소득과 재산에 따라 차별적 장학금을 지급하는 제도financial aid가 여성에게는 보다 유리하다고 한다. 한국은 대학등록금이 매우 비싼 나라에 속하고 OECD 국가 중에서 정부의 지원이 가장 낮은 두 나라 중 하나로, 일본과 함께 꼽히고 있다.

우리나라는 물론이고 다른 나라에서도 부모의 사회경제적 배경이 여성이 과학기술인이 되는 데 가장 직접적인 영향을 미친다. 정부는 부모의 배경과 상관없이 재능 있는 차세대 과학기술인을 키우기 위해 입시제도에서 지역, 계층, 성 등을 고려하는 미국의 적극적 조치Affirmative Action를 도입할 필요가 있다. 대학에 입시 자율권을 부여하면서도 동시에 사회적 합의에 따라 대학 내 다양성을 보장하고 소수자를 보호하는 적극적 조치를 법제화해야 한다. 이러한 조치 없는 입학사정관제 도입은 대입, 고입에서 계층 격차를 더 악화시키게 될 것이다.

둘째, 여성 과학자에게 가장 큰 난제는 일과 가정의 균형을 맞추는 것이다. 우리나라의 출산율은 2010년 3월 기준으로 1.15%까지 하락했다. 출산율의 저하는 나라의 존립마저도 위협한다. 정부는 백년대계를 세워 적극적인 출산과 육아 지원에 나서야 한다. 부모나 친척에 의지해서 자녀를 양육하는 방법은 이제 더 이상 통하지 않는다. 정부의 노력만으로 해결되지도 않는다. 배우자의 협조, 사회적 인식의 변화, 연구소나 대학의 사고 발상의 전환, 정부의 정책이 함께 가야 한다. 여성 과학자 스스로 가사는 여성이 전담해야 한다는 책임 의식으로부터 자유로워질 필요가 있다. 여성이 변해야 배우자의 의식도 변하고 사회도 함께 변하기 때문이다.

여성이 출산과 육아와 함께 연구를 지속할 수 있도록 배려하기 위해서는 처음 부임한 교수에게 강의 부담을 줄여주고 연구에만 전념할 수 있도록 펠로우십 제도를 도입해야 한다. 가령, 이화여대 최재천 교수는 펠로우십 덕분에 첫 부임지인 미시간대학교에서 3년간 연구에만 전념할 수 있었다고 한다. 여성의 경우, 첫 직장을 잡으면서 임신과 출산의 가능성이 높기 때문에 이 같은 연구 장학 제도가 큰 도움이 될 것이다. 또한 정년 보장 제도를 유연하게 운영할 필요가 있다. 가령, 일률적으로 정해진 기간에 심사를 받도록 하지 말고 개인이 선택한 기간에 필요한 연구 업적을 심사받도록 해 임신과 출산에 의한 불이익이 없도록 해야 한다. 이는 여성에게만 해당되지 않는다. 남성의 경우에도 육아 등의 이유로 피심사자가 심사 기간을 탄력적으로 선택하도록 만들 필요가 있다.

셋째, 성공한 과학자가 되는 데 가장 큰 영향을 미치는 요인은 부모인 것으로 밝혀졌다. 향후 진로 결정에 있어서도 여학생의 경우는 부모의 영향을 가장 많이 받는다. 학생과 부모 대상의 진로 교육이나 강연이 필요하다. 현재 원로 과학자들이 일반인을 대상으로 하는 강연을 연구 재단에서 후원하고 있는데 대부분의 청중은 노년층이라고 한다. 이러한 강의를 서울역 같은 공공장소에서만 진행할 것이 아니라 대기업이나 중소기업, 공장 등 아버지 혹은 어머니가 있는 곳으로 찾아가 자녀의 진로 지도에 도움이 되도록 할 필요가 있다.

또한 과학기술인의 양성에 있어서 부모의 영향과 효과를 고려할 때, 기숙 학교 형태로 운영되는 영재 학교는 재고될 필요가 있다. 교사가 전문직 부모보다 영재를 더 잘 지도하기는 어려울 것이다. 특히 한국 과학 교사들이 학생에 미친 영향력은 외국과 비교할 때 현저히 떨어진다. 기숙 영재 학교가 저소득층에게는 도움이 될지 몰라도 국가 전체적으로는 결코 바람직한 영재 교육의 방법이라고 할 수 없다. 오히려 아이가 부모와 거주하면서 정서적 안정감을 갖게 하고 학교와 대학을 연계하는 영재 교육 프로그램을 강화해야 할 것이다. 현역에서 연구를 지속하지 않은 원로 과학기술인들이 중고등학교에서 방과 후에 영재 지도에 참여한다면 긍정적인 결과를 얻을 수 있을 것이다.

넷째, 여성 과학기술인들이 업적을 제대로 인정받기 위해서는 리더십, 의사소통 기술, 협상 기술, 네트워크, 정보 공유 등이 필요하다고 생각된다. 이를 위한 체계적인 리더십 훈련과 리더십 발휘의 기회가 정책적으로 마련될 필요가 있다. 이를 위해 정부의 과학기술 위원회나 연구소 등에 여성 할당제 도입이 필요하다. 특히 여성의 경우는 공동 연구를 할 기회가 매우 부족하다고 하는데 이는 미국의 경우도 마찬가지이다.[13] 따라서 여성을 포함한 공동 연구 프로젝트에 가산점을 주는 현재의 방식을 유지, 강화해나가야 할 것이다. 정부 위원회에 여성 과학기술인이 적극 참여할 수 있도록 데이터 베이스DB를 체계화하여 적극 활용해야 한다. 현재 전국여성과학기술인지원센터(이화여대 소재)에서 DB 작업을 진행 중이라고 하니 하루 빨리 활용되기를 기대한다.

다섯째, 사회 전반적인 의식 변화와 문화의 혁신이 필요하다. 성적이나 학벌보다는 창의성과 도전 정신을 중시할 때 우리의 과학 수준도 전반적으로 향상될 것이다. 현대 대중 사회에서는 미디어의 영향이 무엇보다도 막대하다. 미디어에 나타난 여성 과학기술인의 모습을 꼼꼼히 모니터하고 편견이나 고정관념을 타파하려는 지속적인 노력이 필요하다. 이제 과학은 소수의 엘리트가 독점하던 시대에서 과학의 결과와 열매를 대중과 공유하는 시대로 변하고 있다. 소통 수단의 확산과 과학기술의 발달이 대중에게도 과학에 접근할 수 있는 다양한 통로와 수단을 제공하게 된 것이다. 과학의 대중화가 이루어지면 그동안 과학으로부터 소외되었던 여성도 보다 쉽게 과학에 접근할 수 있게 될 것이다.

여섯째, 교사와 학교 교육이 학생에게 미치는 영향은 아무리 강조해도 지나침이 없다. 실제로 한국 과학기술인의 경우 과학기술 분야를 택하게 된 동기로 학과목에 대한 흥미를 언급한 경우가 적지 않다. 하지만 막상 교사가 직접적으로 영향을 준 경우는 소수에 불과하다. 이는 이과 분야 교사들의 학습 지도 방법이 학생들에게 큰 영감을 주고 있지 못하다는 방증이다. 교사에 대한 재교육과 과학 학습 기법에 대한 연구를 정책적으로 지원해야 한다. 평교사가 스스로 학습법을 연구하고 개발하기를 기대하는 것은 무리이다. 교육청은 전문가와 교사가 과학 교습법을 공동으로 개발하도록 지원하고 이를 각 학교에 적극적으로 전파해야 할 것이다.

특히 과학자의 양성에는 호기심과 창의력을 키워주는 환경의 조성이 가장 중요하다. 등록금이나 성적 때문에 공부하는 학생은 호기심과 재미로 공부하는 학생을 절대로 이길 수 없다. 그러나 현 입시 위주의 교육은 있던 호기심과 창의력도 죽이고 있다. 특히 초등학교에서의 일제고사 부활은 아이들을 점점 더 시험 보는 기계로 만들 가능성이 있다. 내신만이라도 생각하는 수업이 되어야 하고 과학은 실험 위주의 교육이 되어야 한다. 교장 공모제의 확대도 긍정적인 영향을 미치리라고 본다. 학교의 교육 분위기 쇄신과 내실 있는 과학 수업에 교장의 리더십이 중요하기 때문이다. 장기적으로는 교사의 양성 제도 또한 수술이 필요하다. 현재의 임용고시 위주의 교사 선발 제도는 창의성이 부족하더라도 시험을 잘 보는 사람이 합격할 가능성이 높다. 교육도 사람이 하는 일이다. 창의적인 교사가 충원되어야 아이들에 대한 창의 교육도 가능하게 될 것이다.

주입식 교육이나 교사의 역량도 문제이지만 진로 지도가 전혀 이루어지지 않는 것도 큰 문제이다. 특정 학과를 선호하거나 대학을 졸업하고 나서 전공을 바꾸는 경우가 우리 사회에 많은 것도 진로 지도가 제대로 되지 않기 때문이다. 뉘슬라인-폴하르트는 고등학교 때 병원에서 한 달간 인턴십을 하는 학점을 수강했다. 그는 한 달간 병원에서 일해보고는 의사가 되는 것을 포기하고 과학자의 길로 들어섰다. 우리나라 과학기술인은 노벨상 수상자와 비교할 때 뒤늦게 멘토를 만나고 여성의 경우는 이 때문에 자신감도 뒤늦게 갖게 되었다. 여성의 경우, 어린 시절 과학을 접하는 기회가 남성에 비해 압도적으로 부족하다. 대학생이나 전문가를 연결하여 멘토링을 실시하는 WISE Women in Science and Engineering 프로그램을 확대하고 어려서부터 적성/진로 교육을 강화해야 한다.

특히 어려서부터 소질에 따라 문과, 이과를 나누는 것보다는 고등학교에서 문·이과 통합 교육을 실시해 대학에서 학생이 전공을 택할 수 있는 길을 열어놓는 것이 바람직해 보인다. 필자가 과문한지는 몰라도 문이과 분리 교육은 일본과 우리나라에만 존재하는 것으로 알고 있다. 중고교 시절부터 과학 실험이나 대회 등에서 과학을 접할 기회를 자주 제공하는 것도 필요하다. 나이든 여성의 경우는 남성과 달리 이런 기회를 거의 갖지 못했다. 어린 시절, 학창 시절에서의 경험이 과학자로서의 성취에 결정적인 영향을 미친다는 점을 고려할 때 초등학교 과학 교육의 혁신은 무엇보다도 중요하다.

앞에서 여성이 과학자로서 성장하는 과정을 이야기하면서 파이프에서 누수되는 원인에 대한 진단이 선행되어야 한다고 했는데, 미국의 경우는 다음과 같은 주제에 대한 연구를 통해 묵시적으로 여성에게 가해지는 차별을 효과적으로 제어한 경험이 있다. 가령, 학생의 성별에 따른 학생의 과학 학업 성취도 차이, 수능에서 과학 선택 학생의 성별 차이, 수능에서 과학 선택 학생의 성별 학업 성취도 차이 등을 연구한 결과 문제의 내용 자체가 특정 성에 불리한 것이 있음을 발견했다. 가령, 물리교과서에서 운동의 법칙을 설명하는데 여학생이 거의 하지 않는 농구의 예를 든다면 여학생은 물리 이전에 농구 이야기 자체를 들으려고 하지 않을 것이다. 얼마 전 우리나라 TV의 한 퀴즈 프로그램에서 남녀가 동점을 하자 결승

전 진출을 위해 추가문제를 제시했는데 야구 문제였다. 당연히 남성이 승리를 했다. 필자는 문제가 성적으로 편향적이어서 불공정하다는 생각을 했다.

교사의 성별에 따른 학생의 과학 학업 성취도 차이, 여자대학/남녀공학의 여학생 과학 성취도 차이, 수능의 과학 성적이 대학에서의 성별 학업 성취도에 미치는 영향 등의 연구도 문제 해결에 도움이 되었다. 수업 시간 교사의 말 한마디는 학생의 인생을 좌우하기도 한다. 칭찬 한마디에 과학에 흥미를 느끼는가 하면 무의식 중에 교사가 학생의 질문을 무시할 때에도 학생은 좌절하게 된다. 가령, 연구 결과 남학생이 질문을 하면 교사가 열심히 듣고 여학생이 질문하면 귀 기울여 듣지 않는 경향이 발견되었는데 이는 학생의 성취에 큰 차이를 만들 것이다. 또한 과학 교수법이 성별 학생의 학업 성취도에 미치는 영향, 과학을 떠나는 여학생과 남는 여학생의 학업 성취도 차이 등도 매우 중요한 연구 주제였다.

미국에서는 이상의 연구를 통해 그 연구 결과에 따라 필요한 정책을 실시하거나 제언함으로써 여성의 과학기술직 참여를 증진하는 데 효과를 보았다. 가령, 여성에게 특히 불리한 과학이나 수학 문제의 유형을 골라내서 중립적인 문항으로 바꿔주는 노력, 여성에게 적대적인 수업의 스타일을 바꿈으로써 여성의 참여를 보다 진작시키는 노력들이 이루어졌다. 또한 초중등 교과서에 양성의 사진을 모두 게재하거나 언어의 성 중립성을 실천했다. 과거에는 교과서에 남학생은 직접 실험을 하고 여학생은 옆에서 구경을 하는 사진이 게재되었으나 이를 시정했다. 또한 초중등 교사에 대한 성 인지 교육을 통해 교사가 남녀 학생의 질문에 반응하는 방식의 차이를 이해하고 차별하지 않도록 교육을 시켰다. 여성이 기술자가 되지 않는 가장 큰 이유는 여고생에 대한 진로 상담의 영향이 큰 것으로 나타나 여학생에 대한 적극적인 진로 상담을 실시하도록 했다.

그리고 과학 수능 문제를 연구하여 성차별적 요인을 교정한 후에 남녀 학생의 성적이 같아졌다고 한다. 또한 여학생은 남학생과 달리 협력을 강조하는 경향이 있으므로 과학 교수법에서 불필요한 경쟁을 조장하거나 성대결을 지양함으로써 여학생에게 친화적인 교육 환경을 만들려고 노력했다. 여학생에 대한 교수나 동료의 성차별적 언행에 관련된 교육과 계도도 이루어졌다. 또한 정년 보장, 승진 제도의 기한을 개인의 선택에 의해 연장할 수 있도록 제도를 개선하여 출산과 육아에 의해 여성이 차별받지 않도록 배려했다. 여성 과학자 양성 프로그램이 시범 사업으로 그치지 않고 지속적으로 지원되도록 노력했으며, 대학/연구원/직장의 보육 기관 설치를 의무화했다. 대학 학자금 융자보다는 장학 제도가 여성에게 더 유리하다는 것을 연구 결과 발견하기도 했다. 입학/채용 등에 여성 할당제를 도입하고 일과 가정의 양립에 성공한 긍정적 여성 과학자 모델을 개발하여 후배 양성에 귀감을 삼았다.

이 중에 많은 정책들이 이미 한국에서 실시되고 있지만 아직 큰 효과가 나타나지는 않고 있다. 가장 큰 이유는 대부분의 정책에 강제 조항이 없기 때문이다. 정책의 실효성을 담보하기 위해서는 정책의 효과가 도출될 수 있도록 인센티브 제도나 강제 규정을 도입해야 할 것이다. 정부가 립서비스로서가 아니라 이러한 정책에 확실한 의지가 있다는 것을 천명하기 위해서는 정책적 효과가 담보될 수 있는 조치를 강구해야 할 것이다.

그러나 이러한 모든 정책과 조치보다 가장 중요한 것은 과학기술인력이 연구에 종사할 수 있는 안정된 신분 보장일 것이다. 과학기술계에는 여성이 많지 않지만 이미 의학, 약학, 생명공학 쪽은 여성의 수가 급속도로 증가하는 추세이다. 결국 매력적인 시장에는 여성의 진출이 두드러진다는 이야기이다. 과학기술인이라는 직업이 직업 시장에서 여성에게 매력적일 수 있도록 만드는 것이 아마도 차세대 여성 과학기술인을 키우는 최고의 정책이 될 것이다. 1997년 외환위기 이후 우리 사회는 노동 시장의 유연화, 구조 조정이 이루어지면서 연구소에 근무하던 과학기술인력이 큰 타격을 입었다. 시장에서 과학기술인력의 직업 안정성이 보장되지 않는데 이공계 장학금을 파격적으로 지급한다고 해서 힘들고 불안한 길을 택할 학생은 많지 않을 것이다. 학생들이 적성이나 흥미에 상관 없이 의대, 약대 진학을 하는 것은 그만큼 미래가 불안하고 사회적 안전망이 허술하기 때문일 것이다. 뛰어난 인재가 모두 의대로 쏠린다는 것은 우리 사회가 건강하지 않다는 의미도 된다. 학생들이 원하는 과학기술 학문에 전념할 수 있도록 인재 시장에서의 안정성과 예측 가능성이 이 모든 정책의 효과를 담보하는 가장 빠른 길이 될 것이다.

3

과학 한국을 위한 전략과 실천 과제

어떻게 하면 과학기술직이 여성에게 매력적인 대안이 될 수 있을까? 앞에서는 필자가 발견한 결과에 기초해 정책적 대안을 씨줄로 재정리해 보았다. 여기에서는 분야별로 우리가 택해야 할 전략과 과제를 날줄로 재정리해보려고 한다. 씨줄과 날줄이 만나 과학 한국을 향한 튼튼한 그물망이 만들어지길 기대한다.

과학 진흥을 위한 정부의 무한 책임

노벨상 수상자가 특정 국가에 편중되고 특정 국가에서 여성 연구자의 비율이 높은 것은 정부의 과학 정책과 제도가 큰 변화를 가져온다는 것을 의미한다. 이 책에서 제안하는 모든 대안을 융합하여 종합적인 대책을 마련할 수 있는 능력도 정부에 있다. 정부는 다음의 일에 힘을 써야 할 것이다.

① 여성 과학 리더 과소대표에 대한 원인 분석과 진단에 기초한 종합적 과학 육성 정책 수립

② 출산 · 육아를 위한 제도적 지원
(정년 심사 제도, 펠로우십 등으로 여성은 출산 및 육아에서 차별을 겪지 않도록 하고 남성은 이공계 석사 장교 등으로 중단 없는 연구를 가능하게 해야 한다)
③ 초중고 과학 교육의 혁신
(실험 위주의 교육/과학 교사의 재교육과 교수 자료 생산 및 배포/멘토링 진로 교육 강화)
④ 교장/교사 충원 제도의 혁신
(교장 공모제의 확대/임용고시 개선으로 창의적 교사의 충원)
⑤ 대학의 사회적 책임 강화
(대학 및 대학원 장학 제도 도입/입시 제도의 개혁)
⑥ 연구소, 대학의 여성 채용 목표제 도입으로 입직에서의 차별 철폐
⑦ 연구소, 위원회 등 여성 할당제/여성 과학자의 리더십과 멘토링, 네트워크 지원
⑧ 학부모의 역할에 대한 교육 및 진로 지도 지원
⑨ 장기적 과학기술 정책에 입각하여 장기 과제/기초 연구를 위한 연구비의 효율적 집행/연구비 지원에서 여성 과학자 배려
⑩ 위의 제도의 효과적인 운영을 위한 사회문화운동

학교가 변해야 과학 교육이 산다

과학 인재 양성에 매우 중요하면서도 외국과 비교할 때 그 역할이 매우 미약한 것이 한국의 학교와 학교 교육이었다. 교육감 직선제와 함께 가장 기대가 되는 것이 공교육의 혁신이다. 학부모의 협조와 이해 없이 학교 혁신은 성공할 수 없다. 과학 교육과 관련한 학교 혁신을 위한 대안

은 다음과 같다.

① 지덕체 통합 교육의 실시
② 도농간 교류로 자연 속에서의 체험 교육 강화
(학교 내 텃밭 가꾸기, 작은 동물원 활성화)
③ 주입식 과학 교육에서 실험식 교육으로의 전환
④ 문/이과 통합 교육과 과학 필수 과목 지정
⑤ 방과 후 학교는 학원을 대신하지 말고 특기/적성 교육의 장으로
⑥ 과학 실험이나 과학 대회의 활성화(입시와 연결하지 말 것)
⑦ 과학 멘토링 프로그램의 확대
⑧ 초중고생의 진로 지도를 위한 현장 체험/인턴십 강화
⑨ 교과서/수업/시험 등 모니터링을 통해 성 중립적으로 개편
⑩ 지역 사회와 연계로 학교군(클러스터) 활성화
(모든 학교에서 모든 과학 교육을 강화할 수 없으므로 지역 사회 내 학교마다 과학 과목을 특화하고 특화에 따라 실험실을 준비한다. 학생들은 자신이 원하는 과목에 집중하기 위해 다른 학교로 이동하여 방과 후 학교에 참여하도록 한다.)

대학이 사회 문화 혁신을 선도해야 한다

어느 사회나 대학은 학문의 발전을 주도하고 그 사회의 문화적 변화와 혁신을 선도한다. 대학이 변해야 사회 전반적인 문화와 의식의 변화가 가능하다. 다음은 대학과 사회가 함께 변해야 할 과제를 정리했다.

① 입시/장학 제도 등에서 대학의 사회적 책임 강화

② 동종 교배/전공 순혈주의 탈피로 교수 충원 제도 개선
③ 학과의 벽을 깬 유연한 전공 제도
④ 채용과 교육에서 성차별 관행 타파
⑤ 차세대 여성 과학자를 위한 리더십 교육과 훈련 제공
⑥ 학부모/학생을 위한 진로 교육 강화, 조부모 교육을 통해 세대를 뛰어넘는 소통 강화
⑦ 초중고생을 위한 영재 교육/멘토링 기회 확대
⑧ 과학기술 대중화를 위한 언론의 관심/책임 강화
⑨ 대학의 지역 내 작은 도서관과 과학관의 연계로 지역 사회에 대한 봉사 강화
⑩ (지역 사회, 대학, 초중고의 연계로) 지역 내 교육 공동체 구성으로 경쟁보다는 협력을 강조하는 교육 문화 조성

교육의 어머니, 가정 교육이 중요하다

과학 인재의 양성을 위한 부모의 역할은 이미 여러 번 강조한 바 있다. 여기에서는 보다 구체적으로 부모가 지켜야 할 10가지 수칙을 다음과 같이 정리했다.

① 아이의 가장 좋은 스승은 자연이다. 아이가 자연 속에서 맘껏 뛰놀고 자연을 느끼고 교감하도록 한다.
② 많은 질문을 던짐으로써 자녀의 호기심을 자극한다.
③ 성적보다 교육을 중시하고 자녀의 다양한 특기와 취미를 격려한다.
④ 자녀의 질문에 답하기보다는 스스로 답을 찾도록 유도한다.
⑤ 책을 자주 읽어주고 마을 도서관에 데려간다.

⑥ 아이의 질문에 답할 수 있는 책을 선물한다.

⑦ 아이는 부모의 등을 보고 자란다. 자녀에게 물려주고 싶은 가치관을 부모의 삶으로 보여준다.

⑧ 모든 것이 풍요로운 사람은 성취 동기가 약하다. 약간은 궁핍하게 부족함을 느끼게 한다.

⑨ 인내심과 독립심을 키워준다.

⑩ 부모의 못 이룬 꿈을 이야기해 아이에게 동기를 심어준다. 부모의 욕심이 너무 심한 압박이 되어도 곤란하지만 아이가 부모를 위해 뭔가 해줄 것이 있다는 것은 성취 동기를 자극한다.

여성 과학자 단체에 바란다

우리나라가 다른 나라에 비해 앞선 것은 여성 엘리트들의 여권운동이라고 생각된다. 우리 사회는 시민 없는 시민운동이 가능하기 때문이다. 엘리트 여권운동은 우리가 제도적인 면에서 월등히 앞서게 한 일등공신이다. 여성 채용 목표제, 정부 위원회 여성 할당제, 여성 연구자가 포함된 연구팀 가산점 부여, 별도의 경쟁을 통한 여성 연구자 연구비 수여 등 선진국의 제도가 대부분 도입되었다고 해도 과언이 아니다. 또한 역할 모델을 발굴하고 여러 권의 자서전을 출간한 것도, 필자가 이에 기초하여 이러한 작업을 하게 된 것도, 여성 과학기술인 단체가 없었다면 불가능한 일이다. 차세대 과학자에 대한 리더십 교육/멘토링 프로그램도 과학기술 리더의 저변 확대에 큰 기여를 할 것이다.

그러나 여성의 사회적 의식과 문화는 제도에 훨씬 못 미치고 있다. 이러한 선진 제도의 조기 도입은 여성 의식화를 오히려 저해하는 요인으로 작용하기도 한다. 아무런 희생이나 투쟁 없이 얻어진 권리는 제대로 활용되지 않기 때문이다. 그 결과 강제력 없는 선진 제도는 유명무실한 제도가 되고 말았다. 앞으로 여성 과학기술인 단체는 제도 개혁보다는 좀 더 실질적인 변화를 위해 노력해줄 것을 부탁한다.

기존 제도를 확대하면서 동시에 제도의 효과성에 대한 엄밀한 진단이 뒤따라야 할 것이다. 가령, WISE 프로그램에 참여했던 대학생을 대상으로 인터뷰해본 결과 유명한 과학자 멘토링의 경우는 별로 성공적이지 못한 것으로 나타났다. 현직에 있는 유명 과학자들은 너무 바쁘기 때문에 학생들이 접촉하기를 꺼린다는 것이다. 오히려 대학생들이 중고생을 멘토링하면서 더 많은 것을 얻었다고 답변했다. 현직 과학자보다는 은퇴한 과학자의 멘토링 참여가 더 효과적일 수 있다. 전국여성과학기술인지원센터에서 준비하고 있는 여성 과학자 DB 작업 같은 것도 실질적인 도움이 될 것이다.

하지만 무엇보다도 중요한 것은 여성 과학기술인 스스로의 의식 변화다. 여성의 의식 변화 없이는 어떤 정책도 무의미하다. 더 중요하게는 사회와 학부모의 의식 변화 없이는 제대로 된 교육이 불가능하다는 점이다. 우리의 교육이 정상화된다면 여성은 더 많은 기회를 얻게 될 것이다. 또한 과학 교육이 활성화되면 우리 국민들은 보다 객관적이고 합리적으로 사고하게 될 것이다. 여성 과학자는 여성 과학기술인의 권리를 높이고 기회를 제공하는 데에서 더 나아가 보다 큰 곳으로 눈을 돌려야 할 때라고 생각한다. 아이들이 입시지옥에서 벗어나 자유롭게 자연을 즐기고 호기심을 탐구할 수 있도록, 전 국민이 평등한 교육의 기회를 받을 수 있도록, 전 국민이 과학을 접하고 즐길 수 있도록 전반적인 사회 문화의 혁신과 과학의 대중화에 여성 과학자 단체가 주도적으로 나서주기를 기대한다.

최근 카이스트 정재승 교수의 과학 분야의 재능 기부 제안이 잔잔한

파문을 일으켰다. 많은 과학자들의 재능 기부에 의해 2010년 10월 30일 전국 29개 도서관에서 일제히 과학 강연이 진행되었다. 2011년에는 50개 도서관에서 100명의 과학자들이 강연을 하는 것이 목표라고 한다. 여기에 여성 과학자들이 참여하는 것이 매우 중요하다고 생각된다. 여성은 여성 롤모델로부터 영감을 얻기 때문이다. 한국의 적지 않은 여성 과학자들이 언론이나 책에서 만난 사람을 롤모델로 삼아 성공했듯이 차세대 새싹들에게 더 많은 기회를 준다면 더 큰 결실로 나타나게 될 것이다.

에필로그

『세계를 움직인 열두 명의 여성』에서 여성 대통령과 여성 수상 연구를 시작으로 『왜 우리 아이들은 대학에만 가면 바보가 될까?』에서는 백만 명을 먹여 살리는 천재들을 연구했다. 이제 이 책에서 한국과 세계의 여성 과학자에 대한 연구를 마치고 나니 여성 리더에 대한 생각이 어느 정도 윤곽이 잡히는 것 같다. 한국과 외국의 공통점과 차이점, 여성과 남성을 비교해가면서 많은 배움을 얻은 느낌이다. 이 지혜를 어린 자녀를 가진 젊은 부모와 미래의 리더를 꿈꾸는 차세대 여학생들과 나누기를 소망한다. 내가 젊었을 때, 이런 지혜가 있었다면 좀 더 좋은 부모가 되지 않았을까 하는 아쉬움이 남기 때문이다.

이 책을 쓰면서 얻은 가장 큰 소득은 나 자신에 대해 더 많이 이해할 수 있게 되었다는 점이다. 다른 사람에 대한 분석을 통해 내가 왜 이렇게 행동하게 되었는지를 깨닫는 것은 신선한 경험이다. 현재의 나는 기억하기도 힘든 아주 어린 시절의 경험과 관련이 있음을 깨달았다. 부모의 영향, 유아 교육, 친척의 말 한마디가 어린 나에게 영향을 미쳤다. 공부를 싫어하던 내가 박사학위를 따고 뒤늦게 공부에 취미를 붙이게 된 것은 순전히 아버지의 이루지 못한 꿈 때문이라는 것을 깨달았다. 조기 결혼으로 학업을 접어야 했던 아버지가 직접적으로 자신의 못 이룬 꿈을 내게 이야기한 것은 딱 한 번뿐이었다. 하지만 할머니와 고모는 어린 나에게 끊임없이 사명감을 주입시켰다. 결국 박사학위를 취득해서 아버지 소원만 들어주고 내가 하고 싶은 일을 하겠다던 계획으로 시작한 공부가 나의 직업이 될 줄은 자신도 몰랐다.

겉으로 보이는 것과 달리 내가 자신감이 부족한 이유도 이해하게 되었다. 어려서부터 가정에서 받은 격려와 그로 인한 자신감이 평생을 지배한다는 사실을…… 가까운 친척 중에 가장 공부를 잘하던 나는 격려보다는 질시를 받았다. 친척 중에 가장 큰 영향력을 발휘하던 큰고모가 공부를 못하는 자기 딸의 기를 살려주기 위해 '공부를 잘하는 사람은 인간성이 나쁘고 공부를 못하면 인간성이 좋다. 인간성이 공부보다 더 중요하다'는 프레임을 만들어냈다. 그래서 난 늘 공부를 잘한다는 이유만으로 주눅이 들어 있었다. 난사람이나 든사람보다 된사람이 되고 싶었다. 그래서 일부러 공부를 하지 않았다. 나의 반지성적 태도, 인간성에 목숨 거는 태도의 뿌리를 이제야 찾은 느낌이다. 독자들이 어린 시절의 경험이 성인이 되어 이룬 성취에 어떤 영향을 미쳤는지를 성찰하면서 이 책을 읽는다면 자신을 이해하는 데 도움이 될 것이다. 그 교훈은 자녀를 양육하는 데에도 유용하게 활용되리라 생각한다.

이 책을 쓰면서 새롭게 깨달은 교훈이 몇 가지 더 있다. 첫째, '아이에게 최고의 스승은 자연'이라는 점이다. 자연을 가까이하는 생활이 얼마나 중요한지를 이제야 깨달은 것이 참으로 안타깝다. 아파트 숲에서 아이를 키울 것이 아니라 방학 때라도 아이들이 시골에 있는 조부모 집이나 친척 집에서 자연을 느낄 수 있다면 더 없이 좋을 것 같다. 방학에는 시골 학교가 도시 아이들을 위한 자연 학습장이 되어주면 더 좋겠다. 도시 학교는 시골 아이들을 위해 좋은 실험실, 좋은 가르침의 기회를 마련해주면 좋겠다. 도농 간 학생 교류를 통해 우리 과학이 한 단계 성장할 수 있기를 기대한다.

둘째, 노벨상을 수상한 여성 과학자는 진정한 의미의 지식인이었다. 과학을 통해 얻은 권력을 소수자와 함께 나누었고 과학을 통해 인류와 사회의 진보를 이루고자 노력했다. 아는 만큼 보인다고 뛰어난 과학자일수록 진보적이었다. 그들은 과학을 통해 얻은 권력이나 부를 독점하여 기득권층이 되려 하기보다는 더 많은 사람과 혜택을 나누고자 애썼다. 오늘날 정보통신 기술의 최첨단을 달리는 네티즌은 대체로 진보적이다. 보다 많은 과학의 진보를 통해 우리 사회를 억압적인 권력과 편견과 무지로부터 해방시키는 데 기여할 수 있기를 기대한다. 또한 고등학교에서 문과/이과 구분 없이 과학 교육을 필수로 하길 기대한다. 그리하여 전 국민이 보편적인 과학 교육을 받게 된다면 우리 사회가 일시적 감정에 휩쓸리기보다는 보다 합리적이고 논리적으로 운영될 수 있을 것이다.

셋째, 우리에게도 희망이 보인다는 사실이다. 여성 의식이 우리보다 훨씬 앞서는 서구에서 여성 과학자들이 그렇게 심한 차별을 당했는지 전혀 알지 못했다. 물론 시대적인 차이가 있겠지만 여성이 대중 교육이나 일자리에서 어느 정도 사람 대접을 받게 된 것은 제2차 세계대전 이후부터였다. 우리보다 크게 앞서지 않는다. 물론 우리 사회에는 아직도 완고한 유교 문화와 가부장적 전통이 남아 있다. 하지만 우리 사회는 어떤 사회보다 변화의 속도가 빠르다. 차세대 여성들은 적어도 이런 차별로부터 자유로울 수 있을 것이다. 특히 여성 과학자를 위한 협회와 제도는 선진국 못지않게 잘 마련되어 있다. 문제는 실천이다. 내실 있는 제도의 운영만 이루어진다면 차세대 여성은 과학 분야에 보다 많이 진출하고 획기적인 성과를 낼 수 있으리라 믿는다.

기존 연구에서 발견한 것을 재확인한 것도 세 가지 있다. 첫째는 교육에서 무엇보다 중요한 것은 부모의 역할이라는 점이다. 이 진리는 시대와 국가를 초월해서 변함이 없다. 노벨상 수상자들이 다른 분야에서 이름을 날린 사람들과 구분되는 점은 두 가지다. 하나는 50% 정도가 부모와 유사하거나 응용된 분야에서 성공했다는 점이다. 가령, 아인슈타인의 아버지는 기술자였고, 화학상을 수상한 호지킨의 어머니는 식물학자였다. 부모의 직업과 전혀 다른 분야에서 노벨상을 수상한 경우의 60% 정도는 부모가 이루지 못한 꿈에 대한 소망을 어려서부터 자녀에게 주입한 경우이다. 노벨상 수상자들은 부모(특히 같은 성의 부모)의 전문성을 이어받거나, 부모의 이루지 못한 꿈이 성공의 동기가 되었다.

우리 사회는 가정 교육이 무너졌다고 해도 과언이 아니다. 아니면, 교육을 전적으로 전업주부에 의지하고 있다. 학교와 학원에만 보내면 부모의 역할을 다했다고 생각하는 사람도 많다. 하지만 아이와 가장 많은 시간을 보내야 할 사람은 부모다. 성공한 사람은 부모와 같은 직업을 택하거나 부모의 전문성 영역에서 크게 벗어나지 못했다. 부모가 가진 재력보다 더 중요한 것이 부모의 전문성이다. 더 중요한 것은 아이가 부모와 정서적 유대감을 이루지 못하면 안정되게 학업에 전념할 수 없다는 사실이다. 조기 유학을 고려하는 사람들은 깊이 생각해야 할 부분이다. 예술 분야는 좀 다르지만 적어도 과학 분야에서 성공한 사람들의 가정은 매우 화목했다.

그런 부모가 되기에 우리나라 부모는 너무 바쁘거나 부모로서의 준비가 부족해 부모 노릇 하는 법을 잘 모른다. 대학에서는 남녀 공히 부모 되는 법을 가르쳐야 하지 않을까. 더 중요하게는 사회가 보다 생산적이 되어야 한다. 우리는 OECD 국가 중 노동 시간은 최고이면서 생산성은 하위에 속한다. 하는 일도 없으면서 불필요하게 상사 눈치 보느라 퇴근을 못하는 것은 사회적 낭비이다. 우리 사회는 민주화 이후 사회적 자본의 형성이 가장 낮은 나라 중의 하나이다. 가장 큰 이유는 직장인이나 자영업자들이 공동체에 참여할 시간이 없을 만큼 근무 시간이 많은 데 있다고 본다. 직장에서는 보다 강도 높게 업무 효율성을 높이고 근무 시간을 줄여 부모가 자녀와 더 많은 시간을 갖도록 해야 한다. 그래야 우리의 교육도 살고 과학 경쟁력도 올라간다.

둘째는 우리의 학교 교육이 정말로 경쟁력이 없다는 사실이다. 특히 한국 여성 과학자의 경우 학교 수업에서 자신의 소질을 발견하거나 교사를 훌륭한 멘토로 기억하는 경우가 드물었다. 물론 요즘은 사정이 많이 달라졌을 것이다. 젊은 과학자들의 경험이 윗세대와 다른 것처럼. 하지만 막 고등학교를 졸업한 작은아이의 경험에 비추어보면 우리 과학 교육은 여전히 주입식이다. 과학 교육이 하루 빨리 실험 위주로 변해야 한다. 더 중요한 것은 우리의 입시 제도를 이대로 놓고는 절대로 천재를 키워낼 수 없다는 사실이다. 자연을 관찰하고 자연에서 운동을 즐긴 과학자들에게서나 가능한 창의성과 호기심을 어떻게 학원에서 키워진 우리 아이들에게서 찾을 수 있겠는가. 아이들이 자유롭게 문학과 예술과 운동을 즐기면서 과학을 전공할 수 있는 그런 학교 교육이 가능해지길 기대한다.

셋째는 우리 사회가 개천에서 용 나기가 거의 불가능하다는 것이다. 이 무기가 여성일 경우는 더욱 그렇다. 상당수의 유럽 대학은 사회주의 전통을 따르고 있다. 대학 학비가 없고 부모의 재력이 명문대 입학에 큰 변수가 되지 않는다. 교육에 관한 한 미국도 시장에만 맡겨두지 않는다. 적극적 조치를 통해 소수자에게도 기회의 문이 활짝 열려 있다. 저소득층에 대한 재정적 지원도 풍부해 의지는 있는데 돈이 없어 공부를 못하는 경우는 그리 많지 않다. 그럼에도 불구하고 부모의 가정 교육 영향 때문에 부모의 재력은 자녀의 성공에 여전히 중요한 요인이 되고 있다. 게다가 미국에서도 요즘은 개천에서 용 나는 일이 점점 더 어려워지고 있다.

126명의 여성 과학자 중 계층 상승을 이룬 여성 과학자는 극소수에 불과하다. 사회가 안정되고 대학 입시에 입학사정관제가 도입되면서 앞으로는 더 힘들어질 것으로 전망된다. 정부가 입학사정관제를 보완할 적극적 조치를 도입하고, 민주적이고 투명하며 공공성이 강화된 시민배심원제와 같은 제도적 장치를 마련하지 않는다면 우리 사회는 '공정성'의 위기에 처하게 될 것이다. 대학이 앞장서서 사회적 책임을 다하지 않는다면 부모 잘못 만난 아까운 인재는 사장될 것이다. 과학의 진보는 물론이고 사회의 진보도 불가능하게 된다.

학부모들은 내 자식만 공부 잘 시켜서 명문대에 보내면 그만이라고 생각할지 모른다. 하지만 그렇게 해서 과학 천재는 키워지지 않는다. 세계화 시대에 한국 내 명문대학 나왔다는 것이 얼마나 큰 경쟁력이 될지 의문이다. 2011년 들어 4월까지 카이스트에서만 4명의 학생이 목숨을 끊었다. 등록금을 놓고 학생들에게 무한경쟁을 강요한 것이 가장 큰 이유로 지목되었다. 서남표 총장이 미국에서 성공한 훌륭한 과학자임엔 틀림없으나 그분의 교육자나 리더로서의 자질은 검증되지 않았거나 성공하지 못했다고 보아야 한다. 물론 위협적 리더십은 단기적으로 높은 성과를 내는 특징이 있다. 그래서 우리 사회는 서 총장의 성과에 취해 그를 찬양하느라 정신이 없었다. 하지만 위협적 리더십은 지속 가능하지 않다. 결국 어린 학생들이 최악의 선택을 하도록 막다른 길에 내몰린 것이다. 인권을 중시하는 미국에서는 절대로 쓸 수 없는 제도를 도입하고는 미국식이라고 선전한 대학과 언론이 부끄러울 따름이다. 등록금 때문에 공부하는 카이스트 학생은 열정과 호기심으로 공부하는 미국 대학생과의 경쟁에서 절대로 이길 수 없다. 재력이 있는 부모는 자녀를 어려서부터 외국 학교에 보내면 그만이라고 생각할지 모른다. 하지만 이 책에서 보았듯이 (예술가를 제외하고는) 정서적으로 부모의 사랑과 지지를 받지 못하면서 성공한 사람은 없다. 성공한 사람들은 부모와의 유대감이 매우 깊었다. 어린아이를 유학 보내는 것은 결코 사랑하는 자녀에게 줄 선물이 아니다. 자녀와의 소중한 시간을 그렇게 날려버리기에는 인생이 너무 짧지 않은가.

또한 공교육이 살아야 한다. 우리나라에 노벨상 수상자가 없는 것은 단지 국력의 문제만은 아니다. 우리의 과학기술 경쟁력이나 경제력은 세계적으로 이미 상당한 수준이다. 국가의 교육 제도와 지원이 얼마나 중요한지는 대부분의 과학 분야 노벨상 수상자들이 미국, 영국, 독일에 편중되어 있다는 데에서 알 수 있다. 특정한 국가만이 노벨 과학상 수상자를 배출한다는 말은 과학기술이 한 개인의 능력으로만 만들어지지 않는다는 것을 시사한다. 우리 정부도 노벨상 수상자 배출을 국가 목표로 제시하고 있다. 사회 문화와 제도는 그대로 둔 채, 목표만 거창하게 내세운다고 노벨상이 하늘에서 뚝 떨어지는 것은 아니다. 산맥이 높아야 높은 산이 나오듯, 사회 전체의 수준이 올라가야 그 수준에 맞는 과학자를 배출하게 된다.

내 자식만 잘 되면 괜찮다고 생각하는 학부모에게 트위터에서 본 '농부의 지혜'를 들려주고 싶다. 해마다 옥수수 경연대회에서 최고의 옥수수를 수확하여 상을 받는 농부가 있었다. 이 농부는 농사철이 되면 이웃에게 자신이 수확한 최고의 옥수수 씨앗을 나누어주곤 했다. 이유를 궁금히 여긴 한 기자가 왜 그런지 물었다. 그 농부는 "옥수수는 꽃가루가 바람에 날아와야 열매를 맺을 수 있습니다. 주변에 나쁜 품종이 있으면 나쁜 품종의 열매를 맺게 됩니다. 내가 좋은 옥수수를 맺으려면 주변에 좋은 옥수수가 많아야 합니다. 세상 사는 이치도 이와 다르지 않을 겁니다." 아이들은 특히 부모, 친구의 영향을 많이 받는다. 내 자식만 위한 교육이 실패할 수밖에 없는 이유가 바로 여기에 있다. 우리 모두의 아이를 위한 교육이 성공할 때 내 자식도 좋은 교육을 받을 수 있음을 깨달으면 좋겠다.

나를 포함하여 많은 여성들이 문과를 택하게 된 것이 반드시 소질과 적성 때문만은 아니라는 생각이 들었다. 문과와 이과를 나눠 놓고 편견과 차별이 존재한다면 수많은 인재는 기회를 빼앗기게 된다. 창의적 교육이 불가능한 한국의 입시지옥 속에서 과연 노벨상 수상자가 탄생할 수 있을까? 쓰레기통에서 장미꽃이 필 수 없듯이 과학과 학문에 대한 우리의 문화와 사고를 전면적으로 바꾸지 않는 한, 어려운 일이다. 여성 인재를 조기에 발굴하고 편견과 장애 없이 훌륭한 과학자로 키워내는 데 작은 도움이라도 되기를 바라는 소망으로 이 책을 썼다. 한 권의 책으로 도깨비 방망이 같은 해결책을 내놓기를 기대하는 것은 무리다. 이 책은 단지 그러한 노력의 시작일 뿐이다.

미주

서문: 과학자와 리더십

1 임동욱, "5만7천명의 공동저자가 완성한 논문," *The Science Times*. (2010.8.18.) http://www.sciencetimes.co.kr/article.do?todo=view&atidx=0000043151

2 Thomas S. Kuhn(1962). *The Structure of Scientific Revolutions*, 1st. ed., Chicago: University of Chicago Press.

3 Yentsch M. Clarice and Carl J. Sindermann(1992). *The Woman Scientist*. New York: Plenum Press.

4 Jonathan Cole(1987). "Preface to the Morningside edition," *Fair Science: women in the Scientific Community*. New York: Columbia Univ. Press., pp.75-77. (Clarice *et al.* (1992) 앞의 책에서 재인용).

5 이혜숙 편(2008). 『내일의 '마리 퀴리'를 기다리며』, 서울: 경문사.

6 이공주복 · 김기완 · 김철구 · 이주희 · 이향숙 · 조현숙(2007b). 『여성과학기술인력 왜, 어떻게 지원해야 하는가?』, 전국여성과학기술인지원센터.

7 Catalyst Inc.(2004). "The Bottom Line: Connecting Corporate Performance and Gender Diversity"; 김양희(2006). 『여성, 리더 그리고 여성 리더십』, 삼성경제연구소. p.11에서 재인용.

8 R. Bleier(1986). "Introduction," *Feminist Approaches to Science*. edited by Ruth Bleier. New York: Pergamon Press, pp.2-3.

9 M. Namenwirth(1986). "Science Seen through a Feminist Prism," 앞의 책, edited by Ruth Bleier.

10 H. Rose(1986). "Beyond Masculinist Realities: A Feminist Epistemology for the Sciences," 앞의 책, and Sarah B. Hrdy(1986) "Empathy, Polyandry, and the Myth of the Coy Female," 앞의 책.

11 이공주복 · 권지혜 · 김영숙(2007a). 『한국정부의 여성 과학기술인 지원정책의 추진내

용 및 그 성과』, 전국여성과학기술인지원센터; 이공주복 외(2007b). 앞의 책.

12 이공주복(2007b). 앞의 책, p.16.

13 이공주복(2007b). 앞의 책, p.17.

14 울라 퀼싱(1999). 『노벨상과 여성 과학자들』, 정복희 역, 서울: 도서출판 미크로; S. Bertsch McGrayne(1998). *Nobel Prize Women in Science*, 2nd ed. Washington D.C.: Joseph Henry Press. (섀런 버트시 맥그레인[2007] 『두뇌, 살아있는 생각: 노벨상의 장벽을 넘은 여성들』, 윤세미 역, 서울: 룩스미아); 샤로테 케르너(2000). 『노벨상을 받은 여성들』, 김영희 역, 서울: 자연사랑. 직접 인용의 경우 번역본을 참고했으며 경우에 따라 표현 방식을 바꾼 부분도 있음을 밝혀둔다.

15 J. G. Crane & M. V. Angrosino(1992). *Field Projects in Anthropology: A Student Handbook*, 3rd ed. Prospect Heights: Waveland Press.

I. 여성 노벨상 수상자 탐구

1 이 책의 IV부 참조.

2 1930년대 272: 765, 1940년대 278: 738, 1950년대 599: 1328, 1960년대 1340: 3078, 1970년대 4559: 6649로 1970년대 통계는 1970-1977까지의 자료임. National Science Foundation, *Increasing the Participation of women in summary of conference proceedings*, Oct. 1977. and *Research study project report*, March 1978.

3 조기숙(1998). 『세계를 움직인 열두 명의 여성』, 서울: 여성신문사.

4 조기숙(2007). 『왜 우리 아이들은 대학에만 가면 바보가 될까?』, 서울: 지식공작소.

5 울라 퀼싱(1999). 『노벨상과 여성과학자들』, 서울: 도서출판 미크로, p.61 참조.

6 한 전기 작가에 따르면 이웃의 참견을 거부한 건 어머니였다고 한다. 어머니는 맥클린톡이 기억하는 것과는 달리 맥클린톡을 사랑했다고 하는데 그녀는 어머니가 자신을 멀리했다고 기억하고 있다. Nathaniel C. Comfort(2001). *The Tangled Field*. 『옥수수밭의 처녀 맥클린토크』, 한국유전학회 역, 서울: 전파과학사, 2005.

7 코넬대학교의 인문대학(Liberal art college)은 학비가 비싼 사립대학이지만 같은 대학에 있는 농대는 주립대이다.

8 맥그레인(2007). 앞의 책, p.376 참조.

9 불가지론: 그리스어로 '알 수 없는'이라는 뜻의 'agnōstos'에서 유래. 경험 현상을 넘어서는 어떤 것의 존재도 알 수 없다고 주장하는 학설(출처: 브리태니커).

10 맥그레인(2007). 앞의 책, p.341 참조.

11 http://whosdadi.blog.me/50080251577 (2010. 9. 27. 검색)

12 R. Feynman(2000). *Surely you' re joking, Mr. Feynman*. 『파인만 씨, 농담도 잘하시네! 1』, 김희봉 역, 서울: 사이언스북스, 2000.

13 A. Rothenberg(2004). "Family background and genius," *Canadian Journal of Psychiatry*. vol. 49-3: 185-191.

14 A. Rothenberg(2005). "Family Background and Genius II: Nobel Laureates in Science," *Can J Psychiatry*. Vol. 50-14: 918-925.

15 (주)한국MBTI연구소 참고 http://www.mbti.co.kr/

16 펠싱(1999). 앞의 책, p.130 참조.

17 조기숙(2007). 앞의 책.

18 샤로테 케르너(2000). 앞의 책, p.173 참조.

19 맥그레인(2007). 앞의 책, p.460 참조.

20 이 용어는 〈고도원의 아침편지〉의 운영자인 고도원 씨가 처음 사용하기 시작했다. www.godowon.com 참조.

21 샤로테 케르너(2000). 앞의 책, p.35 참조.

22 파시즘: 제1차 세계대전 후에 나타난 극단적인 전체주의적 정치 이념. 또는 그 이념을 따르는 지배 체제. 자유주의를 부정하고 폭력적인 방법에 의한 일당 독재를 주장하여 지배자에 대한 절대적인 복종을 강요한다. 또한 대외적으로는 철저한 국수주의 · 군국주의를 지향하여 민족 지상주의, 반공을 내세워 침략 정책을 주장한다. 이탈리아의 무솔리니, 독일의 스탈린이 주창한 이념. (출처: 다음 사전 www.daum.net)

23 맥그레인(2007). 앞의 책, pp.226-227 참조.

24 펠싱(1999). 앞의 책, p.155 참조.

25 펠싱(1999). 앞의 책, p.111-112 참조.

26 핵무장에 관해 토론을 벌인 동 · 서구의 자연과학자들로 이루어진 연대 단체. 세계 평화, 무장해제운동단체.

27 펠싱(1999). 앞의 책, p.113 참조.

28 펠싱(1999). 앞의 책, p.127 참조.

29 L. Woodley. "An Interview with Francoise Barré-Sinoussi," The annual Lindau Nobel Laureate Meetings (2010. 7. 14.) http://www.scilogs.eu/en/blog/lindaunobel/ 2010-07-14/an-interview-francoise-barre-sinoussi

30 Bull World Health Organ(2009) 87: 10-11.

31 L. Woodley. "An Interview with Ada Yonath," The annual Lindau Nobel Laureate Meetings (2010. 7. 20.) http://www.scilogs.eu/en/blog/lindaunobel/2010-07-20/interview-with-ada-yonath

32 L. Woodley. "An Interview with Ada Yonath," The annual Lindau Nobel Laureate Meetings (2010. 7. 20.) http://www.scilogs.eu/en/blog/lindaunobel/2010-07-20/interview-with-ada-yonath

33 L. Woodley. "An Interview with Ada Yonath," The annual Lindau Nobel Laureate Meetings (2010. 7. 20.) http://www.scilogs.eu/en/blog/lindaunobel/2010-07-20/interview-with-ada-yonath

34 "Interview: Elizabeth Blackburn Nobel Prize in Medicine," American Academy of Achievement. (2000. 6. 16.) http://www.achievement.org/autodoc/printmember/bla0int-1

35 자기 친척에게 관직이나 지위, 명예 등을 부여하는 친족중용주의(親族重用主義) (출처: 네이버 백과사전).

36 이충환, "끝없는 호기심이 리보솜 신비 벗긴 원동력," 동아사이언스. (2010. 4. 9.)

37 B. Goldsmith(2005). *The Great Discoveries Series: Obsessive Genius*. 『열정적인 천재, 마리 퀴리』, 김희원 역, 서울: 승산, 2009, p.100.

38 펄싱(1999). 앞의 책, p.128 참조.

39 펄싱(1999). 앞의 책, p.254 참조.

40 전혜리, "노벨상 못 받은 것은 오히려 좋은 기회였다," *The Science Times*. (2006. 3. 29.)

41 "Interview: Elizabeth Blackburn Nobel Prize in Medicine," American Academy of Achievement. (2000. 6. 16.) http://www.achievement.org/autodoc/printmember/bla0int-1

42 펄싱(1999). 앞의 책, p.213 참조.

43 펄싱(1999). 앞의 책, p.63 참조.

44 박진희. "역사 속의 그녀들 익명에서 남성 과학을 넘어서기까지," 동아사이언스. (2007. 5.)

45 박진희. "역사 속의 그녀들 익명에서 남성 과학을 넘어서기까지," 동아사이언스. (2007. 5.)

46 PNAS: Proceedings of the National Academy of Sciences of the United States of America

47 R. Nuzzo. "Biography of Carol W. Greider," *PNAS* June 7, 2005 vol. 102 no. 23 8077-8079. http://www.pnas.org/content/102/23/8077.full?sid=c3254f3e-d675-45a6-ad2b-5fe310ae046d

48 케르너(2000). 앞의 책, p.36 참조.

49 맥그레인(2007). 앞의 책, p.165 참조.

50 펄싱(1999). 앞의 책, p.98 참조.

51 케르너(2000). 앞의 책, p.284 참조.

52 펄싱(1999). 앞의 책, p.62 참조.

53 펄싱(1999). 앞의 책, p.69 참조.

54 펄싱(1999). 앞의 책, p.97 참조.

55 E. Blackburn, "Balancing Family and Career: One Way That Worked," *Next Wave*. (1998. 3. 18.).

56 J. Sudilovsky. Israeli professor receives Life' s Work Prize for women in science. *Israel 21C*. http://www.mfa.gov.il/MFA/Israel+beyond+politics/ Israeliprofessor+receives+Life+Work+Prize+for+women+in+science+28-Jul-2008.htm

57 전혜리, "노벨상 못 받은 것은 오히려 좋은 기회였다," *The Science Times*. (2006. 3. 29.)

58 맥그레인(2007). 앞의 책, p.183 참조.

59 퀼싱(1999). 앞의 책, p.96 참조.

60 퀼싱(1999). 앞의 책, p.109 참조.

61 퀼싱(1999). 앞의 책, pp.109-110 참조.

62 L. Woodley, "An Interview with Francoise Barré-Sinoussi," The annual Lindau Nobel Laureate Meetings. (2010. 7. 14.)

63 맥그레인(2007). 앞의 책, p.446 참조.

64 맥그레인(2007). 앞의 책, p.462 참조.

65 퀼싱(1999). 앞의 책, p.171 참조.

66 "PEOPLE & IDEAS Elizabeth Blackburn: Because science is worth it(Interview)," The Journal of Cell Biology Vol. 180-6, p. 1057 Published on March 24, 2008 (Downloaded from jcb.rupress.org on August 28, 2010).

67 맥그레인(2007). 앞의 책, p.368 참조.

68 맥그레인(2007). 앞의 책, p.369 참조.

69 맥그레인(2007). 앞의 책, p.66 참조.

70 맥그레인(2007). 앞의 책, p.199 참조.

71 퀼싱(1999). 앞의 책, p.84 참조.

72 맥그레인(2007). 앞의 책, p.274 참조.

73 퀼싱(1999). 앞의 책, p.109 참조.

74 맥그레인(2007). 앞의 책, p.461 참조.

75 맥그레인(2007). 앞의 책, pp.237-238 참조.

76 퀼싱(1999). 앞의 책, p.171 참조.

77 케르너(2000). 앞의 책, p.182 참조.

78 케르너(2000). 앞의 책, p.280 참조.

79 M. B. Gardiner(2004). "A Discerning Obsession," *HHMI Bulletin*. Fall 2004. p.6 http://www.hhmi.org/bulletin/fall2004/nobel/

80 L. Lowen. "Work Life Balance - Nobel Winner Elizabeth Blackburn's Work Life Balance Story," *About.com, Inc.*, a part of The New York Times Company (2008. 7.) http://womensissues.about.com/od/intheworkplace/a/WorkLifeBalanceElizabethBlackburn.htm

81 C. Dreifus. "A Conversation with Carol W. Greider on Winning a Nobel Prize in Science," *The New York Times*. (2009. 10. 13.).

82 R. Bousso. "Ada Yonath:first Israeli woman to win a Nobel," *AFP*. (2009. 10. 7.) http://www.google.com/hostednews/afp/article/ALeqM5gu6V0NQYe6Acfw1DUmgOGlzL7IiA

83 2010년 8월 26일 필자와의 인터뷰에서

II. 한국 여성 과학자의 리더십

1 이 연구에 사용된 자료는 다음과 같다. 최순자 외, 『세상을 바꾸는 여성 엔지니어 (2004), 2(2006), 3(2008)』, 서울: 생각의 나무.; 한국여성과학기술단체총연합회 편저 (2005). 『여성, 과학을 만나다』, 서울: 양문; 한국여성과학기술단체총연합회 편저 (2006). 『여성, 과학의 중심에 서다』, 서울: 양문; 한국과학문화재단 편저(2006). 『과학기술인! 우리의 자랑』, 서울: 양문; 이혜숙 편(2008). 『내일의 '마리 퀴리'를 기다리며』, 서울: 경문사; 한국과학문화재단 편저(2007) 『미래를 만드는 한국의 과학자들』, 서울: 상상박물관; 신동호(1999). 『한국의 과학자 33인』, 서울: 까치. 이 중에는 자신의 이야기를 담은 사람도 있지만 개인적 이야기는 거의 하지 않고 학문적인 것에만 초점을 맞춘 사람도 상당수 있음을 감안해야 한다.

2 최순자(2004). "여성들을 위한 한국공학 교육과 정책 제안 : 교육의 관점에서" 최순자 외, 『세상을 바꾸는 여성 엔지니어』, 서울: 생각의 나무.

3 박수경(2005). "공학도의 길을 걷고자 하는 여학생들에게," 한국여성과학기술단체총연합회 편, 『여성, 과학을 만나다』, 서울: 양문, p.153.

4 이상선(2005). "자기가 무엇을 가장 좋아하는지를 찾아라," 앞의 책, p.259.

5 윤석진(2007). "초기 우주의 은하 형성 과정을 밝히다," 한국과학문화재단 편저, 『미래를 만드는 한국의 과학자들』, p.213.

6 고계원(2006). "수학자로 살아가는 행복," 한국과학문화재단 편저, 『과학기술인! 우리의 자랑』, pp.14-15.

7 김진애(2006). "사람과 사람 사이의 끈을 이어주는 기술-공간 만들기," 앞의 책, p.67.

8 진정일(2006). "학문하는 즐거움과 보람," 앞의 책. p.432.

9 민계식(2006). "기술을 지배하는 자가 미래를 지배한다," 앞의 책, pp. 118-119.

10 서정욱(2006). "대관세찰(大觀細察)," 앞의 책, pp.167-168.

11 이영숙(2005). "배움에 대한 무한한 열정에서 얻은 과학자의 길," 앞의 책, p.294.

12 박기영(2005). "삶을 스스로 개척하는 여성이고 싶다," 앞의 책, p.125.

13 이연희(2005). "엄마 과학자," 앞의 책, p.273.

14 민병주(2005). "어머니가 심어준 여성과학인의 길," 앞의 책, p.112.

15 전길자(2005). "나의 길 나의 삶," 앞의 책, p.345.

16 전길자(2005). "나의 길 나의 삶," 앞의 책, p.345.

17 조숙경(2005). "순간의 실수를 최선의 선택으로," 앞의 책, pp.350-351.

18 이영란(2005). "자신의 뇌기능에 충실한 삶=Blue Ocean," 앞의 책, p.289.

19 W. Mau, M. Domnick, and Ellsworth, R. A.(1995). "Characteristics of female students who aspire to science and engineering or homemaking occupations," *The Career Development Quarterly*. Vol. 43-4: 323-332.

20 고계원(2006). 앞의 책, pp.15-16.

21 김명자(2006). "성공한 여성은 아버지가 만든다," 앞의 책, pp.23-34.

22 김영중(2006). "약이 되는 나무와 풀, 그리고 나의 삶," 앞의 책, p.38.

23 나도선(2006). "과학문화를 전파하는 과학자," 앞의 책, pp.91-92.
24 이혜숙(2006). "40년간 함께한 수학과의 로맨스," 앞의 책, p.343.
25 정광화 (2006). "이공계 여성이 미래를 이끈다," 앞의 책, pp.378-379.
26 이원정(2005). "천방지축 1년 반," 앞의 책, pp.303-304.
27 김우식(2006). "지금 이 순간도, 적극적으로, 최선의 노력을 다하자," 앞의 책, p.50.
28 노기호(2006). "정직한 과학을 실천하는 이공계 산업현장," 앞의 책, pp.100-106.
29 민계식(2006). 앞의 책, p.117, p.121.
30 민계식(2006). 앞의 책, p.124.
31 변대규(2006). "꿈을 실현하는 엔지니어," 앞의 책, p.152.
32 이호왕(2006). "인류의 생명을 구하는 것만큼 가치있는 일은 없다," 앞의 책, p. 359.
33 박대연(2006). "세계적인 소프트웨어 개발에 혼을 바친다," 앞의 책, p.126.
34 안철수(2006). "전문가가 존중받는 사회를 기대하며," 앞의 책, p.228.
35 김정숙(2006). "도전하는 과학자의 삶은 아름답다," 앞의 책, pp.60-61.
36 고계원(2006). 앞의 책, p.18, p.20.
37 정광화(2006). "균형 있는 지식은 미래의 경쟁력이다," 『여성, 과학의 중심에 서다』, p.270.
정광화(2006). "이공계 여성이 미래를 이끈다," 『과학기술인! 우리의 자랑』, p.383.
38 김정숙(2006). 앞의 책, p.55.
39 김명자(2006). 앞의 책, p.30.
40 지순(2004). "여성이 건축가로 산다는 것," 앞의 책, p.87.
41 도이미(2004). "모든 것은 마음먹기 나름이다," 앞의 책, p.177.
42 박금자(2005). "도전이 즐거운 삶," 앞의 책, p.118.
43 김완순(2005). "자유와 초월을 경험하게 한 수학," 앞의 책, p.60.
44 백양순(2005). "미래 IT사업은 여성이 주도한다," 앞의 책, p.185.
45 김선희(2004). "환경주의자, 아름다운 여성성의 발현," 앞의 책, p.142.
46 신혜자(2005). "나의 나됨은," 앞의 책, p.204.
47 나도선(2006). 앞의 책, p.89.
48 물론 자서전에 드러내지는 않았지만 유사한 사례가 더 있을 수 있다. 하지만 여전히 여성의 경우에는 남성보다 부모의 영향을 압도적으로 많이 받았기 때문에 가정 형편이 어려운 사람이 소수라고 생각한다.
49 최순자(2004). "사고의 전환이 경쟁력이다," 앞의 책, pp.164-165.
50 도이미(2004). 앞의 책, pp.176-177.
51 윤무부(2006). "나에게 행운을 가져다 준 '새'," 『과학기술인! 우리의 자랑』, pp.263-264.
52 이호왕(2006). "인류의 생명을 구하는 것만큼 가치 있는 일은 없다," 『과학기술인! 우리의 자랑』, p.350.
53 서현주(2004). "나의 재능으로 일군 행복한 삶," 앞의 책, pp.123-124.
54 양윤선(2005). "다양한 기회를 부여하는 과학기술 분야," 앞의 책, p.210.

55 배은희(2005). “딸에게 전문인이 되라고 자신 있게 충고하는 엄마,” 앞의 책, pp.176-177.
56 조해월(2005). “바다를 건너 너른 세상으로,” 앞의 책, pp.356-357.
57 이승주(2005). “조화로운 삶 감사하는 삶,” 앞의 책, p.262.
58 강은영(2004). “여성 엔지니어는 아름답다,” 앞의 책, p.211.
59 지순(2004). 앞의 책, pp.81-82.
60 이영옥(2004). “어떻게 기계공학과를 선택하셨어요?,” 앞의 책, p.240.
61 지순(2004). 앞의 책, p.82.
62 지순(2004). 앞의 책, p.86.
63 서현주(2004). 앞의 책, pp.130-131.
64 전길자(2005). 앞의 책, p.347.
65 이영옥(2004). 앞의 책, pp.248-249.
66 강혜정(2004). “과학기술인들이 이끄는 사회,” 앞의 책, p.192.
67 김선희(2004). “환경주의자, 아름다운 여성성의 발현,” 앞의 책, p.146.
68 박행순(2005). “감히 하나님과의 약속을 저버리고,” 앞의 책, p.172.
69 지순(2004). 앞의 책, p.83.
70 김선희(2004). 앞의 책, p.144.
71 김인선(2005). “아직도 계속되는 자신에 대한 채찍질,” 앞의 책, p.73.
72 배은희(2005). 앞의 책, pp.178-179.
73 최영주(2005). “변치 않는 영원한 진리를 찾아서,” 앞의 책, p.381.
74 지순(2004). 앞의 책, pp.83-84.
75 김선희(2004). 앞의 책, p.145.
76 신미남(2004). “다양하고, 도전적이며, 풍부한 삶을 위하여,” 앞의 책, p.232.
77 조숙경(2005). 앞의 책, pp.352-353.
78 김선희(2005), 앞의 책, p.33, p.35.
79 Sonnert Gerhard and Gerald Holton(1996). “Career Patterns of Women and Man in the Sciences,” *American Scientist*. Vol. 64: 63-71.
80 김정희(2005). “리더십과 정직성으로 승부하는 여성과학자의 길,” 앞의 책, p.80.
81 최영선(2005). “마음이 따뜻한 과학자,” 앞의 책, p.375.
82 나도선(2005). 앞의 책, p.107.
83 하경자(2005). “교사의 능력은 인간을 변모시킬 수 있다,” 앞의 책, pp.386-387.
84 안철수(2006). “전문가가 존중받는 사회를 기대하며,” 앞의 책, pp.234-235.
85 이서구(2006). “작은 것에서 시작하는 과학을 가르쳐주신 선생님들,” 『과학기술인! 우리의 자랑』, p.327.
86 이호왕(2006). 앞의 책, p.358.
87 강혜정(2004). 앞의 책, pp.204-205.
88 지순(2004). 앞의 책, p.89.
89 김설주(2004). “후회 없는 나의 선택,” 앞의 책, p.117.

90 박순자(2004). "연구도 실험도 사람이 하는 일이라," 앞의 책, pp.159-160.
91 신순희(2005). "긍정적이고 열정적인 여성 기술 CEO로 탄생," 앞의 책, p.199.
92 이영옥(2004). 앞의 책, p.239.
93 이영옥(2004). 앞의 책, pp.245-247.
94 강혜정(2004). 앞의 책, p.195.
95 이영옥(2004). 앞의 책, p.240, p.242.
96 김설주(2004). 앞의 책, p.117.
97 지순(2004). 앞의 책, p.91.
98 박세문(2005). "어머니의 본성이 여성을 과학계의 리더로," 앞의 책, p.147.

III. 여성 과학자의 리더십 모형

1 이 장은 필자의 공동 논문의 일부를 번역 요약한 것이다. 출처: Kisuk Cho and Minam Sohn(2002) "A Global Leadership Model," a paper presented at the International Leadership Association. Seattle, Washington. (publication in progress)
2 R. R. Blake, A. Shepard, and J. S. Mouton(1964). *Managing Intergroup Conflict in Industry*. Houston : Gulf.
3 F. E. Fiedler(1958). *Leader Attitudes and Group Effectiveness*. Urbana, IL: University of Illinois Press; F. E. Fiedler(1967). *A Theory of Leadership Effectiveness*. New York: McGraw-Hill.
4 R. J. House and T. R. Mitchell(1974). "Path-goal theory of leadership," *Journal of Contemporary Business*. 3: 1-97.
5 E. H. Schein(1992). *Organizational Culture and Leadership*. 2nd ed. San Francisco: Jossey-Bass Publishing.
6 B. M. Bass(1997). Does the transactional-transformational leadership paradigm transcend organizational and national boundaries. *American Psychologist*. 52(2):130-139.
7 후에 그 모형은 경험적 연구를 보완하여 학술지에 게재되었다. Kisuk Cho, Minam Sohn, and Jisook Hong(2010). "A Global Leadership Model and Its Empirical Applicability," *International Studies Review*. Vol. 11(2): 77-92.
8 J. Raven(2001). "*The McClelland/McBer Competency Models*," Raven, J., & Stephenson, J. (Eds.). *Competence in the Learning Society*. New York: Peter Lang, 225-235.
9 D. R. Moore, Cheng, M., and Dainty, A. R. F.(2002). "Competence, competency and competencies: performance assessment in organizations," *Work Study*. Vol.51(6): 314-319.
10 G. Hofstede(1997). *Culture and Organizations: Software of the Mind*. NewYork:

McGraw-Hill.

11 R. J. House *et al.*(2004). *Culture, Leadership, and Organizations: The GLOBE Study of 62 Societies.* New York: Sage Publications.

12 J. S. Black, A.J Morrison, and H.B. Gregersen(1999). *Global Explorers. The Next Generation of Leaders.* London: Routledge.

13 T. Brake(1997). *The Global Leader. Critical Factors for Creating the World Class Organization.* Chicago, IL.: Irwin Professional Publishing.

14 S. H. Rhinesmith(1996). *A Manager's Guide to Globalization. Six Skills for Success in a Changing World.* New York, NY.: McGraw-Hill.

15 R.T Moran and J.R. Riesenberger(1994). *The Global Challenge Building The New Worldwide Enterprise.* London: Mcgraw-Hill Book Company.

16 G. P. Hollenbeck, Morgan W. McCall Jr., and Robert F. Silzer(2006). "Leadership Competency Models," *The Leadership Quarterly.* Vol. 17: 398-413.

17 K. E. Allen, J. Boardas, G. R. Hickman, L. R. Matusak, G. J. Sorenson, and K. J. Whitemire(1998). "Leadership in the twenty-first Century," *Kellogg Leadership Studies: Rethinking Leadership 1994-1997.* Michigan: TheBurns Academy of Leadership Press.

18 R. L. Hughes, R. Ginnett and G. J Curphy(1999). *Leadership: Enhancing the Lessons of Experience.* Singapore: theMcGraw-HillCo., Inc.

19 조형(2005). 『여성주의 가치와 모성 리더십』, 서울: 이화여자대학교출판부.

20 이 부분의 논의는 Kisuk Cho(2004). "Women Leadership," *Encyclopedia of Leadership.* New York: Birkshire의 일부를 번역, 요약함.

21 J. B. Rosener(1990). "Ways Women Lead," *Harvard Business Review.* Nov.-Dec.: 120.

22 S. Helgesen(1995). *Female Advantage: Women's Ways of Leadership.* New York: Double day Currency, p.5.

23 N. Fondas(1997). "Feminization Unveiled," *Academy of Management Review.* Vol. 22(1):260.

24 A. H. Eagly and S. J. Karau(2002). "Role congruity theory of prejudice toward female leaders," *Psychological Review*, Vol. 109: 573-598.

25 A. H. Eagly and Blair T. Johnson(1990). "Gender and Leadership Style: A Meta-Analysis," *Psychological Bulletin.*. Vol. 108(2): 233-256.

26 A. M. Morrison, R. P. White, E. V. Velsor, and the Center for Creative Leadership(1992). *Breaking the Glass Ceiling.* Reading, Mass.: Addison-Wesley Publishing Company.

27 상황이 더 이상 나빠질 수 없을 정도로 최악의 경우에 강력한 변화를 추구하는 과정에서 여성에게 리더십의 기회가 주어지는 것이 보통이다. 이 때문에 여성은 과도한 기대를 받게 되지만 그 기대를 충족시킬 수 없는 바로 그 조건 때문에 리더가 되는 경우가

많아 리더로서 실패할 확률 또한 높다(조기숙 1999).
28 K. Korabik(1990). "Androgyny and leadership style," *Journal of Business Ethics*. Vol. 9: 283-292; G. N. Powell and A. D. Butterfield(1989). "The good manager: Did androgyny fare better in the 1980s?," *Group and Organization Studies*. 14: 216-233.
29 J. Adams and N. D. Yoder(1985). *Effective leadership for women and men*. Norwood, N.J.: Ablex Pub. Corp.
30 M. L. van Engen(2001). *Gender and Leadership: A contextual Perspective*. Doctoral dissertation. Tilburg University, Tilburg, the Netherlands.
31 Kisuk Cho(2001). "Do Women Lead Differently?: Leadership Styles of Top Women Leaders," *Building Leadership Bridges*. International Leadership Association.
32 A. H. Eagly(1991). "Gender and leadership," a Paper presented at the annual meeting of American Psychological Association, San Francisco.
33 A. H. Eagly, Mary C. Johannesen-Schmidt Mary C., and Marloes L. van Engen(2003) "Transformational, transactional, and laissez-faire leadership styles: A meta-analysis comparing women and men," *Psychological Bulletin*. Vol. 129(4): 569-591.
34 A. M. Morrison *et al.*(1992). 앞의 책.
35 S. Findlay(1984). " 'Male' Career Women," USA Today. 13 September, 1,(Morrison *et al.* 1992, 앞의 책, p.29에서 재인용)
36 Morrison *et al.*(1992). 앞의 책, pp.29-30.
37 Morrison *et al.*(1992). 앞의 책, p.44.
38 Sonnert *et al.*(1996). 앞의 책.
39 Meyers, Herb and Richard Gerstman(2008). *Creativity : unconventional wisdom from 20 accomplished minds*. 『크리에이티브 마인드』, 강수정 역, 서울: 에코리브르 참조.
40 Clarice *et al.*(1992). 앞의 책.
41 Sonnert *et al.*(1996). 앞의 책, p.69.
42 Etzkowitz *et al.*(1994). 앞의 책.
43 이영근(2005). "생각이 물질이다," 『여성, 과학을 만나다』, p.277.
44 이영근(2005). 앞의 책, pp.276-277.
45 이영근(2005). 앞의 책, p.279.
46 이인선(2005). "기업과 함께하는 과학기술자가 되고 싶다," 앞의 책, p.323.
47 이혜숙(2005). "행복한 삶을 창조하는 과학기술," 앞의 책, p.335.
48 장선영(2005). "진리의 근본을 알고, 전하는 여성과학자로," 앞의 책, pp.341-342.
49 안철수(2001). 『CEO 안철수, 영혼이 있는 승부』, 서울: 김영사.
50 김지영(2005). "여성생명과학자, 꿈은 이루어지다," 앞의 책, p.91.

Ⅳ. 차세대 글로벌 여성 과학자, 어떻게 키워야 할까?

1 Sonnert *et al.*(1996). 앞의 책, p.63.

2 Monique Frize P. Eng(2005). "Women in Leadership: Value of Women' s Contributions in Science, Engineering, and Technology," *Women and ICT*, June 12-14.에서 재인용. 원문은 Wenneras C. & Wold A.(1997). "Nepotism and Sexism," *Nature*. May.

3 Sonnert *et al.*(1996). 앞의 책.

4 Sonnert *et al.*(1996). 앞의 책.

5 Eng(2005)에서 재인용. 원문은 LA, Bell(1983). *Visions of Women*, N. J.: Humana Press.

6 Jacob Clark Blickenstaff(2005). "Women and science careers: leeky pipeline or gender filter?," *Gender and Education*. Vol. 17(4): 369-386.

7 드라마나 영화에서 리더십 욕망을 가진 여성을 악녀로 그리는 경우도 이에 속한다.

8 Allan Pease and Barbara Pease(2005). *Why Men Don' t Listen and Women Can' t Read Maps: How We' re Different and What to Do About It*. 『말을 듣지 않는 남자, 지도를 읽지 못하는 여자』, 이종인 역, 서울: 가야넷 참조.

9 Janet Shibley Hyde(1981). "How large are cognitive differences?," *American Psychologist*. Vol. 36: 892-901.

10 Sonnert *et al.*(1996). 앞의 책.

11 Blickenstaff(2005). 앞의 책.

12 Blickenstaff(2005). 앞의 책.

13 Sonnert *et al.*(1996). 앞의 책.

참고 문헌

김양희(2006). 『여성 리더 그리고 여성 리더십』, 서울: 삼성경제연구소.

박진희(2007). "역사 속의 그녀들 익명에서 남성 과학을 넘어서기까지," 동아사이언스. (2007. 5.)

신동호(1999). 『한국의 과학자 33인』, 서울: 까치.

신동희(2008). "과학 학습에 영향을 주는 요인의 성별 특성," 『교과교육학연구』, Vol. 12-2: 413-455.

이공주복 · 권지혜 · 김영숙(2007a). 『한국정부의 여성 과학기술인 지원정책의 추진내용 및 그 성과』, 과학기술부 전국여성과학기술인지원센터.

이공주복 · 김기완 · 김철구 · 이주희 · 이향숙. · 조현숙(2007b). 『여성과학기술인력 왜, 어떻게 지원해야 하는가?』, 과학기술부 전국여성과학기술인지원센터.

이충환(2010). "끝없는 호기심이 리보솜 신비 벗긴 원동력," 동아사이언스. (2010. 4. 9.)

이혜숙 편(2008). 『내일의 '마리 퀴리' 를 기다리며』, 서울: 경문사.

임경순 외(2008). "노벨과학상 분석 및 접근전략 연구," 교육과학기술부 제출 보고서.

임동욱(2010). "5만7천명의 공동저자가 완성한 논문," *The Science Times*. (2010.8.18.) http://www.sciencetimes.co.kr/article.do?todo=view&atidx=0000043151

전혜리(2006). “노벨상 못 받은 것은 오히려 좋은 기회였다,” *The Science Times*. (2006. 3. 29.)

정대현 외(2005). 『여성주의 가치와 모성 리더십』, 서울: 이화여자대학교출판부.

조기숙(1998). 『세계를 움직인 열두 명의 여성』, 서울: 여성신문사.

조기숙(2007). 『왜 우리 아이들은 대학에만 가면 바보가 될까?』, 서울: 지식공작소.

조형(2005). 『여성주의 가치와 모성 리더십』, 서울: 이화여자대학교출판부.

차정호 · 이혜인 · 김유정 · 노태희(2007). “중학교 과학 수업에서 성별에 따른 협동적 문제해결학습의 효과,” 『열린교육연구』, Vol. 15(1): 113-127.

최경희 · 김경미(2001). “여학생에게 친근한 과학 학습 내용 및 방법을 적용한 수업이 여학생들의 과학 학습태도에 미치는 영향,” 『한국과학교육학회지』, Vol. 21(1): 149-159.

최순자 외(2004). 『세상을 바꾸는 여성 엔지니어』, 서울: 생각의 나무.

최순자 외(2006). 『세상을 바꾸는 여성 엔지니어 2』, 서울: 생각의 나무.

최순자 외(2008). 『세상을 바꾸는 여성 엔지니어 3』, 서울: 생각의 나무.

한국 여성과학기술단체총연합회 편저(2005). 『여성, 과학을 만나다』, 서울: 양문.

한국 여성과학기술단체총연합회 편저(2006). 『여성, 과학의 중심에 서다』, 서울: 양문.

한국과학문화재단 편저(2006). 『과학기술인! 우리의 자랑』, 서울: 양문.

한국과학문화재단 편저(2007). 『미래를 만드는 한국의 과학자들』, 서울: 상상박물관.

한국여성개발원(1992). 『여성과 리더십』, 서울: 한국여성개발원.

현용수(2006). 『유대인 아버지의 4차원 영재교육』, 서울: 동아일보사.

Adams, Jerome and Nanice D. Yoder(1985). *Effective leadership for women and men*. Norwood, N.J.: Ablex Publisher Corp.

Adler, Nancy J.(1997). “Global Leadership: Women Leaders,” *Management International Review*. Special Issue. Vol. 37(1): 171-196.

Allen, Kathleen E., Juana Boardas, Gill Robinson Hickman, Larraine R. Matusak, Georgia J. Sorenson, and Kathryn J. Whitemire(1998).

"Leadership in the twenty-first Century," *Kellogg Leadership Studies: Rethinking Leadership 1994-1997*. Michigan: The Burns Academy of Leadership Press.

Bass, Bernard M.(1981). *Stogdill's Handbook of Leadership: a Survey of Theory and Research*. New York: The Free Press.

Bass, Bernard M.(1985). *Leadership and Performance Beyond Expectations*. New York: Free Press.

Bass, Bernard M.(1997). "Does the transactional-transformational leadership paradigm transcend organizational and national boundaries," *American Psychologist*. Vol. 52(2): 130-139.

Black, J. S., Morrison, A. J. and Gregersen, H. B.(1999). *Global Explorers. The Next Generation of Leaders*. London: Routledge.

Blackburn, Elizabeth "Balancing Family and Career: One Way That Worked," *Next Wave*. (1998. 3. 18.).

Blackburn, Elizabeth "Interview: Elizabeth Blackburn Nobel Prize in Medicine," *American Academy of Achievement*.(2000. 6. 16). http://www.achievement.org/autodoc/printmember/bla0int-1

Blackburn, Elizabeth(2008). "Because science is worth it(Interview)," *The Journal of Cell Biology*. Vol. 180(6):1057.

Blake, Robert R., Herbert A. Shepard, and Jane S. Mouton(1964). *Managing Intergroup Conflict in Industry*. Houston: Gulf.

Bleier, Ruth(1986). "Introduction," in Bleier, Ruth. (ed.) *Feminist Approaches to Science*. New York: Pergamon Press.

Blickenstaff, Jacob Clark(2005). "Women and science careers: leeky pipeline or gender filter?," *Gender and Education*. Vol. 17(4): 369-386.

Bousso, Ron "Ada Yonath: first Israeli woman to win a Nobel," *AFP* (2009. 10. 7) http://www.google.com/hostednews/afp/article/ALeqM5gu6V0NQYe6Acfw1DUmgOGlzL7IiA

Brake, T.(1997). The Global Leader. *Critical Factors for Creating the World Class Organization*. Chicago, IL.: Irwin Professional Publishing.

Brent Davies and Linda Ellison. ed.(1997). *School Leadership for the 21st Century: a Competency and Knowledge Approach*. London and New York: Routledge.

Brush, Stephen G.(1991). "Women in Science and Engineering," *American Scientist*. Vol. 79. September-October: 404-419.

Bull World Health Organ(2009). 87: 10-11.

Burns, James McGregor(1978). *Leadership*. New York: Harper & Row.

Cho, Kisuk(2001). "Do Women Lead Differently?: Leadership Styles of Top Women Leaders," *Building Leadership Bridges*. International Leadership Association.

Cho, Kisuk(2004). "Women Leadership," McGregor James Burns eds. *Encyclopedia of Leadership*. New York: Birkshire.

Cho, Kisuk, Jisook Hong and Minam Sohn(2007). "A Women's Leadership Model," a paper presented at *the conference on Women as Global Leaders*. Dubai, Arab Emirates.

Cho, Kisuk and Minam Sohn(2002). "A Global Leadership Model," a paper delivered at *the International Leadership Association*. Seattle, Washington.

Cho, Kisuk, Minam Sohn, and Jisook Hong(2010). "A Global Leadership Model and Its Empirical Applicability," *International Studies Review*. Vol. 11(2): 77-92.

Comfort, Nathaniel C.(2001). *The Tangled Field*.『옥수수 밭의 처녀 맥클린토크』, 한국유전학회 역. 서울: 전파과학사(2005).

Clarice, Yentsch M. and Carl J. Sindermann(1992). *The Woman Scientist*. New York: Plenum Press.

Cox, T., Lobel, S., and McLeod, P.(1991). "Effects of Ethnic Group Cultural Differences on Cooperative and Competitive Behavior on a

Group Task," *Academy of Management Journal*. Vol. 34: 827-847.

Crane, Julia G. & Michael V. Angrosino(1992). *Field Projects in Anthropology: A Student Handbook*. 3rd ed. Prospect Heights: Waveland Press.

Dreifus, Claudia "A Conversation with Carol W. Greider on Winning a Nobel Prize in Science," *The New York Times*.(2009. 10. 13).

Druker, Peter ed.(2000). *Leader to Leader*. 『21세기 리더의 선택』, 한근태 역. 서울: 한국경제신문(2000).

Eagly, Alice H. and Blair T. Johnson(1990). "Gender and Leadership Style: A Meta-Analysis," *Psychological Bulletin*. Vol. 108(2): 233-256.

Eagly, Alice H.(1991). "Gender and leadership," a paper presented at the annual meeting of American Psychological Association, San Francisco.

Eagly, Alice H. and S. J. Karau(2002). "Role congruity theory of prejudice toward female leaders," *Psychological Review*, Vol. 109: 573-598.

Eagly, Alice H., Mary C. Johannesen-Schmidt, and Marloes L. van Engen(2003). "Transformational, transactional, and laissez-faire leadership styles: A meta-analysis comparing women and men," *Psychological Bulletin*. Vol. 129(4): 569-591.

Eagly, Alice H. and Linda L. Carli(2007). *Through the Labyrinth: The Truth About How Women Become Leaders*. Cambridge: Harvard Business School Press.

Evans, Gail(2000). *Play like a man, win like a woman: what men know about success that women need to learn*. 『남자처럼 일하고 여자처럼 승리하라』, 공경희 역, 서울: 해냄(2008).

Eng, Monique Frize P.(2005). "Women in Leadership: Value of Women's Contributions in Science, Engineering, and Technology," *Women and ICT*, June: 12-14.

Engen, M. L. van.(2001). *Gender and Leadership: A contextual*

Perspective. Doctoral dissertation. Tilburg University, Tilburg, the Netherlands.

Etzkowitz, Henry, Carol Kemelgor, Michael Neuschatz, and Brian Uzzi,(1994). "Barriers to Women in Academic Science and Engineering," in Pearson, Willie Jr. and Irwin Fechter (Eds.) *Who Will Do Science? Educating the Next Generation*. Baltimore: Johns Hopkins University Press.

Feynman, Richard(2000). *Surely you're joking, Mr. Feynman*. 『파인만 씨, 농담도 잘하시네! 1』, 김희봉 역, 서울: 사이언스북스(2000).

Fiedler, F. E.(1958). *Leader Attitudes and Group Effectiveness*. Urbana, IL: University of Illinois Press.

Fiedler, F. E.(1967). *A Theory of Leadership Effectiveness*. New York: McGraw-Hill.

Findlay, Steven(1984). "'Male' Career Women," *USA Today*. 13 September, 1.

Fondas, Nanette(1997). "Feminization Unveiled," *Academy of Management Review*. Vol. 22(1): 257-282.

Foschi, Martha, Larissa Lai, Kirsten Sigerson Source(1994). "Gender and Double Standards in the Assessment of Job Applicants," *Social Psychology Quarterly*. Vol. 57(4): 326-339.

Fölsing, Ulla(1999). *Nobel-Frauen: Naturwissenschaftlerinnen im Porträt*. 『노벨상과 여성 과학자들』, 정복희 역. 서울: 도서출판 미크로(1999).

Frank E. Saal and Patrick A. Knight(1988). *Industrial/Organizational psychology: Science and Practice*. Pacific Grove: Brooks/Cole.

Gardiner, Mary Beth(2004). "A Discerning Obsession," *HHMI Bulletin*. Fall. http://www.hhmi.org/bulletin/fall2004/nobel/

Gerhard, Sonnert and Gerald Holton(1996). "Career Patterns of Women and Man in the Sciences," *American Scientist*. Vol. 64: 63-71.

Go, Mitiko(2008). "The University's Contributions Toward Gender Equality," *Roles of University in the Future*. 2008 University

President's Forum. Ewha Womans University. LG Convention Hall. Oct. 24.

Goldsmith, Barbara(2005). *The Great Discoveries Series: Obsessive Genius.* 『열정적인 천재, 마리 퀴리』, 김희원 역, 서울: 승산(2009).

Helgesen, Sally(1995). *Female Advantage: Women's Ways of Leadership.* New York: Double day Currency.

Hofstede, Geerts(1980). *Culture's Consequences: International Differences in Work-Related Values.* Beverly Hills, CA: Sage Publications.

Hofstede, Geerts(1997). *Culture and Organizations: Software of the Mind.* New York: McGraw-Hill.

Hollenbeck, George P. Morgan W. McCall Jr., Robert F. Silzer(2006). "Leadership Competency Models," *The Leadership Quarterly.* Vol. 17: 398-413.

Homer, Melissa(1997). "Leadership Theory: past, present and future," *Team Performance Management.* Vol.3(4): 270-287.

House, Robert J. and T. R. Mitchell(1974). "Path-goal theory of leadership," *Journal of Contemporary Business.* 3: l-97.

House, Robert J. *et al*(2004). *Culture, Leadership, and Organizations: The GLOBE Study of 62 Societies.* New York: Sage Publications.

Hughes, Richard L., Robert Ginnett, Gordon J. Curphy(1999). *Leadership: Enhancing the Lessons of Experience.* Singapore: the McGraw-Hill.

Hrdy, Sarah B.(1986). "Empathy, Polyandry, and the Myth of the Coy Female," in Bleier, Ruth. (Ed.) *Feminist Approaches to Science.* New York: Pergamon Press.

Hyde, Janet Shibley(1981). How large are cognitive differences? *American Psychologist.* Vol. 36: 892-901.

Indvik, Julie(2007). "Women and Leadership," in Peter G. Northouse (ed.) *Leadership: Theory and Practice.* 4th ed. Thousand Oaks: Sage Pub., Inc.

Kakar, S.(1971). "Authority Patterns and Subordinate Behavior in Indian Organizations," *Administrative Science Quarterly*. 16: 298-307.

Kerner, Charlotte(1992). *Des femmes prix Nobel de Marie Curie à Aung San Suu Kyi*, 1903-1991. 『노벨상을 받은 여성들』, 김영희 역, 서울: 자연사랑(2000).

Kets de Vries, Manfred F. R.(1995). *Organizational paradoxes : clinical approaches to management*. 2nd ed. London and New York: Routledge.

Korabik, K.(1990). "Androgyny and leadership style," *Journal of Business Ethics*. Vol. 9: 283-292.

Kuhn, Thomas S.(1962). *The Structure of Scientific Revolutions*, 1st. ed., Chicago: University of Chicago Press.

Lipman-Blumen, Jean(1996). *Connective Leadership: Managing in a Changing World*. Oxford: Oxford University Press.

Lowen, Linda "Work Life Balance - Nobel Winner Elizabeth Blackburn's Work Life Balance Story," *About.com, Inc., a part of The New York Times Company*. http://womensissues.about.com/od/intheworkplace/a/WorkLifeBalanceElizabethBlackburn.htm

Mau, Wei-Cheng, Domnick, Margaret, Ellsworth, Randolph A.(1995). "Characteristics of female students who aspire to science and engineering or homemaking occupations," *The Career Development Quarterly*. Vol. 43(4): 323-332.

Mayr, E.(1981). *The growth of biological thought: Diversity, evolution, and inheritance*. Cambridge, MA: Harvard University Press.

McGrayne, Sharon Bertsch(1993). *Nobel Prize Women in Science: their lives, struggles, and momentous discoveries*. New York: A Birch Lane Press Book. 『두뇌, 살아있는 생각: 노벨상의 장벽을 넘은 여성들』, 윤세미 역, 서울: 룩스미아(2007).

McGryne, Sharon Bertsch(2001). *Nobel Prize Women in Science. 2nd*

Edition. Washington D.C.: Joseph Henry Press.

Meyers, Herb and Richard Gerstman(2008). *Creativity : unconventional wisdom from 20 accomplished minds*. 『크리에이티브 마인드』, 강수정 역, 서울: 에코리브르(2008).

Misumi, J.(1985). *The behavioral science of leadership: An interdisciplinary Japanese research program*. Ann Arbor, MI: University of Michigan Press.

Moore, D. R., Cheng, M., and Dainty, A. R. F.(2002). "Competence, competency and competencies: performance assessment in organizations," *Work Study*. Vol. 51(6): 314-319.

Moran, R. T. and Riesenberger, J. R.(1994). *The Global Challenge Building The New Worldwide Enterprise*. London: Mcgraw-Hill Book Company.

Morrison, Ann M., Randall P. White, Ellen Van Velsor, and the Center for Creative Leadership(1992). *Breaking the Glass Ceiling*. Reading, Mass.: Addison-Wesley Publishing Company.

Morrison, A. J.(2000). "Developing a Global Leadership Model," *Human Resource Management*. Vol. 39(2-3): 117-132.

Namenwirth, Marion(1986). "Science Seen through a Feminist Prism," in Ruth Bleier. (Ed.) *Feminist Approaches to Science*. New York: Pergamon Press.

National Science Foundation, *Increasing the Participation of women in summary of conference proceedings*, Oct. 1977 and Research study project report, March 1978.

Nuzzo, Regina(2005). "Biography of Carol W. Greider," *PNAS*. June 7, 2005 vol. 102(23):8077-8079. http://www.pnas.org/content/102/23/8077.full?sid=c3254f3e-d675-45a6-ad2b-5fe310ae046d

Pease, Allan and Barbara Pease(2005). *Why Men Don't Listen and Women Can't Read Maps: How We're Different and What to Do*

About It. 『말을 듣지 않는 남자, 지도를 읽지 못하는 여자』, 이종인 역, 서울: 가야넷(2005).

Powell, G. N. and Butterfield, A. D.(1989). "The good manager: Did androgyny fare better in the 1980s?," *Group and Organization Studies*. Vol. 14: 216-233.

Raven, John(2001). "The McClelland/McBer Competency Models," in Raven, J. and J. Stephenson (Eds.). *Competence in the Learning Society*. New York: Peter Lang.

Rhinesmith, S. H.(1996). *A Manager's Guide to Globalization. Six Skills for Success in a Changing World*. New York, NY: McGraw-Hill.

Rose, Hilary(1986). "Beyond Masculinist Realities: A Feminist Epistemology for the Sciences," in Bleier, Ruth. (Ed.). *Feminist Approaches to Science*. New York: Pergamon Press.

Rosener, Judy B.(1990). "Ways Women Lead," *Harvard Business Review*. Nov.-Dec.: 119-125.

Rothenberg, Albert(2004). "Family background and genius," *Canadian Journal of Psychiatry*. Vol. 49(3): 185-191.

Rothenberg, Altert(2005). "Family Background and Genius II: Nobel Laureates in Science," *Canadian Journal of Psychiatry*. Vol. 50(14): 918-925.

Ruderman, Marian N. and Patricia J. Ohlott(2002). *Standing at the crossroads: next steps for high-achieving women*. 21C 여성 리더십. 구자숙 역. 서울: 위즈덤아카데미.

Sarros, James C; Santora, Joseph C.(2001). "Leaders and values: a cross-cultural study," *Leadership and Organization Development Journal*. Volume 22(5): 243-248.

Schein, Edgar H.(1992). *Organizational Culture and Leadership*. 2nd ed. San Francisco: Jossey-Bass Publishing.

Simcha Ronen(1986). *Comparative and multinational management*.

New York: Wiley.
Sinha, Jai B. P.(1984). "A Model of Effective Leadership Styles in India," *International Studies of Management & Organization*. Summer/Fall Vol. 14(2-3): 86-98.
Sonnert, Gerhard and Gerald Holton(1996). "Career Patterns of Women and Man in the Sciences," *American Scientist*. Vol. 64: 63-71.
Spertus, Ellen(1991). *Why are There so Few Female Computer Scientists?* MIT Artificial Intelligence Laboratory Technical Report.
Stogdill, Ralph M.(1974). *Handbook of leadership: A survey of theory and research*. New York: Free Press.
Sudilovsky, Judith(2008). Israeli professor receives Life' s Work Prize for women in science. *Israel 21C*. http://www.mfa.gov.il/MFA/Israel+beyond+politics/Israeliprofessor+receives+Life+Work+Prize+for+women+in+science+28-Jul-2008.htm
Transformational Leadership Focus Group(1997). *Kellogg Leadership Studies Project: Transformational Leadership Working Papers*.
Woodley, Lou. "An Interview with Francoise Barré-Sinoussi," The annual Lindau Nobel Laureate Meetings(2010. 7. 14) http://www.scilogs.eu/en/blog/lindaunobel/2010-07-14/an-interview-francoise-barre-sinoussi
Woodley, Lou. "An Interview with Ada Yonath," The annual Lindau Nobel Laureate Meetings.(2010. 7. 20) http://www.scilogs.eu/en/blog/lindaunobel/2010-07-20/interview-with-ada-yonath
Yeung, A. and Ready, D.(1995). "Developing leadership capabilities of global corporations: A comparative study in eight nations," *Human Resource Management*, Winter, Vol. 34(4): 529-547.
Zichy, Shoya(2001). *Women and the leadership Q: the breakthrough system for achieving power and influence*. 『성공하는 여성들의 파워리더십』, 박희라 역, 서울: 시아(2002).

www.nobelprize.org

www.pnas.org

http://whosdadi.blog.me/50080251577(2010. 9. 27. 검색)

부록

한국여성과학기술인지원센터 WISET 멘토링

1. WISET 멘토링 소개

(1) 특징 : 국내 최초 이공계 여성 특화 멘토링

(2) 개요 : 멘토(Mentor: 여성과학기술인)와 멘티(Mentee: 과학자를 꿈꾸는 여학생 및 이공계 여성)가 효과적인 멘토링 활동을 지속할 수 있도록 다양한 온·오프라인 프로그램을 제공하여, 이공계 관심 영역에 대한 전문적이고 구체적인 정보를 교류하고 진학 결정, 직업 진로 및 경력을 개발하는 데 도움을 얻을 수 있도록 지원(멘토링 홈페이지 : mentoring.wiset.or.kr)

2. WISET 멘토링 체계

(1) 진학 분야, 취업 분야, 경력 분야에서의 전생애주기에 걸친 멘토링 체계 운영

(2) 온라인 멘토링과 오프라인 멘토링, 커뮤니티 지원으로 다양한 멘토링 운영 체계 구축

(3) 개인을 위한 1:1 멘토링뿐 아니라 그룹 멘토링, 열린 멘토링 등 다양한 멘토링 형태 지원

(4) 멘토링 종류

e–멘토링	• e–멘토링 : 이공계 진학 여학생 및 과학기술계로의 경력 개발을 꿈꾸는 여성 멘티가 여성 과학기술인 멘토와 WISET 멘토링 홈페이지 내의 온라인 멘토링룸을 이용하여 전공 선택 및 진로 개발, 미래 설계에 대한 실질적인 조언과 정보를 주고 받는 WISET의 대표적인 온라인 프로그램 • 대상 –멘토 : 이공계 출신으로 학교, 연구소, 기업 등에 종사하는 여성 전문인 –멘티 : 이공계 분야에 관심과 열정을 가진 여학생(중.고.대학(원)) 및 경력을 개발해가는 여성 • 매칭 기간 : 3월말, 9월말 /활동 기간 : 6개월 • 참여 방법 : 멘토링 포털 사이트 접속(mentoring.wiset.or.kr) 〉 회원가입 〉 멘토찾기 및 멘토링 요청 〉 매칭 완료 〉 멘토링 시작
찾아가는 멘토링	• 찾아가는 멘토링 : 이공계 여성 과학기술인이 직접 멘티의 학교로 찾아가서 멘토링 특강 및 이공계 진로/진학 분야에 대한 조언을 하고 만남의 시간을 가질 수 있도록 지원하는 프로그램 • 대상 : 여학생 비율이 50% 이상의 전국 고등학교 • 일시 : 매년 2월, 8월 일괄 모집 • 신청 방법 : 온라인
캠퍼스 멘토링	• 캠퍼스 멘토링 : 이화여대에 방문하여 이공계 전공 분야에 대한 다양한 소개와 함께 이공계 전문 여성인의 특강, 캠퍼스 투어를 진행하는 프로그램 • 대상 : 서울.경기도 지역의 중.고등학교 • 프로그램 : 캠퍼스 투어, 특강, 이공계 전공 안내 • 인원 : 30명 이내(여학생 비율 50% 이상) • 신청 방법 : 온라인
멘토링펠로우	• 멘토링펠로우 : 기업,연구소,대학,국책 연구소 등 이공계 관련 기관 내에서 공통의 직무, 전공, 관심사 및 네트워크 등을 공유하는 멘토와 이공계 여대(원)생들을 하나의 멘토링팀으로 구성하여 한 기관 내에서 멘토링 활성화를 통해 이공계 여대생의 경력개발 및 우수 여성 과학 기술 인력 양성을 지원하는 프로그램 • 팀 구성 : 펠로우 1인 + 멘토 4인 + 멘티 20인 –펠로우멘토(펠로우 책임자 1인) : 기업 및 이공계 관련 연구 기관의 여성 책임자, 대학의 이공계 분야 여성 교수 –멘토(4인 이상) : 해당 기관의 이공계 여성 전문인, 펠로우멘토의 대내외 이공계 인적 자원 –멘티(20인 이상) : 해당 기관에 관심있는 우수한 이공계 여대학(원)생, 해당 기관에서 인턴으로 근무 중인 취업 및 진학 예정자 • 활동 기간 : 매년 4월~12월 • 참여 방법 –멘토, 기관 : WISET 위촉 –멘티 : 매년 1~2월 온라인 신청자 중 선발

취업클리닉	• 대상 : 이공계 여성 졸업 예정자 및 기졸업자, 경력 단절 및 비정규직 여성 과학기술인 • 프로그램 –1단계 : 한눈에 보는 취업 정보 –2단계 : 1:1 이력서 및 자기소개서 클리닉 –3단계 : 오프라인 1:1 경력관리 상담 • 신청 방법 : 온라인
경력취업클리닉	• 경력취업클리닉 : 이공계 여성 전문 기술인력의 성공적인 취업 및 경력 설계를 위해 경력 목표 결정 방법, 목표 설정과 수립, 지원서 작성 방법, 역량개발 교육 및 활동 등을 확인하고 성공적인 사회적 진출과 발전을 위해 경력 관리 서비스 및 교육 수요를 파악함 • 대상 : 여성 과학기술인 • 프로그램 –경력상담 : 면대면 상담 2회(회당 1시간) –이력서 클리닉 : 전화상담, 이메일 상담 1회 이상, 대면 상담 1회 • 상담 시 고객의 요청 및 상황에 따라 다른 자료 제공됨(이력서, 자기소개서 샘플, 이력서 작성 방법, COVER LETTER 샘플 등)

3. 문의

- 문의처 : 한국여성과학기술인지원센터 정보멘토링지원팀

(전화:02-3277-4054, 팩스:02-3277-2128, 이메일:jhpark@wiset.or.kr)

한국여성과학기술인지원센터 WISET 리더십 교육

1. WISET 리더십 교육 소개

(1) 특징 : 여성 과학기술인 취업 준비 단계부터 취업 후 리더가 되기까지의 전 생애주기에 따른 맞춤형 리더십 교육

(2) 개요 : 여성 과학기술인들이 취업 준비 단계와 취업 직후 적응기, 결혼, 출산, 육아로 인한 경력 단절 위기 단계, 경력 정체 및 사춘기 자녀로 인한 경력 단절기 단계, 위기를 극복한 리더 단계 등을 고려하여 단계별 맞춤형 리더십 교육 지원

(3) 교육 내용 : 그린-리더십 과정, 코-리더십 과정, 찾아가는 리더십 과정 등 대상에 맞춤형 교육 과정을 전생애주기적으로 지원 운영

2. 찾아가는 리더십 교육

R&D 관련 국공립 기관, 연구소, 대학 및 기업에 재직 중인 여성 과학기술인을 위해 기관을 직접 방문하여 실시하는 리더십 교육

(1) 교육 목적

* 교육 접근이 어려운 여성 과학기술인에게 전문 교육의 수혜 기회를 제공
* 조직의 욕구와 해당 여성 과학기술인의 특성에 맞는 맞춤형 경력 개발 교육 실시
* 진입 단계에 있는 신입 여성 과학기술인을 위한 특화된 교육 프로그램을 통해 조직 적응력 향상 및 조직 내 리더십 강화

(2) 개요

* 주교육대상 및 인원

- 대상 : R&D 관련 국공립 기관, 연구소, 대학 및 기업

- 인원 : 30명 이상(여성 과학기술인이 전체 교육생의 70% 이상 포함되어야 함)
- 기관 단위 신청

(3) 신청 문의
- 신청서를 이메일 또는 팩스로 전송
- 접수처 : 한국여성과학기술인지원센터 정보멘토링지원팀
(전화:02-3277-3645, 팩스:02-3277-2128, 이메일:eajung@wiset.or.kr)

※ 한국여성과학기술인지원센터(KAI-WISET)는 2011년, 4개로 흩어져 있던 여성 과학기술인 지원 기관을 하나로 합쳐 새로이 출범했으며, 여학생들의 이공계 진학 및 취업 지원 · 여성 과학자와 여학생의 멘토링 · 여성 과학기술인의 지위 향상 · 여성 과학기술 관련 정책 연구 등의 사업을 활발하게 펼치고 있다.

※ KAI-WISET: Korea Advanced Institute of Women in Science, Engineering and Technology 의 약자로 전생애주기적 여성 과학기술인의 육성 · 지원을 위한 통합적 사업 지원 기관이다.

여성 과학기술인 관련 단체 리스트

No.	기관명	구분 (법인/비법인)	전화	FAX	홈페이지	주소
1	광주전남여성과학기술인네트워크	사단법인	061-750-3635	061-750-3508	www.wonese.or.kr	전남 순천시 중앙로 413 순천대학교 기초의/화학부
2	대구경북여성과학기술인회	사단법인	053-753-3368	053-753-3386	www.dgwise.or.kr	대구시 동구 신천3동 95번지 벤처센터 13층
3	대덕특구여성벤처회	사단법인준비중	042-336-7242	042-336-7245	홈페이지 없음	대전시 유성구 관편동 한신S-MECA 609호
4	대한가정학회	사단법인	02-561-6446	02-562-2999	www.khea.or.kr	서울시 강남구 역삼동 635-4 한국과학기술회관 본관 410호
5	대한간호협회	사단법인	02-2260-2511	02-2260-2519	www.koreanurse.or.kr	서울시 중구 훈련원로 95(쌍림동 88-7) 대한간호협회
6	대한기초간호자연과학회	비사단법인	02-740-8824	02-740-8824	http://nnss.richis.org/	서울시 종로구 연건동 28 서울대학교 간호대학 최명애 교수 연구실
7	대한여성건축사회	비사단법인	02-540-0104		cafe.daum.net/kirfa	서울시 서초구 서초1동 1603-55 대한건축사협회 8층
8	대한여성과학기술인회	사단법인	042-863-8311	042-863-8313	www.kwse.or.kr	대전광역시 유성구 어은동 한국기초과학지원연구원 내 본관동 319호
9	대한여한의사회	비사단법인	02-3662-1669		www.womma.or.kr	서울시 강서구 가양동 26-27 대한한의사협회 회관 303호
10	대한영양사협회	사단법인	02-823-5680	02-823-5689	www.dietitian.or.kr	서울시 동작구 흑석1동 170-15번지
11	대한지역사회영양학회	사단법인	02-749-0745	02-749-0746	www.koscom.or.kr	서울시 용산구 한강로2가 312-4 대우디오빌 612호
12	IT여성기업인협회	사단법인	02-2198-5511	02-2198-5513	www.kibwa.org	서울시 종로구 수송동 58번지 두산위브파빌리온 1334호
13	여성생명과학기술포럼	사단법인	02-3452-2031	02-3452-2912	www.womenbioforum.org	서울시 강남구 역삼동 635-4 한국과학기술회관 신관 904호

No.	기관명	구분 (법인/비법인)	전화	FAX	홈페이지	주소
14	유망여성과학기술인 Network	사단법인	051-510-3976	051-512-8175	cafe.daum.net/nawse	부산시 금정구 부산대학로 부산대학교 섬유공학과
15	충북여성과학기술인회	사단법인	043-275-1104	043-229-8432	홈페이지 없음	충북 청주시 상당구 대성로 586번지 청주대학교 이공대학 내 유전공학과 306호
16	한국간호과학회	사단법인	02-567-7236	02-564-0249	www.kan.or.kr	서울시 강남구 역삼동 635-4 한국과학기술회관 신관 814호
17	한국간호조무사협회	사단법인	02-838-8682	02-830-1921	www.k-lpn.or.kr	서울 구로구 구로 5동 106-4 선경오피스텔 1408호
18	한국과학커뮤니케이터협회	사단법인	02-3277-2348		www.kasc.re.kr	서울특별시 중구 충무로 4가 91-1 일우빌딩 305호
19	한국생활과학회	사단법인 준비중	070-7434-5433	070-7434-5433	www.klsa.or.kr	대전광역시 유성구 궁동 220 충남대학교 생활과학대학 708호
20	한국식품조리과학회	사단법인	02-2123-8126	02-2123-8127	www.kfcs.org	서울시 서대문구 신촌동 134 연세대학교 생활과학대학 삼성관 622호
21	한국여성건설인협회	사단법인	02-542-9963	02-542-9964	www.kowsae.or.kr	서울시 강남구 청담동 5번지 경원하이츠텔 809호
22	한국여성건축가협회	사단법인	02-581-1340	02-585-1340	www.kifaonline.com	서울시 서초구 서초동 1603-55 대한건축사협회회관 8층
23	한국여성공학기술인협회	사단법인	02-6009-8810~8814	02-6009-8815	www.witeck.or.kr	서울시 강남구 역삼동 701-7 한국기술센터 15층
24	한국여성과학기술단체총연합회	사단법인	02-565-3701	02-3452-2912	www.kofwst.org	서울시 강남구 역삼동 635-4 한국과학기술회관 신관 904호
25	한국여성과학인발전연구회	사단법인	02-736-1013	02-736-1013	www.kosd.or.kr	서울시 종로구 종로 4가 5번지 한일빌딩 803호
26	한국여성발명협회	사단법인	02-538-2710/2702	02-538-2714	www.inventor.or.kr	서울시 강남구 역삼동 647-9 한국지식재산센터 17층 한국여성발명협회
27	한국여성수리과학회	사단법인	02-3277-6990	02-3277-6991	www.kwms.or.kr	서울시 서대문구 대현동 11-1 이화여자대학교종합과학관 에이-326

No.	기관명	구분 (법인/비법인)	전화	FAX	홈페이지	주소
28	한국여성원자력전문인협회	사단법인	042-868-8951	042-861-8952	www.winkorea.or.kr	대전시 유성구 덕진동 150번지 한국원자력연구소 원자력연수원동 107호
29	한국여성정보인협회	사단법인	02-701-9417	02-701-9417	www.winfo.or.kr	서울시 마포구 노고산동 31-90 르메이에르타운2 610호
30	한국여성항공협회	비사단법인	02-424-5933		http://www.fkaero.or.kr/w/windex.htm	서울시 송파구 신천동 1109번지 한신코아 오피스텔 1215호
31	한국여성해양포럼	비사단법인	031-400-6235			경기도 안산시 상록구 사동 1270
32	한국여자의사회	사단법인	02-704-9501~2	02-704-9503	www.kmwa.or.kr	서울시 마포구 도화2동 536 정우빌딩305호
33	한국영양학회	사단법인	02-3452-0048	02-3452-3018	www.kns.or.kr	서울시 강남구 역삼동 635-4 한국과학기술회관 신관 804호
34	한국의류학회	사단법인	02-844-3601	02-844-2651	www.ksct.or.kr	서울시 영등포구 대림동 1122신대림 자이아파트 201동 1305호

* 참조 (기타)

1	아태여성정보통신원 (숙대 부설 연구기관)	비사단법인(숙대 부설 연구기관)	02-710-9886	02-710-9351	www.women.or.kr	서울시 용산구 효창원길 52 숙명여자대학교 백주년기념관 4층
2	한국여성벤처협회	사단법인	02-2156-2160	02-2156-2073	www.kovwa.or.kr	서울시 서초구 법원3길 14-1(서초동 1706-5) VR빌딩 2층
3	재미여성과학기술자 협회	해외법인	1-858-404-5356		www.kwise.org	Vertex Pharmaceuticals 11010 Torreyana Road San Diego, CA 92121

찾아보기

여성 과학자의 글로벌 리더십

펴낸날 1판 1쇄 2011년 8월 17일
2쇄 2012년 10월 19일
지은이 조기숙
펴낸이 김훈순
펴낸곳 이화여자대학교출판부
주소 서울특별시 서대문구 이화여대길 52(우 120-750)
등록 1954년 7월 6일 제9-61호
전화 02) 3277-2965(편집)
02) 362-6076(마케팅)
팩스 02) 312-4312
전자우편 press@ewha.ac.kr
홈페이지 www.ewhapress.com
책임편집 민지영
디자인 정혜진
찍은곳 네오프린텍

ISBN 978-89-7300-924-4 93330

값 18,000원